国际贸易系列教材

INTERNATIONAL TRADE
PRACTICE AND OPERATION

国际贸易实务与操作

高彩云　张秀美 / 主　编
黄亚萍　唐夏韵 / 副主编
何　瑛　郑苏娟　胡　豪 / 参　编

ZHEJIANG UNIVERSITY PRESS
浙江大学出版社

图书在版编目(CIP)数据

国际贸易实务与操作 / 高彩云,张秀美主编. —
杭州:浙江大学出版社,2019.3(2024.8重印)
ISBN 978-7-308-19020-6

Ⅰ.①国… Ⅱ.①高…②张… Ⅲ.①国际贸易—
贸易实务—高等学校—教材 Ⅳ.①F740.4

中国版本图书馆 CIP 数据核字(2019)第 044633 号

国际贸易实务与操作

高彩云　张秀美　主编

责任编辑	曾　熙	
文字编辑	袁菁鸿	
责任校对	汪　潇　高士吟	
封面设计	春天书装	
出版发行	浙江大学出版社	
	(杭州市天目山路 148 号　邮政编码 310007)	
	(网址:http://www.zjupress.com)	
排　　版	杭州林智广告有限公司	
印　　刷	广东虎彩云印刷有限公司绍兴分公司	
开　　本	787mm×1092mm　1/16	
印　　张	18.75	
字　　数	440 千	
版 印 次	2019 年 3 月第 1 版　2024 年 8 月第 2 次印刷	
书　　号	ISBN 978-7-308-19020-6	
定　　价	55.00 元	

目 录
CONTENTS

交易前的准备

学习目标

> **知识目标**：掌握外贸公司的设立程序和组织构架，掌握熟悉外贸产品的方法并了解产品信息的各种采集渠道，了解寻找供应商和客户的渠道和方法，了解建交函的内容和格式。
>
> **技能目标**：能够完成公司创建的各项手续，能够熟悉经营的产品并进行产品推广，能够利用一定的渠道寻找客户信息。

任务一　设立外贸公司

设立外贸公司

情景呈现

党的二十大报告指出，"中国坚持经济全球化的正确方向，推动贸易和投资自由化便利化"。陈景作为一名国贸专业的毕业生，坚信国际贸易大有可为。毕业后两年，他一直从事纺织品外贸工作，积累了一定的资金和经验。如今，他想自主创业成立一家外贸公司，独立从事外贸业务，那么他需要完成哪些流程才能使公司正式开展外贸经营活动呢？

任务目标

完成创立外贸公司的各项手续。

相关知识

一、外贸企业及外贸业务类型

外贸企业是指按照国家规定在企业注册的相关领域内从事对外贸易或产品进出口生产经营业务的企业。

（一）外贸企业类型

按进出口经营资格，外贸企业分为流通型外贸企业和生产型外贸企业。流通型外贸企业，也称为专业外贸公司，具有外贸流通经营资格；生产型外贸企业具有生产企业自营进出口资格。流通型外贸企业和生产型外贸企业的经营范围如下。

1. 流通型外贸企业

流通型外贸企业从事各类商品和技术的进出口业务,但国家限定公司经营或禁止进出口的商品及技术除外。经营范围包括:进出口业务、进出口代理、技术进出口等。它的业务重点在国外,通过市场调研,把国外商品进口到国内来销售,或者采购国内商品销售到国外,从中赚取差价。流通型外贸企业从事的进出口贸易的类别主要有货物贸易、技术贸易和服务贸易。小公司一般不适合从事技术贸易,而货物贸易中的一些特殊商品,如粮食、石油、武器等,则是由一些指定公司专营的,一般公司不允许经营。

2. 生产型外贸企业

生产型外贸企业从事本企业自产产品的出口业务和本企业所需的机械设备、零配件、原辅材料的进口业务,但国家限定公司经营或禁止进出口的商品及技术除外。它的业务重点在产品的生产环节,通过消费者需求分析,开发并生产适销对路的产品,然后推向市场。产品的出口,原料、设备的进口只是其生产活动的延伸,并为其生产活动服务。在实践中,生产型外贸企业在外贸业务量非常大的情况下,往往会独立注册,成为一个专业的外贸企业(流通型外贸企业),以便更好地开展外贸业务。

(二)外贸业务类型

1. 自营进出口业务

自营进出口业务是指取得自营进出口经营权的企业,直接与外国客户联系获得订单,出口本企业生产或采购的国内产品、进口外国产品到国内市场进行销售或使用,从中赚取进出口经营利润的一种外贸业务类型。自营进出口业务,企业需自行承担进出口经营的风险和费用,利润空间也相对较大。

2. 代理进出口业务

代理进出口业务指拥有进出口经营权的企业接受未取得进出口经营权的企业的委托,代其寻找国外客户、代其办理进出口事宜,以完成其产品、技术或服务进出口的业务类型。开展代理进出口业务,企业无须垫付商品资金,不承担商品进出口的盈亏,仅收取代理手续费。

一般而言,流通型外贸企业可以开展自营进出口业务,也可以开展代理进出口业务;而生产型外贸企业只能开展自营进出口业务。

二、外贸公司设立及开展外贸业务的前提条件

(一)名称预先核准

新公司设立首先要确定一个响亮的名号,作为一个良好的开端。为了使公司之间不重名,工商注册实施公司名称预先核准制度。

1. 企业名称的确定方法

一般而言,企业的名称要求包含四个要素:地点、字号、经营项目和企业性质,比如"浙江新地食品有限公司"。公司名称需要事先自行确定,公司发起人要多设想一些字号,万一在预核准过程中出现重名情况即需要用新的字号重新核准。

2. 企业名称预先核准需提交的材料

登录各地的政府服务网站(如浙江政务服务网,http://www.zjzwfw.gov.cn/),进行

企业名称预先核准。企业名称预先核准提交的材料必须规范,主要包括以下几项。

(1) 全体投资人签署的企业名称预先核准申请书(含指定代表或者共同委托代理人授权委托书及身份证件复印件)。

(2) 股东(发起人)或者投资人的身份证明。

(3) 其他需要提交的材料。

(二) 企业网上注册领照并办理组织机构代码证和税务登记

企业名称网上核准后,工商局或相关管理机构做出准予公司设立登记决定的,应当出具准予设立登记通知书,告知申请人自决定之日起 10 日内,领取营业执照;发起人凭网上核准文书编号,登录各地的政府服务网站网上办事服务中心进行注册登记。

📍 看一看

《中华人民共和国公司法》第 6 条规定:"设立公司,应当依法向公司登记机关申请设立登记。符合本法规定的设立条件的,由公司登记机关分别登记为有限责任公司或者股份有限公司;不符合本法规定的设立条件的,不得登记为有限责任公司或者股份有限公司。"

《中华人民共和国公司登记管理条例》第 2 条规定:"有限责任公司和股份有限公司(以下统称公司)设立、变更、终止,应当依照本条例办理公司登记。"第三条规定:"公司经公司登记机关依法核准登记,领取《企业法人营业执照》,方取得企业法人资格。"

特别值得一提的是,浙江已经从 2015 年 7 月 1 日起全面实行企业"五证合一"登记制度,即将营业执照、组织机构代码证、税务登记证、社会保险登记证和统计登记证统一到一张证照上面。从办理五本证照减到只需办理一本证照,时间缩短了,成本也降低了。

浙江的"五证合一"是在"多证联办"的基础上,通过建立审批信息共享平台,整合各发证部门流程,达到"一表申请、一窗受理、一次告知、一份证照"的改革目的,同时降低行政成本和社会成本,方便企业准入,提高登记效率。

(三) 对外贸易经营者备案登记

2004 年 7 月 1 日开始,对外贸易经营者只要依法办理备案登记,就可以享有完全的外贸权;对外贸易经营者可以到属地备案登记机关领取对外贸易经营者备案登记表,或通过商务部网站(http://www.mofcom.gov.cn)下载。对外贸易经营者应按对外贸易经营者备案登记表要求认真填写所有事项的信息,并确保所填写内容是完整的、准确的和真实的;同时认真阅读对外贸易经营者备案登记表背面的条款,并由企业法定代表人或个体工商负责人签字、盖章。

对外贸易
经营者备案登记

(四) 报关及报检登记备案

外贸企业首先到海关办事大厅领取注册登记表格,根据企业实际情况如实填写注册登记表。向工作人员提供海关要求的所有文件资料,工作人员审核文件并将企业相关信息输入海关管理系统。完毕后持相关文件到海关综合业务窗口办理审核手续,海关工作人员在审核没问题后就可以提供一个海关注册登记号(由 10 位数字组成的代码,是海关提供给企业的唯一的海关编码),海关向注册登记企业或者备案企业同时核发中华人民共和国海关报关单位注册登记证书和出入境检验检疫报检企业备案表。得到海关注册登记号后可以去印章公司刻制"报关专用章"并到海关综合业务窗口盖报关专用章备案,工作人员为企业打印海关注册登记证(目前浙江电子口岸也可以网上申报,代为办理)。

📍 **看一看**

  2018年4月20日起,国务院机构改革方案将国家质量监督检验检疫总局的出入境检验检疫管理职责和队伍划入海关总署。将检验检疫自理报检企业备案与海关进出口货物收发货人备案,合并为海关进出口货物收发货人备案。海关向注册登记或者备案企业同时核发中华人民共和国海关报关单位注册登记证书和出入境检验检疫报检企业备案表,企业备案后同时取得报关和报检资质。将检验检疫报检人员备案与海关报关人员备案,合并为报关人员备案。报关人员备案后同时取得报关和报检资质。

  新企业完成注册后还必须登录中国电子口岸网站(http://www.chinaport.gov.cn)办理中国电子口岸卡。企业到所在地的数据分中心或制卡代理点缴纳相关费用后,领取IC卡、读卡器、客户端软件。目前浙江省"一站式"大通关公共服务平台,即浙江电子口岸(http://www.zjport.gov.cn)已经与中国电子口岸实现完全对接,它同时也是国家交通运输物流公共信息平台、中国(杭州)跨境电子商务综合试验区"单一窗口"平台。目前,平台已与海关、国检、边防、海事、国税、外汇管理、商务、贸促会等主要进出口管理机构,宁波—舟山港、萧山国际机场、浙江省内各保税物流中心、杭州(下城)跨境贸易电子商务产业园、杭州(下沙)出口加工区、义乌内陆港等重要港口、机场、海关特殊监管区、内陆无水港等重要物流生产作业节点及浙江省内主要进出口贸易企业实现了互联互通,跨区域、跨关区、跨部门协同作业能力不断深化。企业可以通过平台完成进出口过程中的通关、商检、收汇、退税等一系列环节,极大地提高了企业的进出口流通效率,降低了流通成本。

（五）办理进出口单位登记名录(外汇管理局)

  按照《中华人民共和国外汇管理条例》,"经常项目外汇收支应当具有真实、合法的交易基础。经营结汇、售汇业务的金融机构应当按照国务院外汇管理部门的规定,对交易单证的真实性及其与外汇收支的一致性进行合理审查。外汇管理机关有权对前款规定事项进行监督检查"。因此,进出口收付汇企业应该通过货物贸易外汇监测系统(http://asone.safesvc.gov.cn/asone/)办理进出口单位登记名录,并办理监测系统网上业务开户。

（六）出口货物退免税资格认定(国税)

  出口企业在办理对外贸易经营者备案登记或签订首份委托出口协议之日起30日内,填报出口退(免)税资格认定申请表,提供有关资料到税务机关办理出口退(免)税资格认定。

三、外贸工作岗位

(一)外贸业务员

1. 外贸业务员概述

外贸业务员是指在进出口业务中从事寻找客户、贸易磋商、签订合同、组织履约、处理争议等进出口业务全过程操作和管理的综合性外贸从业人员。

如何成为一个好的外贸业务员

2. 外贸业务员主要工作内容及职责

(1)联系和维护国外客户,开发新的海外客户。

(2)进行外贸订单的洽谈和签约。

(3)缮制外贸出口单据,审核出口单证,订单管理。

(4)外贸订单的跟踪和管理。

(5)外贸订单的生产及货源跟踪与协调。

(6)目标客户资料的整理,做好客户要求的及时反馈和处理。

(7)合同履行过程中意外情况的妥善处理。

(8)完成部门经理临时交办的其他工作。

(二)外贸跟单员

1. 外贸跟单员概述

外贸跟单员是指在进出口业务中,在贸易合同签订后,依据合同和相关单证对货物加工、装运、保险、报检、报关、结汇等部分或全部环节进行跟踪或操作,协助履行贸易合同的外贸业务人员。外贸跟单员按业务进程可分为前程跟单员、中程跟单员和全程跟单员三大类。

前程跟单员是指"跟"到出口货物交到指定出口仓库为止;中程跟单员是指"跟"到装船清关为止;全程跟单员是指"跟"到货款到账,合同履行完毕为止。跟单员按业务性质又可分为外贸跟单员和订单跟单员(生产跟单员)。

2. 外贸跟单员主要工作内容和职责

(1)跟踪每个订单的生产并将货物顺利地交给客户,收回应收回的款项。负责出口订单的跟踪,以及跟单工作中涉及的物流等各项内容。

(2)协调出口运输以及与货代、船公司之间的联络。

(3)接收客户的投诉信息,并将相关的信息传递到公司的相关部门。

(4)配合财务做好核销、对账工作。

(5)做好售后服务。

(三)外贸单证员

1. 外贸单证员概述

外贸单证员是指在对外贸易结算业务中,买卖双方凭借在进出口业务中应用的单据、证书来处理货物的交付、运输、保险、商检、结汇等工作的人员。

2. 外贸单证员主要工作内容和职责

(1)完成信用证的审核、制单、审单、交单等工作。

（2）完成客户所需单据的制作、认证的办理、物流运输的安排（空运、海运、陆运等）等工作。

（3）完成提单的审核，报检、报关单据的制作并配合海关完成货物查验。

（4）信用证银行交单单据的制作、原产地证明、发票认证等单据的办理。

（5）协助财务完成银行收结汇、出口退税的办理。

操作示范

经过一番深思熟虑之后，陈景确定了公司的中、英文名称，并为公司设计了商标，其名称构成及商标设计表明了公司的经营范围是纺织品进出口贸易，公司的4C标志分别体现以下内容：经营产品为各种服装（Clothing）、各类服饰（Costume），经营宗旨是以客户（Customer）为中心，公司的目标为争创百年企业（Century）。

杭州万向纺织品进出口有限公司
HANGZHOU WX TEXTILE IMPORT & EXPORT CO. LTD.

图1-1 杭州万向纺织品进出口有限公司商标

任务布置

请各小组讨论如何组建外贸公司，为公司选取恰当的名称并设计公司商标，要能够反映公司主营范围和经营特色，同时确定公司各人员的工作岗位及其工作职责。

任务二　熟悉产品和供应商

情景呈现

陈景在筹建外贸公司的同时，已经考虑到了自己的行业背景和教育经历，选择了自己比较熟悉的纺织品外贸领域，那么如何对相关的行业和产品进行了解，又通过哪些渠道寻找合适的供应商呢？

任务目标

对本公司经营产品的各项指标进行全面了解，并且通过各种渠道找到合适的供应商。

相关知识

一、选择外贸经营商品的基本原则

熟悉产品和
供应商

外贸公司可以根据自身的资金实力和实际状况在自己的经营范围内选择一类或多类产品同时进行推广。经营商品选择对路与否，是外贸经营活动成败的关键所在，因此，必须谨慎合理选择外贸经营商品。

（一）选择自身具有优势的产品

每个人或每个公司都有自身的特点和优势，在选择经营商品时可以根据自身的兴趣或资源进行选择。一个人对自身感兴趣的产品就会花时间去研究，才会更了解这类产品的特性、优势、市场需求和价值。在日后的交易过程中也不会出现因不了解产品特性而丢单，或者引发买家不满的问题。如果对某些产业领域比较熟悉，或掌握有较好的供应商资源，也是外贸经营的优势所在。我国各地区也有一些具有地区优势的产品，比如杭州盛产丝绸和龙井茶，这两类产品外国人都很喜欢，所以杭州地区可以选择茶叶、丝绸产品作为外贸产品，进一步拓展唐装、丝绸工艺品、十字绣等产品。

（二）不宜选择价格低，体积特别大的泡货

一般而言，外贸商品的价格和重量/体积的比例数值越大越好。因为商品的实际价格主要是由商品价格和运费总额构成的。在选择外贸经营商品的时候，应该尽量选择重量轻、体积小而价值高的商品。例如，体育用品中的哑铃，任何卖家都不会在外贸中销售哑铃，因为这件商品的运费可能比其本身的价格还要高出很多。尤其在跨境 B2C（Business to Customer，企业对个人）或 C2C（Customer to Customer，个人对个人）的交易中，一般长、宽、高相加超过 1 米的不宜选择；重量（毛重）超过 5 千克的不宜选择；食品、药品、易碎易燃品等，要找专门货代来完成物流运输的商品也不宜选择。

（三）不宜选择容易造成侵权的产品

销售品牌的产品会涉及知识产权侵权的问题和销售侵权的问题。大多数品牌产品需要许可销售代理权，有的是一般代理，有的是独家代理，要得到品牌公司授权。很多人开始做外贸尤其是跨境电商的时候，都是选择的仿牌产品，毕竟它成本低，利润高，可以快速赚取资金。但境外市场尤其是欧美市场的法律体制较为完善，卖家面临的侵权风险会比较高。我们应提高知识产权保护意识，容易造成侵权的产品不宜选择。当研发出新产品时，应及时申请版权登记；产品在销售时应关注目标市场有无相同类型的产品，以降低因雷同产生的侵权纠纷。

看一看

Bluetooth 蓝牙标志大家都很熟悉，常见于 3C 产品的包装盒或者产品上，不过今后蓝牙标志可不能随便用了。该蓝牙图标的注册人为蓝牙技术联盟（Bluetooth Special Interest Group，简称 SIG），注册地址为美国华盛顿州。以前商标持有人没有进行海关备案，所以大家一直都在使用，也没有发生什么问题。但是 2015 年权利人开始采取

了保护行动,今后凡带有蓝牙功能的产品必须通过 BQB(Bluetooth Qualification Body,蓝牙资格认证机构)认证,否则将该图标打在产品或包装上都可以定性为侵权。例如,一批从中国出口到美国的耳机,其上印有"Bluetooth"(蓝牙)的英文字母,在入关时就被美国海关查扣了。

(四) 不宜经营政策和法规限制经营的产品

外贸经营产品必须是国家政策法规允许经营的产品,有一些东西是不能做的,我们要了解这些规则,比如我国法律规定木炭、麝香、虎骨及其制品、原料血浆等都是不能出口的。另外,应根据目标客户国家的政策来选择相关的产品,比如澳大利亚就不允许进口任何电池;巴西禁止生产、销售和进口模仿香烟的产品,以及所有与之类似的产品,包括相关的玩具、饰物、食品等。

二、熟悉产品

在向客人推销产品之前,首先就要让对方明白你卖的是什么。外贸业务员的基本素质之一,是要先熟悉产品、"吃透"产品。初入外贸的新手,经常由于产品知识不过关,导致机会来的时候把握不住。对产品有足够深的了解,并同时研究好市场有着非常重要的意义。

(一) 熟悉产品的内容

一般来说,熟悉产品应该包括以下几个方面:产品的原材料、工艺、成本、性能、产量、规格及包装方式、价格、用途、最终使用场所和二次开发的可能性;另外对产品的相关认证、世界各地对该产品的需求特点、境内境外主要的生产厂家和主要大客户等相关信息也应该有一定的了解。

1. 了解产品的原材料

市场上的产品使用不同的原材料,其成分不同,特性也必然不同。比如生产婴儿奶瓶的材料 PP、PC、PES、PPSU,同样是塑料原料,有何不同?首先要了解各原料的特性。从物理和化学特性上来了解其耐热抗变形性、强度、比重、透明度;从使用的性能方面来了解其耐磨性、亲油性、易清洗性;从使用的安全性来了解该材料是否释放毒性物质。

对材料成本和行情的了解可以让客户觉得我们非常专业,会大大提升客户对我们的信任度。长期了解原材料的价格,就可以准确把握国内外市场材料的成本动向。如果是外贸公司,在和最终产品的供应商谈判的过程中,清楚原材料的行情也是谈判获胜的筹码之一。

📍 **小妙招**

可以定期给客户发送一些市场信息,当你把原料市场预期上涨的信息发给客户之后,有些客户会考虑是否尽早安排新的订单。而且客户还会非常感谢你的提醒。只要长期坚持这么做,就会有意想不到的效果。

2. 了解产品的工艺和操作方法

生产工艺是指企业制造产品的总体流程和方法,包括工艺过程、工艺参数和工艺配方等,操作方法是指劳动者利用生产设备在具体生产环节对原材料、零部件或半成品进行加工的方法,具体包括生产一定数量成品所需起始原料和包装材料的质量、数量,以及工艺、加工说明与生产过程中的质量控制等。现在大多数产品都是机械化生产,首先要了解生产过程中使用的各种机器及其原理,哪些是关键部件,哪些是易损坏部件,不同的机器及部件对产品质量会产生什么样的影响等。其次要了解产品生产的工序和各工序的操作要求,以便进行全过程的质量监控。另外还需要对产品的内外包装的材料、文字说明和装箱方式进行全面的了解。除此之外,我们还需要了解车间的日产量,有多少机器设备,车间的面积,车间员工的作息时间,管理制度等,以便随时回答客户的提问。

特别提醒一下,对于样品我们需要了解样品制作时间、样品制作费用、交样时间、下大货需要的生产周期等内容。

3. 了解产品的成本

产品的成本是由会计部门来进行核算的,只有企业老板心知肚明。一般而言,公司或工厂会给业务员一个最低的出厂价,只要我们在此成本价格基础上对外报价就可以了。但是精明的业务员可能会推算一番,根据原材料成本、加工的成本、机器的产量、工人一天的平均工资、一天的产量、打包工一天的工作量、水电费用、管理人员工资、材料损耗等推算出大致成本。这是一个比较复杂的过程,需要在长期实践中慢慢摸索。

对于外贸公司来说就必须多多询价,向供应商了解价格的大致构成。在市场上多做比较才能大致了解产品的成本。

4. 了解产品的性能

产品性能是指产品在一定条件下,实现预定目的或者规定用途的能力。任何产品都具有其特定的使用目的或者用途。产品性能包括性质和功能。不同的产品性能所包含的内容是不同的,例如最高时速、硬度等。首先,参照厂家提供的标准来了解产品性能。一般厂家对出厂产品都有一个性能说明,大多数提供的是一些理论条件下的数据,因此我们可以尝试第二种方法——可以拿来先自己试用(如果可能的话),根据自身的实际使用效果来进行产品性能的描述。另外,我们可以根据以往客户的信息反馈来了解产品的性能及在当地的适用性。

📍 小妙招

在客户收到样品半个月后,给客户发一封样品的跟进邮件,询问客户是否对产品有其他需求及建议。在自己使用的过程中或者客户的建议中,很可能会发现一些问题,如发现一些不合理的设计或功能缺陷,或许也是一次完善性能的机会。

另外就是要尽可能地收集一些竞争对手的样品,进行对比研究后找出差距,很多细节方面的不同可能导致最终的整体品质不同。

5. 关于产品认证及关联企业

一个企业的产品通过了国家著名认证机构的产品认证,就可获得国家级认证机构颁发的"认证证书",并允许在认证的产品上加贴认证标志。这种在国际上被公认的、有效的认证方式,可使企业或组织经过产品认证树立起良好的信誉和品牌形象,同时让顾客和消费者也通过认证标志来识别商品的质量好坏和安全与否。如 UL（Underwriter Laboratories Inc.）美国保险商实验室安全试验和鉴定认证、CE（Communate Europpene）欧盟安全认证、VDE（Verband Deutscher Elektrotechniker）德国电气工程师协会认证、中国 CCC（China Compulsory Certification）强制性产品认证和 CCTP（China Committee for Conformity Certification of Toy Products）中国玩具产品认证委员会认证标志等。我们在了解产品的过程中必须很清楚该产品的认证情况及该行业的权威认证证书。

除了了解产品的以上信息之外,该产品在境内外的主要生产厂商、主要的原料供应地、主要市场及主要的大客户等关联企业信息也是应该掌握的。

需要注意的是,以上信息都必须要能用英语脱口而出,这是外贸业务员产品推销的基本技能之一。

📍 小妙招

客户有特殊设计要求或定制产品要求的时候,外贸业务员最好能在不请教工程师和其他任何人的情况下,立刻回答出能还是不能,体现出对产品及生产的熟悉度。如果不能,要能立刻推荐一款产品给客户,并详细介绍所推荐的产品和客户的要求有哪些相似的地方及优势所在。

（二）熟悉产品的途径

1. 搜集产品信息的途径

搜集产品信息的途径包括现场搜集和网络搜集两种。

现场包括工厂、车间、仓库、市场、展会等,可以虚心求教工厂的厂长、生产经理、机器操作工,向有经验的公司前辈们讨教,如采购员、业务经理等。

网络搜集有如下几个渠道。

（1）搜索引擎,如谷歌、百度、雅虎等。

（2）B2B 平台,如阿里巴巴、环球资源网、中国制造网、慧聪网等。

（3）行业网站,如中国服装网、世界服装网、中国服装辅料网、中国家纺网、中国纺织品网等。

2. 搜索技巧

（1）能搜索到产品信息的网站要注意保存,特别是 B2B 网站,方便以后自己搜索信息或发布一些产品信息和贸易信息。

（2）"友情链接"的运用。在找到一个你认为实用的网站后,留意一下该网站的"友情链接"。因为这些"友情链接"是与该网站密切相关的网站,从这些链接网站里能找到更多相关的信息。

3. 注意的问题

（1）如果是生产型企业,业务人员多到生产车间和样品制作部去;如果是贸易企业,多与工厂负责人沟通并将得来的资料进行比较。一方面可以了解生产工艺,另一方面可以全面了解产品相关知识。

（2）不懂一定要问。因为客户既然敢下订单，说明他对产品还是有一定了解的，甚至是非常了解。而你要做的就是比他更专业，因为你要卖你的产品给他。

（3）如果还有其他业务人员，创造机会让你们成为朋友。如果他愿意帮你，你可以省很多时间和精力。

（4）做个有心人。将在日常订单跟进过程中的产品相关知识整理成文档并默记在心中。

三、联系供应商

（一）联系供应商的方法

除了原有供应商外，联系新的供应商的渠道包括现场联系和网络联系两种。现场联系供应商一般是在展会或市场中直接获取供应商的联系方式，也可以通过企业现场走访的方式直接上门联系。网络联系供应商的方法包括查询企业黄页网站、行业网站如中国服装网（http：//www.efu.com.cn）、中国化工网（http：//china.chemnet.com）等、义乌购（http：//www.yiwugou.com）、阿里巴巴国内采购批发平台（http：//www.1688.com）等。

（二）选择合格供应商的方法

选择合格的供应商应注意以下问题。

1. 核实企业法人登记注册的情况

主要包括以下三个步骤。

（1）要求供应商提供与登记情况相关的材料。包括盖公章的企业营业执照复印件（并已办理当年度年检）、盖公章的企业税务登记证复印件（并已办理当年度年检）、企业法人代码书经营许可证等。

（2）核实上述材料的真实性。

（3）对相关指标进行审核。主要审核的指标有：企业法人名称、住所、经营场所、法定代表人姓名、经济性质（注册类型）、经营范围、经营方式、注册方式等。

2. 解读供应商、生产企业财务审计报告

在阅读供应商企业财务会计报表的基础上，外贸业务员可以通过供应商企业的相关财务指标来判别供应商的经营风险。

3. 了解企业的生产、经营能力及经营条件

最好进行实地查看，或者进行暗中查访，了解生产企业的实际生产经营状况。

4. 网络查询

了解核实供应商的另一种方法，即通过网络进行查询，比如天眼查网站（http：//www.tianyancha.com）可实时提供企业的工商注册信息、商标信息、对外投资信息、涉诉等信息查询，帮助用户及时全面了解企业经营和人员投资状况。同时，天眼查还提供体现企业经营状况的评分，帮助用户及时洞察企业经营信息全貌。

5. 大致估算企业实际生产能力和交货进度

通过多种方式了解供应商企业实际生产能力和交货进度，以保证能向客户准时交货。

📦**实操训练**

　　陈景根据自己的行业背景和教育经历,选择了自己比较熟悉的纺织品外贸领域,并确立商品重点拓展方向为休闲服饰。通过各种渠道,他搜集并整理了关于服装产品的面料、工艺流程和生产检验要求等内容(见表1-1),同时通过国内采购平台初步确立了几家备选的供应商,制作完成了公司内部的产品目录及供应商联系表(见表1-2)。

表1-1　成衣生产环节及检验要求

成衣生产环节	生产检验要求
1. 面、辅料进厂检验	面料检验包括外观质量和内在质量检验两大方面。外观质量检验主要查看面料是否存在破损、污迹、织造疵点、色差等问题。经砂洗的面料还应注意是否存在砂道、死褶印、披裂等砂洗疵点。影响外观的疵点在检验中均需用标记注出,在剪裁时避开使用。面料的内在质量检验主要包括缩水率、色牢度和克重三项检验内容。同时对进厂的辅料也要进行检验,例如松紧带缩水率,粘合衬粘合牢度,拉链顺滑程度等,对不符合要求的辅料不予投产使用
2. 技术准备	技术准备包括工艺单、样板的制定和样衣的制作三个内容。工艺单对服装的规格、缝制、整烫、包装等都提出了详细的要求,对服装辅料搭配、缝迹密度等细节问题也加以明确。样板制作要求尺寸准确,规格齐全。相关部位轮廓线准确吻合。样板上应标明服装款号、部位、规格、丝缕方向及质量要求,并在有关拼接处加盖样板复合章。在完成工艺单和样板制定工作后,可进行小批量样衣的生产,针对客户和工艺的要求及时修正不符点,并对工艺难点进行攻关,以便大批量流水作业顺利进行。样衣需经客户签字确认,这将成为重要的检验依据之一
3. 裁剪缝制	服装的缝制根据款式、工艺风格等可分为机器缝制和手工缝制两种
4. 锁眼钉扣	服装中的锁眼和钉扣通常由机器加工而成,锁眼应注意以下几点:①扣眼位置是否正确。②扣眼大小与纽扣大小及厚度是否配套。③扣眼开口是否切好。④有伸缩性(弹性)或非常薄的衣料,要考虑使用锁眼孔时在里层加布补强
5. 整烫	"三分缝制七分整烫",可见整烫是服装加工中的一个重要的工序。应避免以下现象的发生:①因熨烫温度过高、时间过长造成服装表面的极光和烫焦现象。②服装表面留下细小的波纹皱折等整烫疵点。③存在漏烫部位
6. 成衣检验	成衣的检验应贯穿于褶裁剪缝制、锁眼钉扣、整烫等整个加工过程之中。在包装入库前还应对成品进行全面的检验,以保证产品的质量。成衣检验的主要内容有:①款式是否同确认样相同。②尺寸规格是否符合工艺单和样衣的要求。③缝合是否正确,缝制是否规整、平服。④条格面料的服装检查对格对条是否正确。⑤面料丝缕是否正确,面料上有无疵点、油污存在。⑥同件服装中是否存在色差问题。⑦整烫是否良好。⑧粘合衬是否牢固,有否渗胶现象。⑨线头是否已修净。⑩服装辅件是否完整。⑪服装上的尺寸唛、洗水唛、商标等与实际货物内容是否一致,位置是否正确。⑫服装整体形态是否良好。⑬包装是否符合要求
7. 包装入库	服装的包装可分挂装和箱装两种,箱装一般又有内包装和外包装之分。内包装指一件或数件服装入一胶袋,服装的款号、尺码应与胶袋上标明的一致,包装要求平整美观。外包装一般用纸箱包装,根据客户要求或工艺单指令进行尺码、颜色搭配。包装形式一般有混色混码、独色独码、独色混码、混色独码四种。装箱时应注意数量完整,颜色尺寸搭配准确无误。外箱上刷上箱唛,标明客户、指运港、箱号、数量、原产地等信息,内容与实际货物相符

表 1-2　产品目录及供应商

产品名称（中英文）及编号	产品图片	Description of Goods（规格型号）	Packing（包装）	Price（参考价格）	MOQ（起订量）	供应商名称	联系人	联系电话	主营产品	供应商评价
男士夹克 man's jacket M001		100% nylon taslon/polyester with PVC/PU coating, waterproof, cold proof, windproof, breathable SGS, ISO 9001	1pc/polybag, 20pcs/ctn	US $40～50/piece	500pcs	石狮市江茂服装厂	江经理	138666 ******	男式休闲服饰	生产厂家、诚信通 2 年
运动衫 sports wear W001		ski & snow wear, unisex, 100% polyester, waterproof, coldproof, windproof, breathable	1pc/polybag, 20pcs/ctn	US $20～30/piece	500pcs	象山林敏针织厂	王经理	186770 ******	针织运动服饰	生产厂家、诚信通 6 年
男式卫衣 men sport sweaters S001		95% combed cotton, 5% spandex silk screen printing, 120gsm～160gsm/pc	single package, 1 piece/opp bag, 20pcs/carton	US $8～10/piece	100pcs	广州卓然服装有限公司	钟先生	139020 ******	定制服装	生产厂家、诚信通 3 年

任务布置

每个小组讨论本公司主营产品范围,在此范围内查找相关产品信息,制作公司产品目录。要求:每人至少查找3种产品和3个供应商信息,自行设计 Excel 表格,相关内容填写在表格中,表格填写内容完整,排版整齐、美观。

任务三 寻找客户

情景呈现

陈景根据自己的行业背景和教育经历,设立了杭州万向纺织品进出口公司,公司主营产品为休闲服饰。公司新成立,没有国外客户,没有订单。此时,对于公司一切业务刚刚起步的陈景来说,最紧迫的工作是寻找客户,开发外贸业务。那么,在外贸实际业务操作中,陈景应该如何寻找并开发国外客户呢?

任务目标

掌握寻找客户的渠道和方法;掌握撰写建交函的内容和格式,能够利用搜索引擎和 B2B 平台搜集潜在客户的信息,并且发送建交函。

相关知识

在整个外贸出口的销售过程中,当业务员完成了对自身公司和产品的了解、做好定位后,就要有的放矢地进行业务开发了。不论是老客户的开发,还是新客户的开发,都属于广义的业务开发范畴。在本任务中,我们专门讲解对新客户进行开发。经过一定的国际市场调研,确定目标市场之后,可以通过各种途径寻找目标市场上合适的客户,并与潜在客户取得联系,寻找进行贸易的机会。寻找贸易机会的途径主要有以下几种。

一、参加展览会和交易会

(一)展览会和交易会对外贸公司拓展业务的作用

如何通过展会开发客户

每年国内外均会举办综合性或专业性的展览会或交易会,企业可以派人员参加较有影响力的会展,达到与客户直接见面和联系的目的。对于很多企业来说,参加展会可以直面客户,能让潜在客户来自己的摊位,看到自己企业的产品,双方交换名片,有短暂的交流,甚至拿走公司的样本。这样建立起的初步联系,会让彼此之间有一个直观的印象,在随后的客户跟进开发中,容易唤起客户的记忆,客户回复率自然会比较高,寻找客户的效果自然比冷冰冰的邮件或传真开发要好得多。

所以,对一个成熟的贸易公司或工厂而言,每年的展会是必须参加一些的,不只为了开发新客户,也为了跟老客户找个机会见面,还为了展示一下自己的实力、展示新产品或新设计,顺便打打广告等。而对于正在发展中的中小企业,其资金有限,外贸工作刚开展起来,更需要通过一些性价比高的展会迅速壮大自己的潜在客户群,并从中发掘新的机会。这对于锻炼培养外贸业务员,也是一个很好的契机。

议一议

对参展商而言,展会的选择其实很重要,如果去了一次展会却没什么收获,不仅费钱费力,而且还会让员工丧失信心。因此,企业在参展前就必须做好详细的调查准备工作,了解各个展会的优缺点和性价比,再根据实际情况,选择自己准备参加的展会。

那么,企业应该如何选择合适的展会?

(二)国内外主要的展会介绍

在我国最有影响力的展会是一年举行两次的中国进出口商品交易会(原名中国出口商品交易会,又称广州交易会,简称广交会),网址为 http://www.cantonfair.org.cn,目前外贸企业在国内参加展会,可能会首选广交会,因为它历史悠久,参展的客户最多,这个优势是其他展会无法取代的。

看一看

中国进出口商品交易会,又称广交会,创办于 1957 年春季,每年春秋两季在广州举办,迄今已有 60 多年的历史,是中国目前历史最久、层次最高、规模最大、商品种类最全、国别地区最广、到会客商最多、成交效果最好、信誉最佳的综合性国际贸易盛会。

展览地点:中国进出口商品交易会展馆(广州市海珠区阅江中路 380 号)。

交易会规模:广交会由 48 个交易团组成,有数千家资信良好、实力雄厚的外贸公司、生产企业、科研院所、外商投资/独资企业、私营企业参展。广交会贸易方式灵活多样,除传统的看样成交外,还会举办网上交易会(网址为 http://seller.e-cantonfair.com)。广交会以出口贸易为主,也做进口生意,还可以开展多种形式的经济技术合作与交流,以及商检、保险、运输、广告、咨询等业务活动。

部分国际展会介绍如表 1-3 所示。

表 1-3 部分国际展会介绍

所在国家或地区	展会名称	展会性质	展会周期	展会地点	展品范围
德国	法兰克福消费品展览会	专业类	每年两届	德国法兰克福展览中心	餐桌、厨具和家庭用品
	德国杜塞尔多夫国际鞋展	专业类	每年两届	德国杜塞尔多夫会展中心	各类男鞋、女鞋、童鞋及相关附件、辅料、制鞋设备等

续　表

所在国家或地区	展会名称	展会性质	展会周期	展会地点	展品范围
美国	美国纽约国际礼品及消费品博览会	专业类	每年两届	美国纽约雅各布·贾维茨国际会展中心	礼品、玩具、电子产品、服装服饰、家居用品
	纽约国际时装面料展	专业类	每年两届	美国纽约雅各布·贾维茨会展中心	纺织服装面料及各种辅料、标签、纽扣、电脑设计、流行趋势及时尚服装等
	美国拉斯维加斯国际鞋类展览会	专业类	每年两届	美国拉斯维加斯市曼德勒海湾会议中心	皮鞋、运动鞋、登山鞋、沙滩鞋、足球鞋、拖鞋、塑料鞋、皮革制品、皮带、皮包等
法国	巴黎国际汽车及零部件展览会	专业类	两年一届	法国巴黎北郊维勒班展览馆	整车组装设备，如汽车零配件、汽车附件等；汽车维修商行用设备，如汽车检测、机械维修、汽车检测设备、故障排除设备等；轻型车辆的设备；重型车辆的设备
意大利	米兰马契夫春季博览会	专业类	每年一届	意大利米兰国际展览中心	餐具及厨房用品、室内装饰及家用纺织品、圣诞装饰品、礼品及办公用品、珠宝首饰等
俄罗斯	俄罗斯消费品展会	专业类	每年一届	俄罗斯莫斯科国际展览中心	家居系列、家庭清洁系列产品
日本	日本东京春季国际礼品展览会	专业类	每年两届	日本东京有明国际展览中心	礼品、家庭用品、时装、儿童用品、文具、装饰用品、灯饰、首饰等
英国	英国伯明翰国际消费品博览会	专业类	每年两届	英国伯明翰国际展览中心	礼品、工艺品、饰品等
中国香港	中国香港玩具展	专业类	每年一届	中国香港会议展览中心	各类玩具、儿童用品等

小妙招

　　一般而言，以杂货为主的贸易公司，需要选择人流量尽可能大的综合性展会，比如我国内地的广交会、华交会和香港的礼品展、家具用品展，美国的芝加哥家庭用品博览会、拉斯维加斯国际家居用品展，阿拉伯联合酋长国的迪拜国际商品交易博览会，还有德国科隆、英国伯明翰、意大利米兰、日本东京、巴西圣保罗等地的各类综合性展会，都是可以考虑的。对于中国香港地区的展会需要补充一点，那就是尽量选择由香港贸易发展局举办的各类展会。这些展会质量相对较高，知名度也较高，因为香港特区政府的号召力，很多客户慕名而来，对参展商会相对有利一些。另外，地方政府的商务局对境外参展的企业都有不同程度的补贴，有些展会的补贴还很高，所以，不见得参会费用比广交会贵，有些展会甚至比广交会还便宜许多。所以,对各个公司来说,首先要对自己的公司、产品、消费群体和目标客户做好定位,然后再有针对性地选择展会。千万不要人云亦云,听说哪个展会比较好,就盲目地参展,还是要做好选择和准备工作。

但广交会投入相对较高,未必适合一些小公司和新开展外贸业务的公司,而且综合性的展会不见得适合一些特别专业的产品。这种情况下,一些行业展会的效果会更佳,因为面对的都是同一行业的采购商。如果是产品种类比较单一、专业化程度很高的工厂或贸易公司,一些国内外的五金、家具、电子、照明、数码、汽配、原材料、食品类的行业展会也许更加适合。当然,如果资金预算够的话,综合性的展会也可以作为补充。

(三) 企业参展前的准备工作

参展企业在参加各类展览会前应做好各项准备工作。具体的准备工作如下。

1. 制作招商资料

招商资料是以文字的形式介绍企业的缘起、背景、产品情况、销售政策、市场管理制度、终端建设策略,让外商全面了解企业、产品及市场运作思路,增进合作信心。这些资料主要包括企业画册、销售管理手册和产品手册。招商资料应制作精美,设计与品牌风格相吻合。

2. 展位设计

展位是企业的脸面,好的展位设计能让人对品牌产生良好的第一印象,并在展会现场获得高度关注,在设计时应注意以下几点。

(1) 展位设计要与展会整体的贸易气氛相协调。

(2) 展位设计是为了衬托展品,不可喧宾夺主。

(3) 展位设计需考虑参展单位自身的公众形象,不可过于标新立异。

(4) 不要忽略展台的展示、会谈、咨询和休息等基本功能。

图1-2、图1-3和图1-4分别是文具类、工艺品类和伞类的展位设计实例图。

图1-2 文具类展位设计图示例

图片来源:中国进出口商品交易会官方网站,http://www.cantonfair.org.cn

图 1-3 工艺品类展位设计图示例
图片来源：中国进出口商品交易会官方网站，http://www.cantonfair.org.cn

图 1-4 伞类展位设计图示例
图片来源：中国进出口商品交易会官方网站，http://www.cantonfair.org.cn

看一看

选定了展会以后，接下来要考虑的就是展位大小的问题了。以广交会为例，一个标准展会的规格是 3 米×3 米，也就是 9 平方米。对于大公司或产品相对较多的公司而言，这样的规格显然是不够的。这个时候，很多人会选择同时租几个摊位，拼在一起，能展示更多的东西，如果再进行特装，会更加美观，能吸引更多的采购商。

理论上说，展位是越大越好，不仅能放更多产品，吸引更多客户，同时也能展现自己公司的实力。但问题是，展位越大，投入的费用就越高，人员投入也就越多。如果没有特别多系列的样品，东西又不是很大的话，还是尽量精致一点。弄一个标准展位，但是要找个好的位置，比如靠近门或者电梯的地方，靠近中间的过道，人流量会多一点，经过的客户越多，曝光率越高，机会就越大。

3. 参展人员培训

培训内容包括企业知识、产品知识、谈判技巧、销售政策及相关的营销知识。

4. 物料准备

展会所需物料相对琐碎,应提前准备好,以免在展会上手忙脚乱。应准备的常见物料如人员通讯录、收集客户名片的名片盒、各种辅助工具(如剪刀、胶水、绳头、胶纸带、插座、音响、饮水机、纸杯等)。

二、使用搜索引擎寻找客户

通过互联网寻找境外客户

在互联网时代,只要企业的潜在客户在互联网上留下任何痕迹(如自己的网址、发布过信息、已加入的行业协会或行业网站等),搜索引擎都可以搜索得到。因此,利用搜索引擎收录的潜在目标客户网站,获取客户相关信息,是外贸业务员开发新客户的主要手段。搜索引擎有很多,如 Google(谷歌)、Yahoo(雅虎)、Bing(必应)、Aol(美国在线)等,不同国家或地区还有自己比较常用的搜索引擎,比如在我国,人们常用百度(Baidu)搜索引擎。下面以 Google 搜索引擎为例进行说明。

(一)简单搜索

先在 Google 搜索栏输入商品名称,然后在得到的搜索结果页面中筛选所需的信息。

(二)分类对待

重点查看搜索出来的每个条目下面的网址。这些网址一般就是公司、协会、相关机构的主页。例如,先在 Google 搜索栏输入:gloves,会出现以下网址。

http://www.angelglove.com/index.html。

http://www.jjlglove.com。

http://www.gloves-online.com。

http://www.glove.org。

http://www.shopstyle.com。

http://www.galeton.com。

在以上网址中,以".com"结尾的通常都是公司的网址,我们可以进去看看该企业是做什么产品的,如果该企业网站销售的产品正是自己企业生产或推广的产品,那么可以点击"contact us"按钮,利用里面的邮箱地址,给客户发开发信了。以".org"结尾的网址,一般都是协会、机构的网址。通常这些协会网站里面会列出这个行业成员的信息,有的只有公司名称,有的会有联系方式。我们可以把这个成员的公司名称再到搜索引擎里搜一下,有时会直接搜到该公司的网站,或该公司的黄页信息,这样就方便我们进行下一步的联系了。

(三)利用客户公司寻找其他目标客户(公司或工厂)的信息

如上所述,在 Google 搜索结果页面的信息中,我们找到某公司的名称和详细联系方式,这有助于我们做如下工作。

(1)如果我们把该公司的名称输入 Google 里搜索,就可能看到该公司在哪些 B2B 网站上出现过,接下来便可以去这些 B2B 网站上注册、发布信息。因为我们喜欢去的 B2B 网站不一定是客户喜欢去的,只有了解客户的习惯,才可以有针对性地发布信息。这比到处注册的工作量小很多,针对性也强很多。

(2)如果该公司参加了某些行业协会,那么我们就有可能搜到这些行业协会的网站,也就能看到其他公司的名称了。

（3）如果该公司在某些黄页、白页上也注册过，那么不但可以搜集到黄页、白页上的信息，还可以查看这些黄页、白页里面做该产品的其他客户的信息。

看一看

为了提高浏览搜索出来的网页信息的速度，请大家务必记清常用域名后缀的含义，以提高工作效率。

1. 国际域名

.com（商业机构）、.net（网络服务机构）、.org（非营利性组织）。

2. 国内域名

.cn（国内顶级域名）、.com.cn（商业机构）、.net.cn（网络服务机构）、.org.cn（非营利性组织）、.gov.cn（政府机关）。

3. 新增国际域名

.biz 是 .com 的替代者，取意来自英文单词 business（商业）；.info 是信息时代最明确的标志，取意来自英文单词 information（信息）；.name 一般由个人注册和使用，取意自英文单词 name（姓名）。

4. 其他国家域名

如 .de，德国；.it，意大利；.ca，加拿大等。

三、利用 B2B 商贸网站平台找客户

开发外贸新客户常用的网络平台

随着时代的进步，外贸人手中的工具发生着革命性的变化。以前一台传真机、一打传真纸和一部固定电话就能玩转外贸。在信息时代，B2B 平台成为新的外贸工具。无论企业规模大小，想做外贸就需要有自己的网站，B2B 平台给企业提供了相对便捷的商机。潜在客户的数据资料就是从这些国外 B2B 网站开发而来，有效地利用好国外 B2B 网站渠道，将对企业出口有很大的帮助。目前国内外的 B2B 平台有上千家，其中良莠不齐，下面的平台是较为知名的国内外 B2B 外贸服务平台。

（一）阿里巴巴（Alibaba）

阿里巴巴国际站（http：//www.alibaba.com）是全球最大的 B2B 贸易市场，其注册企业会员超过 230 万人，覆盖 200 多个国家和地区，覆盖超过 34 个进出口行业。它曾连续 7 年被美国《福布斯》杂志评为全球最佳 B2B 网站，提供帮助中小企业拓展国际贸易的出口营销推广服务。它基于全球领先的企业间电子商务网站阿里巴巴国际站贸易平台，通过向海外买家展示、推广供应商的企业和产品，进而获得贸易商机和订单，是出口企业拓展国际贸易的首选网络平台。"阿里巴巴国际站"提供一站式的店铺装修、产品展示、营销推广、生意洽谈及店铺管理等全系列线上服务和工具，帮助企业降低成本、高效率地开拓外贸大市场。在阿里巴巴国际站，海外买家可以寻找搜索卖家并发布采购信息，卖家可以寻找搜索买家并发布公司产品及产品信息。阿里巴巴国际站作为 B2B 交易平台，为买家、卖家提供了沟通工具、账号管理工具，为双方的网络交易提供了诸多便利。

(二)环球资源(Global Sources)

环球资源成立于 1970 年,是一家 2000 年在美国纳斯达克股票市场公开上市,进行多渠道产品整合推广的 B2B 媒体公司,致力于促进中国的对外贸易,环球资源为其所服务的行业提供最广泛的媒体及出口市场推广服务,公司的核心业务是通过一系列英文媒体,包括环球资源网站(http://www.globalsources.com)、印刷及电子杂志、采购资讯报告、买家专场采购会、贸易展览会等形式促进亚洲各国的出口贸易。环球资源同时提供广告创作、教育项目和网上内容管理等支持服务。

(三)中国制造网(Made in China)

中国制造网(http://www.made-in-china.com)创建于 1998 年,是中国产品的网上世界,汇集中国产品制造商名录,提供外贸供求信息、贸易服务,是中国生产供应商、制造商、出口商与全球采购商沟通的贸易 B2B 平台。它也是国内最早专业从事电子商务开发及应用高新技术的企业之一,主要为中国供应商和全球采购商提供信息发布与搜索等服务,已成为全球采购商采购中国制造产品的重要网络渠道之一。

(四)Kellysearch(英国开利商业信息平台)

英国开利商业信息平台 Kellysearch(http://www.kellysearch.com)是欧美最大的 B2B 平台,收录了全球 200 多万家公司信息和 1000 多万项产品信息,是全球采购商最青睐的采购工具网站之一。产品服务包括建筑与施工、航空、设计、电子、能源、石油与天然气、餐饮、食品与酒店、礼品、保健、信息与电信、珠宝、制造、营销与商业服务、制药、房地产、出版、安全、体育与娱乐、运输、旅游等行业。它是全球最大的商业展览公司,全年安排近 500 个展览会,覆盖 52 个不同行业,每年参展商 20 余万家,买家主要从展会推广、杂志读者以及行业网站而来。

(五)ThomasNet(托马斯美国工业品供应商平台)

托马斯美国工业品供应商平台 ThomasNet(http://www.thomasnet.com)是在北美查找有关工业产品和服务供应商最全面的信息资源网。主要提供数控加工、金属冲压、垫片、紧固件和其他工业产品和服务。

(六)Tradekey(沙特阿拉伯特瑞德克公司)

沙特阿拉伯特瑞德克公司 TradeKey(http://www.tradekey.com)是全球知名度比较高和实用性比较强的 B2B 网站,在全球著名的 B2B 平台中名列前茅,也是近年来最受外贸行业关注的外贸 B2B 网站。TradeKey 一直致力于全球买家数据的采集和分析,与全球诸多实力雄厚的集团机构结成联盟的 TradeKey 网站,专门为中小企业而设,以出口为导向,已成为全球 B2B 网站的领导者和最受外贸企业欢迎的外贸 B2B 网站之一。它拥有一体化的网络贸易服务体系,包括 RFQ、P/I、P/O、L/C 等自动文件处理方式,是为企业提供在线建立网上展厅、发布商业信息、主动查询国际专业买家、在线询价等各种不同类型的在线交易工具。

四、利用黄页寻找客户信息

企业通过一些行业协会的网站或一些企业黄页网站,也可以查找到潜在客户的信息。如世界黄页(http://www.worldyellowpages.com),提供了来自 92 个国家 100 多家公司名录的链接。黄页里的客户信息通常以电话、传真居多,所以此时我们借助的销售媒介就是以电话为主了。

部分国家的搜索引擎或黄页如下。

http：//www.infospace.com(美国)。

http：//www.switchboard.com(美国)。

http：//www.yellowpages.com(美国)。

http：//www.europages.com(欧洲)。

http：//www.gelbeseiten.de(德国)。

http：//www.yellowpages.ca(加拿大)。

http：//www.pagesjaunes.fr(法国)。

http：//www.yell.co.uk(英国)。

五、撰写并发送建交函

(一)建交函概述

当通过以上的途径获取潜在客户的相关信息后,企业的外贸业务员就要撰写建交函(开发信),并且按照所掌握的客户联系邮箱地址发送过去,以达到与潜在客户建立业务关系的目的,为接下来的外贸业务开展奠定基础。建交函,又称开发信,是七种基本国际商务信函之一,主要是表达与对方客户建立业务往来的愿望和目的。

(二)建交函主要内容

在实际外贸业务操作中,建立业务关系的建交函一般应该包括以下内容。

1. 信息来源

说明我们是从哪里获得的客户信息,一方面表示礼貌,另一方面使信函显得不是很唐突。

2. 致函目的

说明我们发出信函的目的。

3. 公司介绍

向对方介绍本公司的总体情况。

4. 产品介绍

向对方介绍本公司的产品信息。如比较明确了解对方需求时,一般会选取某类特定产品,进行具体的推荐性介绍;如不清楚对方的具体需求,可以就公司经营产品的整体情况,如质量、价格水平、市场销路等,做较为笼统的介绍。

5. 盼望答复

表达期盼对方客户回答的诚恳态度。

📍 **小妙招**

第一次写开发邮件需要在邮件中注意和体现以下几点。

1. 内容要简短

邮件必须简洁,内容短小精悍,几句话就点明主题,使对方一眼扫过去就能明白这封邮件在说些什么内容。

2. 主题要明确

主题明确很重要，要尽量避免看上去像推销信一样一成不变，要多变，有针对性。

3. 抬头要确定

抬头最好署上对方的名字，显得正式和规矩。要避免类似 Dear Sir/Madam 之类的泛称，否则很容易被对方直接删掉。

4. 签名

邮件的落款，也就是签名，必须详细，要有姓名、公司名、地址、电话、传真、邮箱、网址等。建议不要加上聊天工具信息，比如 MSN，QQ，ICQ，SKYPE 之类的，否则会给客户感觉不太专业，会被认为是新手或是小公司。一般正式的商务人士都不会留此类信息，甚至连手机号都不会显示在签名里。因为在客户看来应该公私分明，私人时间一般不处理公事，手机号在不是特别紧急的情况下是没有必要提供给供应商的。

邮件的内容、文字、思路都很重要，邮件的行文、用词、段落格式要让对方看着舒服，不要用奇怪的字体，不要用太长的句子或太拗口的单词，最好能做到看上去一目了然、干干净净。

范文 1-1

Dear Mr. Charlie,

We learn from your information posted on Alibaba.com that you are in the market for textiles. We would like to take this opportunity to introduce our company and products, with the hope that we may work with Bright Ideas Imports in the future.

We are a joint venture specializing in the manufacture and export of textiles. Our catalog has been enclosed, which introduces our company in detail and covers the main products we supply at present. You may also visit our online company introduction at http://*****.alibaba.com which includes our latest product line.

Should any of these items be of interest to you, please let us know. We will be happy to give you a quotation upon receipt of your detailed requirements.

We look forward to receiving your enquires soon.

Sincerely,

John Roberts

范文 1-2

Hi Kelvin，

Glad to hear that you're on the market for flashlight and other promotional items.

This is *** (name) from ****** Ltd. in China. We specialized in flashlights and premiums for 10 years, with the customers of Coca-Cola, Craft, Pepsi, etc., and hope to find a way to cooperate with you!

Please find the pictures with models and different packages in attachment. An

American guy purchased this model in BIG quantity last year. I would like to try now，if it's suitable for Europe.

FREE SAMPLES can be sent on request. Call me，let's talk more！

Thanks and best regards，

***

****** Ltd.

Tel：******

Fax：******

Mail：******

范文 1-3

Dear Purchasing Manager，

Glad to hear that you are on the market for wheel balancer and tyre changer.

We are the manufacturer of the items above. Please visit our website to know more about us：http：//www.yktld.com.

Kindly contact me if any questions. It is our pleasure to be on service of you！

Thanks and best regards，

Karen

Sales representative

****** Co.，Ltd.

Add：******，******，******，PRC

Tel：******

Fax：******

Mail：******

Web：******

实操训练

利用黄页搜索下面产品的潜在客户信息(见表1-4)。

表1-4 产品信息

产品名称(中英文)及编号	产品图片
男式卫衣 men sport sweaters S001	

操作步骤如下。

（1）在浏览器上输入"http：//www.yellowpages.com"，会出现下面的页面。

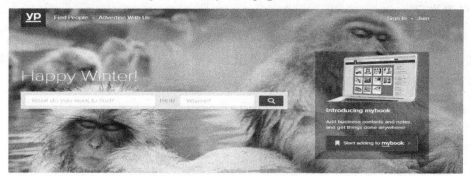

图1-5 黄页界面

（2）然后在黄页上输入"产品名称＋importers"：men sport sweaters＋importers。再输进想要查找的 importers 所在的地区。

图1-6 产品查询界面

（3）在所呈现的搜索结果里筛选出含有"产品名称＋importers"的信息，然后收集公司名称、地址和联系方式。

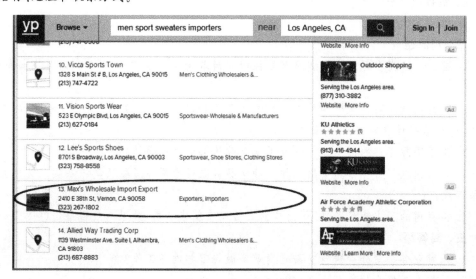

图1-7 产品信息界面

任务布置

每个小组根据本公司主营产品范围,利用搜索引擎或黄页、B2B平台收集潜在客户的信息,并且撰写建交函。要求:每小组至少查找3种产品和3个潜在客户的信息,根据潜在客户的不同情况,撰写建交函。

课后练习

一、单项选择题

1. ( )是建立业务关系的第一步。

A. 国际市场调研   B. 选择目标市场

C. 寻找潜在进(出)口商   D. 确定调研目标

2. 与贸易有关的国际市场调研,是指进出(口)商所进行的以( )为中心的调查研究活动。

A. 有关国际客户的信息   B. 产品

C. 寻找潜在进(出)口商   D. 国别

3. 当明确对方需求时,宜选择( )。

A. 某类特定产品进行具体的推荐

B. 对企业产品整体情况作笼统介绍

C. 附上商品目录、报价单

D. 另寄样品供对方参考

4. 对客户资信进行调查较为可靠的途径是( )。

A. 看对方提供的公司介绍

B. 通过与对方有业务联系的其他公司来了解

C. 银行的报告

D. 看以前的履约情况

二、判断题

1. 进(出)口商在开展市场调研时往往能同时取得一些潜在出(进)口商的基本资料。( )

2. 通过我驻外商务机构和外国驻华的商务机构,可系统地收集到各国(地区)的市场情报,如贸易统计资料、进出口商名录等。( )

3. 关于国际客户的调研内容一般不涉及政治态度和社会地位。( )

4. 派出代表到目标市场去物色和接洽交易对象成为国际货物买卖中买卖双方的主要联系方式。( )

5. 在目前的买方市场条件下,出口商直接发布销售信息,效果一般很好。( )

三、简答题

1. 外贸业务员与外商进行交易磋商前需做好哪些准备工作?

2. 寻找贸易机会的途径有哪些?

四、实训操作题

好运公司业务员接到国外客户发来的询盘,要求材质是 PES 的奶瓶,业务员小王经过详细核算之后,发现客户所给的目标价只能做到 PC 材质的奶瓶,两种不同的材质价格悬殊。在这种情况下,业务员小王应该如何应对客户的询盘,请你给出合理的建议。

答案

项目二

价格核算及磋商

学习目标

知识目标：掌握 *Incoterms* 2010《2010 年国际贸易术语解释通则》（以下简称《2010 通则》）中各种贸易术语的内容和作用；掌握出口价格构成及出口成本、费用、利润的基本核算方法；掌握交易磋商的程序和方法、报价单的内容，发盘的内容和格式；掌握还价核算的基本方法；掌握还盘函和接受函的内容和格式。

技能目标：能根据业务实际正确选用贸易术语；能够核算实际出口成本；能够核算出口费用及利润；能够设计报价单，填写报价单并对外发盘；能够根据客户要求进行还价核算、盈亏核算。

任务一 报价核算

情景呈现

杭州万向纺织品进出口公司的业务员陈景与 Accessory Network Group LLC 的 Bill Peril 在广交会互换了名片，广交会结束后不久，陈景就收到了 Bill 发来的询盘邮件（见图 2-1）。

Dear Rosemary:

It was very nice to meet you in Canton Fair.

Please quote   Style no. S001 men sport sweaters CIFC5%NEWYORK price, 95% Combed cotton 5% Spandex Silk Screen printing , and inform the min quantity and the quantity for a 20ft container. If we place an order for 10000 pcs,calculate the FOB price, thanks.

Bill

图 2-1 询盘邮件

陈景仔细认真地分析了询盘的内容,了解到客户是想要知道 S001 款男式卫衣的具体报价,而且要 CIFC5% 和 FOB 两种价格,这些价格到底有什么区别呢?

任务目标

正确选择使用贸易术语,并进行不同术语下的价格核算。

相关知识

在国际货物买卖合同中,商品的价格是核心内容,关系到买卖双方最根本的经济利益。因此,选用适当的贸易术语对于外贸业务的成功至关重要。下面主要介绍《2010 通则》中的 11 种贸易术语,重点介绍 6 种主要的贸易术语。

案例导入

某年 5 月,美国某贸易公司(以下简称进口方)与我国江西某进出口公司(以下简称出口方)签订合同,购买一批日用瓷具,价格条件为 CIF LOS-ANGELES,支付条件为不可撤销的跟单信用证,出口方需要提供已装船提单等有效单证。出口方随后与宁波某运输公司(以下简称承运人)签订运输合同。8 月初,出口方将货物备妥,装上承运人派来的货车。途中由于驾驶员的过失发生了车祸,错过了信用证规定的装船日期。得到发生车祸的通知后,我出口方即刻与进口方洽商要求将信用证的有效期和装船期延迟半个月,并本着诚信原则告知进口方两箱瓷具可能受损。美国进口方回电同意延期,但要求货价降 5%。我出口方回电据理力争,同意受震荡的两箱瓷具降价 1%,但认为其余货物并未损坏,不能降价。但进口方坚持要求全部降价。最终我出口方还是做出让步,受震荡的两箱降价 2.5%,其余降价 1.5%,为此受到的货价、利息等有关损失共计 15 万美元。

事后,出口方作为托运人又向承运人就有关损失提出索赔。对此,承运人同意承担有关仓储费用和两箱震荡货物的损失,利息损失只赔 50%,理由主要是出口方修改单证耽误时间;但对于货价损失不予理赔,认为这是由于出口方单方面与进口方的协定所致,与己无关。出口方却认为货物降价及利息损失的根本原因都在于承运人的过失,坚持要求其全部赔偿。3 个月后经多方协商,承运人最终赔偿各方面损失共计 5.5 万美元。

在上述案例中,如果出口方事先选择了 FCA 或 CIP 贸易术语,那么,一切风险在货交承运人之后就转移给进口方,风险及责任提前转移,就不用再承担上述的风险和费用。由此可见,采用不同的贸易术语,会给买卖双方带来不同的后果。

一、国际贸易术语的含义和作用

(一)国际贸易术语的含义

在国际货物买卖中,进出口双方相距甚远,在货物运输、交接过程中,需要办理进出口清关手续,安排运输与保险,支付各项税负和运杂费用。货物在装卸、运输过程中,还可能遭受自然灾害、意外事故和其他各种外来风险。有关上述事项由谁承办,费用由谁承担,风险如何划分,进出口双方在磋商交易、签订合同时,必须予以明确。

为了简化手续,缩短交易过程,便于双方当事人成交,进出口双方应采用某种专门的用语来概括地表明各自的权利与义务。这种用简短的英文缩写字母来表示买卖双方责任、费用与风险划分及货物价格的构成的专门用语,称为贸易术语(Trade Terms)。它来源于国际贸易惯例,是在国际贸易长期实践的基础上逐渐产生的。

贸易术语具有两重性:一方面用来确定交货条件,即说明买卖双方在交接货物时各自承担的风险、责任和费用;另一方面,又用来表示该商品的价格构成。这两者是紧密相关的。每种贸易术语有其特定的含义,各种不同的贸易术语表示其具有不同的交货条件和不同的价格构成要素,因而进出口双方各自承担的责任、费用与风险也互不相同。一般地说,出口商承担的责任、费用与风险小,其售价就低;反之,其售价就高。

(二)国际贸易术语的作用

在进出口业务中,国际贸易术语起着积极的作用,主要表现在以下几个方面。

(1)每一种贸易术语都有其特定的含义,一些国际惯例对各种贸易术语也作了统一的解释和规定,这些解释和规定在国际上被广泛接受,成为从事国际贸易的行为规则。这大大简化了交易手续,缩短了洽商时间,从而节约了费用开支。

(2)由于贸易术语可以表示商品的价格构成因素,所以买卖双方确定成交价格时必须考虑采用的贸易术语包含哪些从属费用,以利于交易双方进行比价和加强成本核算。

(3)买卖双方签约时,可能对某些问题未明确规定,致使履约中产生的争议无法依据合同来解决,在这种情况下,可以援引有关贸易术语的国际惯例来处理。

📍 **看一看**

贸易术语在国际贸易中的运用可以追溯到 200 多年以前,早在 18 世纪末 19 世纪初,国际贸易中就出现了装运港交货的术语 FOB。到 19 世纪中叶,以 CIF 为代表的单据买卖方式已经成为国际贸易中最常用的做法。现在,贸易术语无论是数量、名称还是内涵都有了很大的发展,成为国际贸易中不可缺少的专门用语,被称为"国际贸易的语言"。

二、有关国际贸易术语的国际惯例

在国际贸易业务实践中,由于各国法律制度、贸易惯例与习惯做法不同,国际上对同一贸易术语的理解与运用也互有差异,因而容易引起贸易纠纷。为了减少纠纷和避免争议,有关国际商业团体便制定了一些统一解释贸易术语的规则,包括以下几个。

(一)《1932 年华沙—牛津规则》

本规则由国际法协会(International Law Association)制定。国际法协会于 1928 年在华沙召开会议,编撰有关 CIF 方面的惯例,称为《1928 年华沙规则》,共有 22 条。其后该规则于 1930 年纽约会议、1931 年巴黎会议、1932 年牛津会议进行修订,修订后的条文共 21 条,并称为《1932 年华沙—牛津规则》(Warsaw-Oxford Rules 1932),并一直沿用至今。

《1932 年华沙—牛津规则》对 CIF 买卖合同的性质做了说明，并具体规定了 CIF 合同中买卖双方所承担的费用、责任和风险。由于《1932 年华沙—牛津规则》仅仅是对 CIF 进行了编撰，在实际应用中，使用的人并不多。

（二）《美国对外贸易定义修订本》

《美国对外贸易定义修订本》（*Revised American Foreign Trade Definitions*）是由美国 9 个商业团体制定的。最早于 1919 年在纽约制定，原称为《美国出口报价及其缩写》。其后，因贸易习惯发生了很多变化，在 1940 年举行的美国第 27 届全国对外贸易会议上对该定义作了修订，并于 1941 年 7 月经美国商会、美国进出口协会和美国全国对外贸易协会所组成的联合委员会通过，称为《1941 年美国对外贸易定义修订本》。目前使用的最新修订版本为 1990 年修订的，称为《1990 年美国对外贸易定义修订本》。

《1990 年美国对外贸易定义修订本》解释的贸易术语共有 6 种。

（1）Ex Point of Origin：产地交货。

（2）Free on Board（FOB）：在运输工具上交货。

（3）Free Along Side（FAS）：在运输工具旁边交货。

（4）Cost and Freight（CFR）：成本加运费。

（5）Cost，Insurance and Freight（CIF）：成本加保险费、运费。

（6）Ex Dock：目的港码头交货。

《1990 年美国对外贸易定义修订本》在美洲国家采用较多，由于它对贸易术语的解释，特别是对第（2）和第（3）种术语的解释与《国际贸易术语解释通则》有明显的差异，所以，在同美洲国家进行交易时，应特别注意在合同中规定的贸易术语所适用的规则。

（三）《国际贸易术语解释通则》

国际商会为统一对各种贸易术语的解释，于 1936 年首次公布对贸易术语的统一解释，定名为《1936 年国际贸易术语解释通则》，后经多次修改和补充。现行的是 2010 年最新修订的《2010 年国际贸易术语解释通则》（简称《2010 通则》），它是当今国际贸易中使用最为广泛的惯例。

📍 **看一看**

国际商会（International Chamber of Commerce，ICC）于 1919 年在美国大西洋城成立，现总部设于巴黎。它是世界上最重要的民间经贸组织，是联合国的一级咨询机构，制定了许多国际商界规则和惯例。国际商会为营造一个有利于自由贸易和投资的环境做出了巨大的贡献。我国于 1994 年 11 月加入国际商会，并于 1995 年 1 月 1 日正式成立国际商会中国国家委员会（China Chamber of International Commerce，CCOIC）。

《2010 通则》按照适用的运输方式将贸易术语分为两大类，分别是适用于水上运输的 4 种传统贸易术语和适用于多种运输方式（包括多式联运）的 7 种新型贸易术语。其中 DAT 和 DAP 是新增加的两个贸易术语，它们之间有非常细微的区别。11 种贸易术语的名称及分类如表 2-1 所示。

表 2-1 《2010 通则》贸易术语的名称及分类

贸易术语	英文全称	后缀地点	中文全称	适用的运输方式
FAS	Free Alongside Ship	装运港	装运港船边交货	Water Transport 适用水上运输
FOB	Free on Board	装运港	装运港船上交货	
CFR	Cost and Freight	目的港	成本加运费	
CIF	Cost, Insurance and Freight	目的港	成本加保险费、运费	
EXW	Ex Works	启运地	工厂交货	All Types of Transportation 适用于任何 运输方式, 包括多式联运
FCA	Free Carrier	启运地	货交承运人	
CPT	Carriage Paid to	目的地	运费付至	
CIP	Carriage and Insurance Paid to	目的地	运费、保险费付至	
DAT	Delivered At Terminal	目的地	目的地交货	
DAP	Delivered At Place	指定目的地	指定地点交货	
DDP	Delivered Duty Paid	目的地	完税后交货	

三、常用的 6 种主要的贸易术语介绍

国际贸易中使用最多的仍然是 FOB、CFR 和 CIF 装运港交货的 3 种贸易术语。现今,随着集装箱运输和国际多式联合运输的进一步普及,适应这一发展需要的 FCA、CPT 和 CIP 货交承运人的 3 种贸易术语也显得越来越重要。

(一) 适用于海运方式的 3 种常用贸易术语

1. FOB: Free on Board(...Named Port of Shipment),即"装运港船上交货(……指定装运港)"

FOB 贸易
术语介绍

FOB 是指当货物在指定的装运港装上买方指定的船,卖方即完成交货。这意味着买方必须从货物装上船起承担货物灭失或损坏的一切风险。FOB 术语要求卖方办理货物出口清关手续。该术语仅适用于海运或内河运输。

(1) 采用 FOB 术语时,买卖双方所承担的基本义务

①卖方义务

a. 在合同规定的时间和装运港口,将合同规定的货物交到买方指派的船上,并及时通知买方。

b. 承担货物在装运港装上船之前的一切风险和费用。

c. 自负风险和费用,取得出口许可证或其他官方批准证件,并办理货物出口所需的一切海关手续。

d. 提交商业发票或相应的电子单证,并且自费提供证明卖方已按规定交货的清洁单据。

②买方义务

a. 订立从指定装运港口运输货物的合同，支付运费，并将船名、预计到港时间及时通知卖方。

b. 根据买卖合同的规定受领货物并支付货款。

c. 承担货物装船之后所发生的一切风险和费用。

d. 自负风险和费用，取得进口许可证或其他官方批准证件，并且办理货物进口的海关手续。

（2）使用FOB时应注意的问题

①船货衔接和运输责任的问题

按照 FOB 术语成交，卖方的一项基本任务是按照规定的时间和地点完成装运。然而，由于 FOB 条件下是由买方负责租船订舱，卖方备货交付，这就存在一个船货衔接问题，即货备好了船没到——货等船，或者船到了而货物还没准备好——船等货，若处理不当，自然会影响到合同的顺利执行。所以，按 FOB 条件成交，应加强买卖双方的联系，保证船货衔接。为了保证货物能够按时出运，避免船货不能衔接，买方可以请卖方代为租船，但是租不到船的风险由买方自行承担。

②装上船后的风险损失判断

FOB 合同下卖方将货物装上船就完成了交货义务，如果出口商在交货之前检验货物，质量和数量均符合合同的规定，但货到目的港进口商收货后，检验货物却发现货物的质量或者数量不符合要求，出口商是否能够免除一切责任呢？很显然，不能够简单地以"装上船为界"判定责任的归属。

FOB 案例讨论

判断的基本原则就是看这种损失是必然发生的还是偶然发生的。所谓必然损失，通常是指在装船前或生产过程中已存在质量隐患，对此类损失出口商有着不可推卸的责任。如果是运输途中由于外在因素导致的货损，出口商无法控制，则不承担相关责任。

③个别国家对 FOB 术语的不同解释

美国、加拿大和一些拉丁美洲的国家较多采用《1990 年美国对外贸易定义修订本》对 FOB 的解释。《1990 年美国对外贸易定义修订本》对 FOB 有 6 种解释，其中仅第 5 种"FOB Vessel"同《2010 通则》的解释基本相似，但关于风险划分界限的规定也不完全一样。《1990 年美国对外贸易定义修订本》中"FOB Vessel"术语下出口手续及税费是由进口商承担的，出口商只有在进口商请求并承诺自付费用的情况下才代为办理。因此，与该地区的商人进行交易，要注意两种国际惯例规定的区别。

议一议

某进出口公司从美国进口木材，按每吨 200 美元 FOB Vessel New York 成交，共 500 吨。我方通过中国银行向美国公司开出一张金额为 10 万美元的信用证。对方来信称："信用证已收到，但金额不足，应增加 1 万美元以支付有关出口捐税和各种签证费。"我方认为这是无理要求，回电指出："按《2010 通则》，以 FOB 条件成交应由出口商负责出口清关。"但美国公司回电称："成交时未规定按《2010 通则》解释，根据我们的商业习惯和《1990 年美国对外贸易定义修订本》，出口捐税和因出口而产生的费用均应由买方负责。"

当时我方急需这批木材,只好将信用证的额度增至 11 万美元。请问:美国方面的要求合理吗?我方在订立合同时有没有失误?如果我方不愿承担上述费用,应在合同中如何规定?

④装船费用的负担问题

如果采用班轮运输,船方管装管卸,装船费打入班轮的运费之中,自然由负责租船订舱的买方承担。而采用租船运输,船方一般不负责装卸,买卖双方应明确装船费用的划分,一般采用 FOB 术语的变形来确定装船费用的负担问题。FOB 术语的 4 种变形情况如表 2-2 所示。

表 2-2 FOB 术语的 4 种变形情况

FOB 术语变形	FOB 术语变形说明	FOB 术语变形解释
FOB Liner Terms	FOB 班轮条件	装船费用按班轮做法办理,即由船方或买方承担
FOB Under Tackle	FOB 吊钩下交货	卖方负担费用将货物交到买方指定船只的吊钩所及之处,而吊装入舱以及其他各项费用一概由买方负担
FOB Stowed	FOB 理舱费在内	卖方负担将货物装入船舱并承担包括理舱费在内的装船费用
FOB Trimmed	FOB 平舱费在内	卖方负责将货物装入船舱并承担包括平舱费在内的装船费用

以上 FOB 术语的变形只是为了表明装船费用由谁负担的问题。它们并不改变 FOB 的交货地点及风险划分的界限,除非双方在合同中有相反的规定。

2. CFR:Cost and Freight(...Named Port of Destination),即"成本加运费(……指定目的港)"

CFR 和 CIF
贸易术语介绍

CFR 指在装运港货物装上船卖方即完成交货,卖方必须支付将货物运至指定目的港所需的运费。但交货后货物灭失或损坏的风险,以及由于各种事件造成的任何额外费用,即由卖方转移到买方。因此,就卖方的责任而言,CFR 的基本含义是在 FOB 的基础上增加了办理租船订舱和支付装运港至目的港的运费。CFR 术语要求卖方办理出口清关手续。该术语仅适用于海运或内河运输。

(1)采用 CFR 术语时,买卖双方所承担的基本义务

①卖方义务

a. 签订从指定装运港承运货物的合同。在买卖合同规定的时间和港口,将符合合同要求的货物装上船并支付至目的港的运费,装船后应及时通知买方。

b. 承担货物在装运港装上船之前的一切风险和费用。

c. 自负风险和费用,取得出口许可证或其他官方批准证件,并办理货物出口所需的一切海关手续。

d. 提交商业发票或相应的电子单证,并且自费向买方提供在目的港提货所用的通常的运输单据。

②买方义务

a. 接受卖方提供的有关单据,受领货物,并按合同规定支付货款。

b. 承担货物在装运港上船以后的一切风险和费用。

c. 自负风险和费用,取得进口许可证或其他官方批准证件,并且办理货物进口的海关手续,支付关税及其他有关费用。

按照《2010 通则》的解释,采用这种贸易术语成交,与 FOB 相比,买卖双方的义务发生了一定的变化,即将货物从装运港运往目的港的责任和费用改由卖方承担,但交货地点和风险划分的界限与 FOB 是完全相同的。CFR 条件下,卖方要负责租船订舱,支付到指定目的港的运费,包括装船费用及定期班轮公司可能在订约时收取的卸货费用。但从装运港至目的港的货运保险仍由买方负责办理,保险费由买方负责。

(2) 使用 CFR 时应注意的问题

①装船通知的重要作用

CFR 案例讨论

CFR 合同履行过程中,装船通知起着非常重要的作用。按照 CFR 条件达成的交易,卖方需要特别注意的问题是,货物装船后必须及时向买方发出装船通知,以便买方办理投保手续。如果货物在运输途中遭受损失或灭失,是由于卖方未发出通知而使买方漏保,那么卖方就不能以风险已经转移为由免除责任。由此可见,尽管在 FOB 和 CFR 条件下,卖方装船后都要向买方发出通知,但 CFR 条件下的装船通知却具有更为重要的意义。

②关于卸货费用的负担问题

按 CFR 术语成交,卖方负责将合同规定的货物运往约定的目的港,并支付正常的运费。至于货到目的港后卸货费用由谁负担也是一个需要考虑的问题。如果使用班轮运输,费用中已包括了装卸费用,则在装卸费的负担问题上不会引起争议。而在程租船运输的情况下,船方通常不负担装卸费用,这就需要双方在合同中订明卸货费用由谁负担。为避免争议,产生了 CFR 术语的变形。CFR 术语的 4 种变形情况如表 2-3 所示。

表 2-3 CFR 术语的 4 种变形情况

CFR 术语变形	CFR 术语变形说明	CFR 术语变形解释
CFR Liner Terms	CFR 班轮条件	卸货费按班轮做法办理,即买方不负担卸货费,而由卖方或船方负担
CFR Ex Ship's Hold	CFR 舱底交接	货物到达目的港后,由买方自行起舱,并负担货物由舱底卸至码头的费用
CFR Ex Tackle	CFR 吊钩下交货	卖方负责将货物从船舱吊起卸到船舶吊钩所及之处的费用
CFR Landed	CFR 卸至码头	由卖方承担将货物卸至码头上的各项有关费用

以上 CFR 术语的变形只是为了解决卸货费用的负担问题,它们并不改变交货地点和风险划分的界限。

3. CIF:Cost, Insurance and Freight(...Named Port of Destination),即"成本、保险费加运费(……指定目的港)"

CIF 是指在装运港货物装上船卖方即完成交货,卖方必须支付将货物运至指定目的港所需的运费。交货后货物灭失或损坏的风险,以及由于各种事件造成的任何额外费用,即由卖方转移到买方。但是,在 CIF 条件下,卖方还必须办理货物在运输途中的海运保险。CIF 术语要求卖方办理出口清关手续。该术语仅适用于海运或内河运输。

按此术语成交,货价构成因素中包括从装运港到约定目的港通常的运费及约定的保险费,故卖方除具有与 CFR 术语相同的义务外,还应为买方办理保险,并支付保险费。

(1)采用 CIF 术语时,买卖双方所承担的基本义务

①卖方义务

a. 签订从指定装运港承运货物的合同。在买卖合同规定的时间和港口,将合同要求的货物装上船并支付至目的港的运费,装船后及时通知买方。

b. 承担货物在装运港装上船之前的一切费用和风险。

c. 按照买卖合同的约定,自负费用办理水上运输保险。

d. 自负风险和费用,取得出口许可证或其他官方批准证件,并办理货物出口所需的一切海关手续。

e. 提交商业发票或相应的电子单证,并且自费向买方提供保险单据以及在目的港提货通常所用的运输单据。

②买方义务

a. 接受卖方提供的有关单据,受领货物,并按合同规定支付货款。

b. 承担货物在装运港装上船之后的一切风险和费用。

c. 自负风险和费用,取得进口许可证或其他官方批准证件,并且办理货物进口的海关手续。

CIF 案例讨论

(2)使用 CIF 术语成交时应注意的问题

①关于 CIF 合同的性质

CIF 合同下的运输和保险责任及费用都是由卖方承担的,但并不表明卖方将货物运至目的地才完成交货义务,其交货责任在装运港货物装上船的时候就已经完成了,因此,CIF 合同的性质属于装运合同,而不是到货合同。

②保险险别问题

CIF 术语中的"I"表示 Insurance,即保险。从价格构成来讲,这是指保险费,就是说货价中包括了保险费;从卖方的责任讲,他要负责办理货运保险。办理保险须明确险别,不同险别,保险人承担的责任范围不同,保险费率不同,收取的保险费也不同。那么,按 CIF 术语成交,卖方究竟应投保什么险别呢?一般的做法是,在签订买卖合同时,在合同的保险条款中,明确规定保险险别、保险金额等内容,这样,卖方就应按照合同的规定办理投保。但如果合同中未能就保险险别等问题作出具体规定,根据惯例卖方应按照 CIF 合同金额加一成投保协会货物保险条款(ICC)或类似保险条款中最低责任险别。

③关于运输责任问题

根据惯例，CIF 合同中的卖方有义务租用常规适用的船舶来装运货物，卖方有权利拒绝买方对船型、船龄及航运公司、航行路线等提出的额外要求。

④象征性交货问题

从交货方式来看，CIF 是一种典型的象征性交货。所谓象征性交货是针对实际交货而言的。前者指卖方只要按期在约定地点完成装运，并向买方提交合同规定的包括物权凭证在内的有关单证，就算完成了交货义务，而无须保证到货。后者则是指卖方要在规定的时间和地点将符合合同规定的货物提交给买方或其指定人，不能以交单代替交货。

可见，在象征性交货方式下，卖方是凭单交货，买方是凭单付款，只要卖方如期向买方提交了符合合同规定的全套合格单据，即使货物在运输途中损坏或灭失，买方也必须履行付款义务。反之，如果卖方提交的单据不符合要求，即使货物完好无损地运达目的地，买方仍有权拒付货款。

但是，必须指出的是，按 CIF 术语成交，卖方履行其交单义务只是得到买方付款的前提条件。同时，卖方还必须按合同履行交货义务。如果卖方提交的货物不符合要求，即使买方已经付款，仍然可以根据合同的规定向卖方提出索赔。

⑤卸货费用负担问题

按照 CIF 交货条件，卖方负责将合同规定的货物运往合同规定的目的港，并支付正常的运费。至于货到目的港后的卸货费用由谁负担也是一个需要考虑并加以明确的问题。如果使用班轮运输，由于卸货费用已打入班轮运费之中，卸货费自然是由负责运输的卖方负担。而如果使用租船运输，卸货费用由谁负担呢？为了避免因不同的解释而引起争执，也就产生了 CIF 术语的几种变形。CIF 术语的 4 种变形情况如表 2 - 4 所示。

表 2 - 4 CIF 术语的 4 种变形情况

CIF 术语变形	CIF 术语变形说明	CIF 术语变形解释
CIF Liner Terms	CIF 班轮条件	卸货费按班轮做法办理，即买方不负担卸货费，而由卖方或船方负担
CIF Ex Ship's Hold	CIF 舱底交接	货物到达目的港后，自舱底起吊直至卸到码头的卸货费用均由买方负担
CIF Ex Tackle	CIF 吊钩下交货	卖方负责将货物从船舱吊起卸到船舶吊钩所及之处的费用
CIF Landed	CIF 卸至码头	由卖方承担将货物卸至码头上的各项有关费用

以上 CIF 术语的变形只是为了解决卸货费用的负担问题，它们并不改变交货地点和风险划分的界限。

（二）适用各种运输方式的 3 种主要贸易术语

1. FCA：Free Carrier（...Named Place），即"货交承运人（……指定地）"

FCA 是指卖方在办理了出口清关手续后，在双方约定的地点把货物交给

FCA、CPT、CIP 等贸易术语介绍

买方指定的承运人,完成交货义务。交货地点的选择影响到装货和卸货责任的划分,按《2010通则》的规定,如果交货地点位于卖方所在地,则由卖方负责装货;如果交货地点在其他地点,那么卖方负责将货物运至指定的启运地,不负责卸货。

采用FCA术语时,买卖双方所承担的基本义务可以概括如下。

(1)卖方义务

①在合同规定的时间、地点,将合同规定的货物置于买方指定的承运人控制下,并及时通知买方。

②承担将货物交给承运人控制之前的风险。

③自负风险和费用,取得出口许可证或其他官方批准证件,并办理货物出口所需的一切海关手续。

④提交商业发票或相应的电子单证,并自费提供通常的交货凭证。

(2)买方义务

①签订从指定地点承运货物的合同,支付有关的运费,并将承运人名称及有关情况及时通知卖方。

②根据买卖合同的规定受领货物并支付货款。

③承担自货物在约定交货地点交给承运人控制之后的风险。

④自负风险和费用,取得进口许可证或其他官方批准证件,并办理货物进口所需的海关手续。

采用这一条件交货时,买方要自行订立从指定地点启运的运输契约,并及时通知卖方。如果买方有要求,或者根据商业习惯,买方没有及时提出相反意见,卖方也可按通常条件订立运输契约,但费用和风险由买方承担。卖方在规定的时间、地点把货物交给买方指定的承运人并办理了出口手续后,就算完成了交货。

FCA适用于各种运输方式,包括公路、铁路、江河、海洋、航空运输以及多式联运。无论采用何种运输方式,卖方承担的风险均于货交承运人时转移。风险转移之后,与运输、保险相关的责任和费用也相应转移。

2. CPT: Carriage Paid to(...Named Place of Destination),即"运费付至(……指定目的地)"

CPT是指卖方向其指定的承运人交货,卖方还必须支付将货物运至目的地的运费。买方承担交货之后一切风险和其他费用。CPT术语要求卖方办理出口清关手续。该术语可适用于各种运输方式,包括国际多式联运。

采用CPT术语时,买卖双方所承担的基本义务可以概括如下。

(1)卖方义务

①订立将货物运往指定目的地的运输合同,并支付有关运费。

②在合同规定的时间、地点,将合同规定的货物置于承运人控制之下,并及时通知买方。

③承担将货物交给承运人控制之前的风险。

④自负风险和费用,取得出口许可证或其他官方批准证件,并办理货物出口所需的一切海关手续,支付关税及其他有关费用。

⑤提交商业发票或相应的电子单证,并且自费向买方提供在约定目的地提货所需的通常的运输单据。

(2)买方义务

①接受卖方提供的有关单据,受领货物,并按合同的规定支付货款。

②承担自货物在约定交货地点交给承运人控制之后的风险。

③自负风险和费用,取得进口许可证或其他官方批准证件,并且办理货物进口所需的海关手续,支付关税及其他有关费用。

CPT术语适用于各种运输方式,特别是多式联运,这是它与CFR的主要区别。根据《2010通则》的解释,采用CPT条件成交,卖方要负责将货物交给约定地点的承运人(多式联运情况下,则交给第一承运人),承担装货费用以及运输契约中规定的在目的地由卖方负担的卸货费用。交货后卖方要及时通知买方,以便买方办理货运保险。卖方承担的风险在承运人控制货物后转移给买方。买方在合同规定的地点受领货物,支付货款,并且负责除运费以外的将货物自交货地点运达指定目的地的各项费用及在目的地的卸货费用和进口捐税。

在CPT条件下,卖方交货的地点可以是在出口国的内陆,也可以在其他地方,如边境地区的港口和车站等。不论在何处交货,卖方都要负责货物出口报关所需的出口许可证及其他官方证件。除此之外,卖方还需提供商业发票或相应的电子单证,以及通常的运输单据等。

3. CIP:Carriage and Insurance Paid to(…Named Place of Destination),即"运费和保险费付至(……指定目的地)"

CIP是指卖方向其指定的承运人交货,订立货物运至指定目的地的运输合同并支付运费,为货物在运输途中的买方风险取得保险,即订立保险合同并支付保险费。买方承担卖方交货之后的一切风险和额外费用。CIP术语要求卖方办理出口清关手续。该术语可适用于各种运输方式,包括国际多式联运。

在CIP条件下,卖方的交货地点、风险划分界限都与CPT相同,差别在于采用CIP时,卖方增加了保险的责任和费用。所以,在卖方所提交的单据中也比CPT条件下相应增加了保险单据,对于其他单据的要求,均与CPT相同。

采用CIP术语时,买卖双方所承担的基本义务可以概括如下。

(1)卖方义务

①订立将货物运往指定目的地的运输合同,并支付有关运费。

②在合同规定的时间、地点,将合同规定的货物置于承运人的控制之下,并及时通知买方。

③承担将货物交给承运人控制之前的风险。

④按照买卖合同的约定,自负费用投保货物运输险。

⑤自负风险和费用,取得出口许可证或其他官方批准证件,并办理货物出口所需的一切海关手续,支付关税及其他有关费用。

⑥提交商业发票或相应的电子单证,并且自费向买方提供保险单据及在约定目的地提货所用的通常的运输单据。

贸易术语
综合运用案例

（2）买方义务

①接受卖方提供的有关单据,受领货物,并按合同规定支付货款。

②承担自货物在约定交货地点交给承运人控制之后的风险。

③自负风险和费用,取得进口许可证或其他官方批准证件,并且办理货物进口所需的海关手续,支付关税及其他有关费用。

补充案例

以上 6 种贸易术语的比较如表 2-5 所示。

表 2-5 传统 3 种贸易术语和新型 3 种贸易术语的比较

比较项目	FOB、CFR、CIF	FCA、CPT、CIP
运输方式	海运和内河运输	各种运输方式
承运人	船运公司	船运公司、铁路局、航空公司或多式联运承运人
交货地点	装运港船上	货交承运人的地点（启运地）
风险转移界限	装运港船上	货交承运人
运输单据	已装船清洁提单	提单、海运单、内河运单、铁路运单、航空运单或多式联运单据
优点	—	（1）适用的运输方式更广泛 （2）对出口商来说,交货时间和地点提前了,降低了出口商的风险 （3）提前交货在一定程度上就意味着可以提前结算货款,加速了出口商的资金周转

四、其他 5 种贸易术语

除前述 6 种主要贸易术语外,《2010 通则》还对其他贸易术语作了解释。这些术语在实际业务中较少采用,简要介绍如下。

其他贸易术语介绍及选择

（一）EXW：Ex Works(...Named Place),即"工厂交货(……指定地点)"

EXW 是指当卖方在其所在地(如工场、工厂或仓库等)将货物交给买方处置时,即完成交货,卖方既不需要办理出口清关手续,也不需要将货物装上任何运输工具。买方必须承担在卖方所在地受领货物后的全部费用和风险。

若希望在启运时卖方负责装货并承担装货的全部费用和风险,则须在销售合同中明确写明。因买方要求并由其承担风险和费用的情况下,在需要办理海关手续时,卖方可以给予买方一切协助,以帮助买方取得为货物出口所需的出口许可证或其他官方许可,办理出口所需的一切海关手续。在买方不能直接或间接地办理出口手续时,不应使用该术语,而应使用 FCA 术语。

EXW 术语是卖方承担责任最小的术语,适用于各种运输方式。

（二）FAS：Free Alongside Ship(...Named Port of Shipment),即"船边交货(……指定装运港)"

FAS 是指卖方在买方指定的装运港,在买方指定的装货地点,在约定日期或期限内,按照该港习惯方式将符合合同的货物交至买方指定的船边,即完成交货。买方必须承担自那时起货物灭失或损坏的一切风险。FAS 术语要求卖方办理出口清关手续。

按这一术语成交,卖方要提供商业发票或电子信息,并自负费用和风险,提供通常的证明其完成交货义务的单据,如码头收据。在买方要求,并由买方承担费用和风险的情况下,卖方可协助买方取得运输单据。但是,如当事方希望买方办理出口手续,需要在销售合同中明确写明。

该术语仅适用于海运或内河运输。

(三) DAT:Delivered at Terminal,即"运输终端交货"

DAT 是指在指定目的地或目的港的集散站交货,"Terminal"可以是任何地点,如码头,仓库,集装箱堆场或者铁路、公路或航空货运站等。卖方负责将货物从国内运到境外指定的交通站点,并承担相关的风险和费用,但不负责进口通关事宜和相关的费用。该术语适用于任何运输方式,包括多式联运。

(四) DAP:Delivered at Place,即"目的地交货"

DAP 是指卖方负责将货物运到指定目的地交货,买方负责卸货和进口通关事宜及相关费用。适用于各种运输方式。DAT 和 DAP 的主要差异是:DAT 下卖方需要承担把货物由目的地(港)运输工具上卸下的费用,DAP 下卖方只需在指定目的地使货物处于买方控制之下,而无须承担卸货费。同时 DAP 术语也可以用于国内贸易及类似于成立了自由贸易区等无须进出口清关的国(地区)与国(地区)之间的贸易。

(五) DDP:Delivered Duty Paid(…Named Place of Destination),即"完税后交货(……指定目的地)"

DDP 是指卖方在指定的目的地,办理完进口清关手续,将在运输工具上尚未卸下的货物交给买方,完成交货。卖方必须承担将货物运至目的地发生的一切风险和费用,包括在需要办理海关手续时在目的港应缴纳的任何进口"税费"(包括办理一切海关手续的责任和风险,以及缴纳手续费、关税、税款和其他费用)。若卖方不能直接或间接地取得进口许可证,则不应使用此术语。如当事方希望将进口时所要支付的一些费用(如增值税)从卖方的义务中排除,则应在销售合同中明确写明。

该术语是卖方承担责任、费用和风险最大的术语,适用于所有的运输方式。《2010 通则》贸易术语的风险、责任及费用的划分如表 2-6 所示。

表 2-6 《2010 通则》贸易术语的风险、责任及费用的划分

术语	交货地点 (风险转移点)	运输责任	保险责任	进出口清关	运输方式
FAS	装运港船边	买方	买方	出口卖方 进口买方	水上
FOB	装运港船上	买方	买方	出口卖方 进口买方	水上
CFR	装运港船上	卖方	买方	出口卖方 进口买方	水上

续　表

术语	交货地点 （风险转移点）	运输责任	保险责任	进出口清关	运输方式
CIF	装运港船上	卖方	卖方	出口卖方 进口买方	水上
FCA	启运地货交承运人	买方	买方	出口卖方 进口买方	任何
CPT	启运地货交承运人	卖方	买方	出口卖方 进口买方	任何
CIP	启运地货交承运人	卖方	卖方	出口卖方 进口买方	任何
DAT	目的地货交买方	卖方	卖方	出口卖方 进口买方	任何
DAP	指定地点货交买方 （无须卸下）	卖方	卖方	出口卖方 进口买方	任何
EXW	工厂货交买方	买方	买方	买方	任何
DDP	目的地货交买方	卖方	卖方	卖方	任何

五、贸易术语的选用

（一）贸易术语与买卖合同的关系

一般说来,在交易尤其是在国际货物买卖中,对于一些重要的事项、要求和做法,双方当事人已通过谈判在合同中作了规定。但是,双方当事人不可能对合同可能出现的所有问题都事先规定清楚。对于双方当事人在合同中未明确规定的许多问题,有时可能对合同条款本身有很大影响,因此可以适当采用一些习惯做法或惯例。作为国际贸易惯例的《2010 通则》与合同条款之间存在着解释与被解释、补充与被补充的关系。

1. 合同条款可以明示或默示排除《2010 通则》的某些内容,也可以明示或默示受《2010 通则》约束

合同既可以采用《2010 通则》,也可以排除《2010 通则》的适用,还可以对《2010 通则》的部分内容进行修改适用。

2.《2010 通则》可以补充合同条款的不足

由于《2010 通则》对一些具体买卖方式用一些简单的贸易术语作了概括,而在实际业务中当事人双方也许不可能对其中的权利和义务规定得非常详细,因此在实际的合同中,直接用此术语,不仅简洁明了,而且可以补充一些不足。因为双方对该术语都有相同的解释,所以在产生争议时,我们可以用《2010 通则》的内容来解释合同的某些内容。

（二）贸易术语选用时应注意的几个基本问题

1. 适合任何运输方式的贸易术语的选择

根据双方的能力和意愿进行选择。如卖方仅想使其责任限于在其所在地或另一指定地点将货物置于买方处置之下,而不承担任何其他义务包括不承担出口清关手续时,可考虑使用 EXW。如卖方愿意自己办理出口清关,且在承运人指定地点将货物交付于买方处置之下时,应考虑使用 FCA。如卖方除承担 FCA 所必须履行的义务外,还愿意签订到目的地的运输合同时,可考虑选择 CPT。如卖方除承担 CPT 所必须履行的义务外,还愿意承担到目的地的最低保险时,可考虑选择 CIP。如卖方欲在目的地指定地点交货,且愿意承担货物运送到该地点的费用(卸货费除外)和风险时,可考虑选择 DAP。如卖方除承担 DAP 所必须履行的义务外,还愿意承担货物运送到该地点从运输工具上卸货产生的费用时,可考虑选择 DAT。如卖方除承担 DAP 所必须履行的义务外,还愿意承担货物的进口报关和有关关税时,可考虑选择 DDP。

2. 适合水上运输方式的贸易术语的选择

同样的情况,适用于水上运输方式的贸易术语也是根据双方的能力和意愿进行选择。如卖方愿意在装运港船边交货或者获得所要交付的货物时,应考虑使用 FAS。如卖方愿意在装运港船上交货或者获得所要交付的货物时,应考虑使用 FOB。如卖方除承担 FOB 所必须履行的义务外,还愿意承担费用提供到指定目的港的运输合同时,应考虑使用 CFR。如卖方除承担 CFR 所必须履行的义务外,还愿意承担到指定目的港的最低保险时,应考虑使用 CIF。

3. 根据货物运输需要选择适合不同运输方式的贸易术语

比如内陆地区的货物就应该选择适合多种运输方式的贸易术语,以利于多式联运。

4. 以规避风险为基本原则选择贸易术语

在选择贸易术语时要充分考虑到合同履行过程中的风险,尽可能地规避风险。如进口尽量不采用 CFR/CPT,尤其是在 T/T 预付结算方式下风险大;出口尽量不采用 FOB/FCA,尤其是在托收结算方式下风险较大。

5. 考虑运费、保险费的因素

一般来说,在出口贸易中,我方应争取选用 CIF 和 CFR 术语。在进口贸易中,应争取选用 FOB 术语。对 FCA、CPT 和 CIP 术语的选用也应按上述原则掌握。这样有利于节省运费和保险费的外汇支出,并有利于促进我国对外运输事业和保险事业的发展。另外,在选用贸易术语时,还应注意运费变动的趋势。当运费看涨时,为了避免承担运费上涨的风险,出口时应选用 FOB 术语,进口时应选用 CIF 或 CFR 术语。如因某种原因,采用由我方安排运输的贸易术语时,则应对货价进行调整,将运费上涨的风险考虑到货价中去。

6. 考虑货物的特点

在国际贸易中,进出口货物的品种繁多,不同类别的货物具有不同的特点,对运输方面的要求各不相同,运费开支的大小也有差异。有些货物价值较低,但运费占货价的比重较大,对这类货物,出口应选用 FOB 术语,进口选用 CIF 或 CFR 术语。此外,成交量的大小,也涉及运输安排的难易和经济核算的问题,因此,也要考虑贸易术语的选用。

7. 按实际需要,灵活掌握选用贸易术语

例如,有些国家为了支持本国保险事业的发展,规定在进口时,须由本国办理保险,我方为表示与其合作的意向,出口也可采用 FOB 或 CFR 术语。又如,我国在出口大宗商品时,国外买方为了争取到运费和保险费的优惠,要求自行办理租船订舱和保险,为了发展双方贸易,也可采用 FOB 术语。在进口贸易中,如进口货物的数量不大,也可采用 CIF 贸易术语。总之,随着我国对外开放的扩大和对外贸易的发展,可以采用更加灵活的贸易做法。除上述所提到的经常使用的贸易术语外,也可视不同的交易情况,适当选择其他贸易术语。

看一看

值得注意的是,有的外国进口商可以在尚未付款前取得提单,先行在目的地向承运人提取货物。少数商人甚至与承运人勾结,采用承运人先无单放货,后宣告破产的伎俩骗取我方货物。近年来,在我国出口业务中,类似案件屡有发生,使我国出口企业蒙受巨大损失。在进口交易中,应谨慎采用 CFR 术语,防止国外出口商指定不当的船舶,或与船方勾结出具假单据,使我国蒙受损失。

六、出口商品价格核算

出口商品价格的构成因素有很多。一般而言,包括以下一些要素,而且不同的贸易术语下其价格构成也有所不同(见表 2-7)。

表 2-7 出口商品价格构成

价格构成	具体说明		不同贸易术语的价格构成
商品成本	采购成本(或生产、加工成本)		FOB(FCA) =实际采购成本+国内费用+预期利润 CFR(CPT) = FOB(FCA)+国际货物运费 CIF(CIP) = CFR(CPT)+国际货物运输保险费
费用	国内费用	国内运输费	
		包装费	
		仓储费	
		认证费	
		港区港杂费	
		商检费	
		贷款利息	
		业务费用	
		出口报关税费	
	国际费用	国际货物运费	
		国际货物运输保险费	
预期利润	成本利润率		
	销售利润率		

（一）FOB(FCA)出口价格核算

一般而言,计算商品价格应该考虑成本、费用和利润三个因素。按照《2010 通则》对 FOB(FCA)贸易术语的买卖双方责任和义务划分可以看出,出口商所报价格应该包括商品的实际采购成本、出口国的国内费用和出口商的预期利润。

FOB 价格核算

> 计算公式:
>
> FOB(FCA)＝实际采购成本＋国内费用＋预期利润

1. 实际采购成本

实际采购成本是指该出口货物的采购成本扣除出口退税金额后的实际成本。货物的成本根据具体的情况又可以分为生产成本、加工成本及采购成本 3 种,其中采购成本是从供应商或工厂购买货物的价格,通常都是含税(增值税)的价格。出口退税金额是国家为了鼓励出口商的积极性,对出口货物在国内流通环节已经缴纳的增值税给予一定比例的返还,是对出口商的一种奖励,降低了出口商的出口成本。因此,在价格核算的时候就应该用实际采购成本来进行核算。

> 计算公式:
>
> 出口退税金额＝采购成本÷(1＋增值税率)×出口退税率
>
> 实际采购成本＝采购成本－出口退税金额
>
> 综合以上两个公式,可以得出:
>
> 实际采购成本＝采购成本×[1－出口退税率÷(1＋增值税率)]

【例 2－1】 某产品每单位的采购成本是 28 元人民币,其中含 17% 的增值税,若该产品出口有 13% 的退税,那么该产品每单位的实际采购成本是多少?

【解】 实际采购成本＝采购成本×$\left(1-\dfrac{出口退税率}{1+增值税率}\right)$

$$=28\times\left(1-\frac{13\%}{1+17\%}\right)$$

$$=24.89(元)$$

2. 国内费用

国内费用是指货物开始国际运输之前发生在国内的各种费用,一般包含以下几种。

(1) 国内运输费

出口货物在装运前所发生的境内运输费,一般有卡车运输费、内河运输费、路桥费、过境费及装卸费。

(2) 包装费

商品包装产生的费用,该费用一般包括在采购成本之中。但如果客户对货物的包装有特殊的要求,由此产生的费用就要作为包装费另加。

(3) 仓储费

有些商品需要提前采购或另外存仓,往往会发生仓储费用。

（4）认证费

出口商办理出口许可、产地证明以及其他证明所支付的费用。

（5）港区港杂费

出口货物在装运前在港区码头所需支付的各种费用。

（6）商检费

出口商品检验机构根据国家的有关规定或因出口商的请求对货物进行检验所发生的费用。

（7）货款利息

出口商由于资金的占用而造成的利息损失，发生期间一般是从向国内供应商购进货物起，至收到国外买方货款止，也包括出口商给予买方延期付款的利息损失。

（8）业务费用

出口商在经营中发生的有关费用（如通信费、交通费、交际费、广告费等），又称为经营管理费。

（9）出口报关税费

货物出口报关发生的相关费用及应缴纳的税金。

> 计算方法：
> 方法一：各项费用额加总计算而成
> 方法二：按照一定的费用比例计算而成（定额费率）
> 　　国内费用＝采购成本×定额费率

3.预期利润

预期利润是指利润是交易的最终目的，是价格的重要组成部分，也是商人最为关心的要素。预期利润为出口商的预期收益。

FOB价格核算练习

> 计算方法：
> 方法一：成本利润率核算法
> 　　FOB(FCA)报价＝实际采购成本＋国内费用＋采购成本×预期成本利润率
> 方法二：销售利润率核算法
> 　　FOB(FCA)报价＝（实际采购成本＋国内费用）÷（1－预期销售利润率）

📍**议一议**

如果客户要求我们报出外币表示的商品价格，就需要把计算出来的人民币价格折算成外币价格，那么如何选择汇率进行不同货币之间的价格折算呢？

两种不同货币之间的比价，叫作外汇牌价。在我国，外汇牌价采取以人民币直接标价方法，即以一定数量的外币折合多少人民币挂牌公布。外汇牌价包括外汇买入价和卖出价、现钞买入价和卖出价。卖出价是银行将外汇卖给客户的牌价，也就是客户到银行购汇时的牌价（标价中列于"/"右边的数字）；买入价则是银行向客户买入外汇或外币时的牌价,它分为现钞买入价和现汇买入价两种。现汇买入价是银行买入现汇时的牌价,而现钞买入价则是银行买入外币现钞时的牌价(标价中列于"/"左边的数字)。出口商在进行报价核算的时候把人民币报价折算为外币报价应该采用现汇买入价。请大家分析在进口商品价格核算时,把外币价格折算为人民币价格应该采用哪种外汇牌价呢?

【例2-2】 某出口商欲针对某款无纺布袋向外商报价,已知该商品供应商所报的含税价为2.30元/个,月生产能力800000个,增值税率为17%;每125个装1个纸箱;经查询,该无纺布手提袋的海关监管证件代码无,出口退税率为15%;国内费用为采购成本的3%;预期出口成本利润率为10%。请核算FOB上海的出口报价(美元牌价按1美元=6.530/6.570元人民币计)

【解】 出口退税额 = 采购成本÷(1+增值税率)×出口退税率
$$= 2.30÷(1+17\%)×15\%$$
$$= 0.295(元/个)$$

实际出口成本 = 2.30 - 0.295 = 2.005(元/个)

国内费用 = 2.30×3% = 0.069(元/个)

预期出口利润 = 采购成本×成本利润率
$$= 2.30×10\% = 0.230(元/个)$$

FOB = (实际采购成本 + 国内费用 + 出口利润)÷现汇买入价
$$= (2.005 + 0.069 + 0.230)÷6.530$$
$$= 0.350(美元/个)$$

📍 **看一看**

表2-8 主要货币名称及其缩写符号

货币名称	世界标准化组织制定的货币符号	货币英文名称缩写
人民币	CNY	RMB¥
美元	USD	US$
欧元	EUR	Euro
日元	JPY	J¥
英镑	GBP	£
瑞士法郎	CHF	SFr
加拿大元	CAD	Can$
港币	HKD	HK$

(二) CFR(CPT)出口报价核算

按照《2010通则》规定的买卖双方权利和义务,CFR(CPT)贸易术语下出口商的责任比在FOB(FCA)术语的基础上增加了办理国际货物运输的责任,因此CFR(CPT)出口报价就应该在FOB(FCA)报价的基础上加上国际货物运输的运费。

计算方法：

CFR(CPT) ＝ FOB(FCA)＋国际货物运费

＝实际采购成本＋国内费用＋国际运费＋预期利润

集装箱装运时单件货物海运费的计算

对于实际采购成本、国内费用、预期利润的核算方法前面已经详细介绍，本部分重点介绍国际运费的计算。根据国际货物运输方式的不同，运费的核算方法也各有不同，由于国际货物运输主要以海运集装箱运输方式为主，因此着重介绍海洋货物运输集装箱运费的核算方法。

1. 集装箱货物的类型

集装箱的种类很多，有干货集装箱、保温集装箱、开顶集装箱、框架集装箱、挂式集装箱、通风集装箱、牲畜集装箱、罐状集装箱等。通常使用的是 20 英尺和 40 英尺两种规格的集装箱。20'GP(General Product Container)表示 20 英尺的普通柜，40'GP 是 40 英尺普通柜，40'HQ(High Cube Container)表示 40 英尺的高箱，即加高柜。

根据集装箱货物的装箱数量和方式可分为整箱和拼箱两种。

(1) 整箱货(Full Container Load，FCL)

由发货人负责装箱、计数、积载并加铅封的货运。整箱货的拆箱，一般由收货人办理，但也可以委托承运人在货运站拆箱。可是承运人不负责箱内的货损、货差，除非货方举证确属承运人责任事故的损害，承运人才负责赔偿。承运人对整箱货，以箱为交接单位。只要集装箱外表与收箱时相似且铅封完整，承运人就完成了承运责任。整箱货运提单上，要加上"委托人装箱、计数并加铅封"(Shipper's Load & Count & Seal)的条款。

(2) 拼箱货(Less Than Container Load，LCL)

整箱货的相对用语，指装不满一整箱的小票货物。这种货物，通常是由承运人分别揽货并在集装箱货运站或内陆站集中，而后将根据货类性质和目的地进行分类整理，把去同一目的地的两票或两票以上的货物拼装在一个集装箱内，最后要在目的地的集装箱货运站或内陆站拆箱，分别交货。对于这种货物，承运人要承担装箱与拆箱作业，装拆箱费用仍向货方收取。承运人对拼箱货的责任，基本上与传统杂货运输相同。

2. 海运集装箱运费的计算

(1) 整箱货(FCL)的运费核算

对于集装箱整箱货(FCL)，运输公司的报价都是包箱费率的方式，例如中国到地中海航线的费率表如表 2-9。

表 2-9　中国到地中海航线费率表

等级	LCL 按重量计（per W）	LCL 按体积计（per M）	FCL 20 英尺普通柜码头至码头[20'（CY/CY）]	FCL 40 英尺高柜从码头至码头[40'（CY/CY）]
1～7	131.00	100.00	2250.00	4200.00
8～13	133.00	102.00	2330.00	4412.00
14～20	136.00	110.00	2450.00	4640.00

说明：基本港：Algiers(阿尔及尔)，Genoa(热那亚)，Marseilles(马赛)

①集装箱装箱数量的计算

在国际货物运输中,经常使用的是 20 英尺和 40 英尺的集装箱,一般而言,20 英尺的集装箱的有效容积为 25 立方米,最大载重量为 17.5 吨;40 英尺集装箱的有效容积为 55 立方米,最大载重量为 22 吨。如果以 FCL 出口,就要计算一个整箱所能装载的货物数量。一般在实际业务中只要请货代公司报价就可以了。有时需要业务员临时计算可装载货物数量时,可以采用估算的方法。具体计算的方法是按照体积和毛重分别计算所能装载的货物数量,计算结果去除小数直接取整,并选择较小的数字为最终可装载的货物数量。

> 计算公式:
>
> (按体积 M 算)可装纸箱数量=集装箱内容积÷(包装箱长×宽×高)
>
> (按重量 W 算)可装纸箱数量=集装箱的最大载重÷每箱毛重
>
> 结果去除小数位,取整数,则集装箱可装载的货物数量为以上两者较低数值

②单件货物运费的核算

> 计算公式:
>
> 单位运费=集装箱的包箱费÷可装载货物的数量

【例 2-3】 某商品包装单位是 Carton(箱),销售单位是 pc(只),规格描述是每箱装 60 只,包装箱尺寸为 545 毫米×450 毫米×600 毫米,一箱货物毛重 41.5 千克,净重 40 千克,客户的需求是一个 20 英尺的整箱,该商品从启运港到目的港的 20 英尺集装箱包箱费率为 2200 美元,请计算每件商品的运费是多少。

【解】 20 英尺集装箱可装箱数量(按体积)=25÷(0.545×0.45×0.6)=169.89≈169(箱)

20 英尺集装箱可装箱数量(按毛重)=17500÷41.5=421.69≈421(箱)

经过比较,应选择按体积计算的装箱数量,可装 169 箱

出口数量=169×60=10140(只)

单件商品运费=2200÷10140=0.217(美元/只)

> 📍 **小贴士**
>
> 由于计算可装箱数量时采用估算法,实际装箱数量存在一定的误差,因此在合同和信用中必须有"溢短装条款",以便在实际装箱时能够"进退自如"。

(2) 拼箱货物(LCL)运费的核算

拼箱货物(LCL)的运费由基本运费和附加运费构成。

> 计算公式:
>
> 班轮运费=基本运费+∑附加费用
>
> =基本费率×货运量×(1+∑附加费率)

①基本运费的计算标准

a. 按毛重计算

毛重又称重量吨,用"W"表示,以每吨为计算运费的单位。

b. 按体积计算

体积亦称尺码吨,用"M"表示,以每立方米作为计算运费的单位。

c. 按毛重或体积从高计收

在两者中按照较高的计算,用"W/M"表示。

以上重量吨和尺码吨统称为运费吨(Freight Ton)。

此外,有些货物按价格计算,用"A.V."或"Ad.Val"表示。如果是按照重量、体积、价格三者中收费多者计取,用"W/M or A.V."表示;如果先按体积或重量再按货价加起来收费,用"W/M Plus A.V."表示。还有些货物按件计算运费,对有些大宗低值货物而言可以采取临时议价,收取较低运费。

②附加运费

除基本运费之外,有时由于某些特殊的或临时性的因素需加收附加费,以弥补其在航运中的额外开支或损失。常见的附加费有超重附加费、超长附加费、洗舱费、直航附加费、选择港附加费、港口拥挤附加费、燃油附加费、货币贬值附加费等。

班轮附加费通常以基本运费的一定百分率计收,也有以每运费吨若干金额计收的。

海运集装箱
运费计算练习

③计算方法

拼箱货(LCL)运费的具体计算方法为:首先,根据货物的英文名称在运价表的货物分级表中查出该货物应属等级和计费标准。其次,从航线费率表中,查出有关货物的基本费率和所经航线和港口的有关附加费率。最后,根据运费吨得出该批货物的运费总额。

【例2-4】 一批棉布重量为4450千克,体积为20.50立方米,从上海口岸装中国远洋运输集团公司的杂货船出口至日本。已知货币贬值附加费为20%,燃油附加费为15%,求该批货物的运费。经查"货物等级分类表",棉布的等级为9级,计算标准为W/M。上海至日本9级货基本费率为每运费吨US$ 51.50。

CFR和CIF
价格核算

【解】 货物的重量4450千克,即4.45吨,体积为20.50立方米,由于计算标准为W/M,应选择重量和体积较大的一个,经比较选择按体积计算运费。

运费=基本运费+燃油附加费+货币贬值附加费

$$=20.50×51.50×(1+15\%+20\%)$$

$$= 1425.26(美元)$$

3. CFR(CPT)价格核算

简单而言,CFR(CPT)报价就是在FOB(FCA)报价的基础上加上国际运输的运费即可,但是如果利润核算为销售利润率的话就不能简单相加了。

CFR价
格核算练习题

计算方法:

方法一:成本利润率核算法

CFR(CPT)报价= FOB(FCA)报价+国际运输运费

=实际采购成本+国内费用+国际运输运费+采购

成本×预期成本利润率

方法二:销售利润率核算法

CFR(CPT)报价=(实际采购成本+国内费用+国际运输运费)÷(1-

预期销售利润率)

（三）CIF(CIP)出口报价核算

根据《2010 通则》的规定，CIF(CIP)贸易术语下出口商要在 CFR(CPT)术语的基础上办理货物运输的保险手续，因此 CIF(CIP)出口报价就是在 CFR(CPT)报价的基础上增加了国际货物运输过程中的保险费。因此这里先介绍保险费的计算方法。

1. 保险费的核算方法

凡按 CIF 和 CIP 条件成交的出口货物，由出口企业向当地保险公司办理投保手续。投保金额即保险金额，是保险人所应承担的最高赔偿金，也是核算保险费的基础。一般由买卖双方协商确定，按照国际保险市场习惯，通常按 CIF 或 CIP 总值加 10％计算，称为保险加成。保险费是按照保险金额和一定的保险费率计算出来的向保险公司缴纳的费用。

保险费的
核算练习

> 计算公式：
>
> 　　保险金额＝CIF(CIP)货价×(1＋保险加成率)
>
> 　　保险费＝保险金额×保险费率
>
> 　　保险加成率通常为 10％，也称为加一成

【例 2－5】 出口一批工具至中国香港，CIF 货价 10000 港元，加一成投保一切险和战争险，一切险费率为 0.8％，战争险费率为 0.08％。试计算保险费应是多少。

【解】 保险费＝保险金额×保险费率

　　　　　＝10000×(1＋10％)×(0.8％＋0.08％)

　　　　　＝96.80(港元)

2. CIF(CIP)报价核算

简单而言，CIF(CIP)报价就是在 CFR(CPT)报价的基础上加上国际货物运输保险费即可，但是由于保险费的计算基础是 CIF(CIP)货价，因此就不能简单相加了，而是需要利用以下公式。

> 计算方法：
>
> 方法一：成本利润率核算法
>
> 　　CIF(CIP)报价＝ CFR(CPT)报价÷[1－(1＋保险加成率)×保险费率]
>
> 方法二：销售利润率核算法
>
> 　　CIF(CIP)报价＝(实际采购成本＋国内费用＋国际运输运费)÷[1－(1＋保险加成率)×保险费率－预期销售利润率]

CIF 价格
核算练习题

（四）佣金和折扣

国际贸易业务中，在磋商和核算价格时，也会涉及佣金和折扣的规定。包含有佣金的价格，在业务中通常称为"含佣价"。价格中是否含有佣金，直接影响到实际价格的高低，关系到进、出口双方以及相关第三者的经济收益。

佣金和折扣

1. 佣金的含义

在国际贸易中，有些交易是通过中间商进行的，因中间商介绍生意或代买代卖而向其

支付一定的酬金,此项酬金就叫佣金(Commission)。

凡在合同价格条款中明确规定佣金的百分比,叫作明佣。不标明佣金的百分比,甚至连佣金字样也不标示出来,有关佣金的问题,由双方当事人另行约定,这种约定佣金的做法叫作暗佣。货价中是否包含佣金和佣金比例的大小,都会影响到商品的价格。

2. 佣金的规定方法

(1)在商品价格中包含佣金时,通常以文字或字母来说明

【例2-6】 每吨200美元CIF旧金山包括2%佣金。

US $ 200.00/MT CIF San Francisco Including 2% Commission 或 US $ 200.00/MT CIFC2% San Francisco.

(2)商品价格中所包含的佣金除用百分比表示外,也可用绝对数来表示

【例2-7】 每吨付佣金25美元。

3. 佣金的计算方法与支付方法

计算公式:

佣金=含佣价×佣金率

净价=含佣价-佣金

含佣价=净价÷(1-佣金率)

佣金的支付一般有两种做法:一是由中间商直接在货价中扣除;二是在委托人收清货款之后,再按事先约定的期限和佣金比率,另行付给中间代理商。在支付佣金时,应防止错付、漏付和重付等事故发生。

【例2-8】 我方向西欧某客商推销商品,发盘价格为每吨1150英镑CFR西欧某港口,对方复电要求改报FOB中国港口,2%佣金,查中国口岸至西欧某港口的运费为每吨170英镑,我方保持外汇收入不变,应如何报价?

【解】 FOB价=CFR价-运费

FOB价=1150-170=980(英镑)

含佣价=净价÷(1-佣金率)

含佣价=980÷(1-2%)=1000(英镑)

4. 折扣

(1)折扣概述

折扣(Discount)是指卖方按原价给买方一定百分比的减让,即在价格上给予适当的优惠。国际贸易中使用的折扣,名目很多,除一般折扣外还有为扩大销售而使用的数量折扣(购买越多,折扣越大)、为实现某种特殊目的而给予的特别折扣(如新年特别折扣)等。凡在价格条款中明确规定折扣率的,叫作"明扣";反之,为"暗扣"。折扣直接关系到商品的价格,货价中是否包括折扣和折扣率的大小都影响商品价格,折扣率越高,则价格越低。

(2)折扣的规定方法

①在国际贸易中,折扣在规定价格时,通常用文字明确表示出来

【例2-9】 "CIF伦敦每吨200美元,折扣3%"。

US $ 200 per ton CIF London Including 3% Discount.

此例也可以这样表示:CIF伦敦每吨200美元,减3%折扣,即US $ 200.00/T CIF London Less 3% discount.

②折扣也可以用绝对数表示出来

【例 2 - 10】 每吨折扣 6 美元。

折扣通常以成交额或发票金额为基础计算出来。一般是在买方支付货款时预先予以扣除。也有的折扣金额不直接从货价中扣除，而按暗中达成的协议另行支付给买方，这种做法通常在给暗扣时采用。

实操训练

根据前面情景设定，杭州万向纺织品进出口公司的业务员陈景收到了 Accessory Network Group LLC 的 Bill 发来的询盘邮件，要求对 S001 款卫衣进行报价，而且要 CIFC5％和 FOB 两种价格。陈景做了如下的工作。

1. 向供应商询价

在联系了广东、浙江、江苏几家纺织品生产商，报出要求后，不久就收到了几家工厂的回复，其中广州卓然服装有限公司给出的报价最接近我方的要求，经过一番讨价还价后，最终确定了供应价格及条件（见表 2 - 10）。

表 2 - 10　供应信息

条款	供应信息
产品规格型号	S001 男士卫衣，95％精梳棉 5％氨纶，丝网印刷克重 160 克/件，蓝白黑三色可选
最低订购量	每色 100 件
供应价格	28 元/件（含 17％增值税），10000 件以上 26 元/件
交货时间及方式	订单后 1 个月交货，工厂交货
包装	每件塑料袋单独包装，20 件装一个纸箱，纸箱尺寸 350 毫米×520 毫米×600 毫米，毛重 14.50 千克

2. 查询出口退税率

登录海关网站（http：//www.customs.gov.cn），根据该商品的 HS 编码查询出口监管条件和出口退税率。经查询，该商品的出口监管条件为无，出口退税率为 13％。

3. 向货代就运输事宜询价

通过向货代进行询价，可得出口到美国纽约的运费信息（见表 2 - 11）。

表 2 - 11　运费信息（出口到美国纽约）

费用	项目	金额
国内费用	国内运费	100 元/吨
	报关费	100 元/次
	仓储费	200 元/次
	业务费	5％
国际运费	20 英尺整箱	1950 美元
	20 英尺拼箱	87 美元/吨，95 美元/立方米

4. 询问保险费率

询问保险公司,得到保险费率信息,基本险别保险费 0.68%。

5. 明确公司利润

确定公司的预期利润率为 15%。当前的美元牌价为 US$ 1 美元＝6.53 元人民币。

6. 开始按要求计算报价

以下均按照成本利润率的方式进行核算。

(1) 订购 10000 件的 FOB 价格

总箱数＝10000÷20＝500(箱)

总重量＝500×0.0145＝7.25(吨)

实际采购成本＝26－26÷(1+17%)×13%＝23.11(元/件)

国内费用＝(100×7.25+100+200)÷10000+26×5%＝1.4025(元/件)

预期利润＝26×15%＝3.90(元/条)

FOB 报价＝实际采购成本＋国内费用＋采购成本×预期成本利润率

$$＝(23.11+1.4025+3.90)÷6.53$$

$$＝4.35(美元/件)$$

(2) 订购一个 20 英尺集装箱的 CIFC5%New York 价格

①计算一个 20'FCL 可以装载的货物数量。

单箱体积＝0.35 米×0.52 米×0.60 米＝0.1092(立方米)

按体积,25÷0.1092≈228(箱)

按重量,17500÷14.50＝1206(箱)

经比较,应该可以装载 228 箱货物,合计 4560 件。

②计算 CFR 价格

总毛重＝228×0.0145＝3.306(吨)

实际采购成本＝28－28÷(1+17%)×13%＝24.89(元/件)

国内费用＝(100×3.306+100+200)÷4560+28×5%＝1.538(元/件)

预期利润＝28×15%＝4.2(元/件)

FOB 报价＝(24.89+1.538+4.2)÷6.53

$$＝4.69(美元/件)$$

CFR(CPT)报价＝FOB 报价＋国际运输运费

$$＝4.69+1950÷4560$$

$$＝5.12(美元/件)$$

③计算 CIF 价格

CIF 报价＝CFR 报价÷[1－(1+保险加成率)×保险费率]

$$＝5.12÷[1－(1+10%)×0.68%]$$

$$＝5.16(美元/件)$$

④计算 CIFC5%New York 价格

含佣价＝净价÷(1－佣金率)

CIFC5%＝5.16÷(1－5%)

$$＝5.43(美元/件)$$

小贴士

1. 价格核算时必须注意货币单位要统一,不能把不同的货币用在同一个公式中。除非特殊说明,最终报价的货币单位一般为外币。

2. 计算口径应该要统一,不能时而用单价、时而用总额,一般报价是单价。另外计量单位要与包装单位分清楚,不能用包装单位来计算报价。

3. 保险加成按惯例均为加一成(10%)。

任务布置

1. 请各位同学根据各自商品的实际情况核算出口 FOB 报价。国内费用按照采购成本的 6% 计算(全包干定额费率),成本利润率 15%(见表 2-12)。

2. 小组成员根据本小组经营范围,每人选定一个产品、一个目标市场进行 CFR 价格的核算(见表 2-13)。出口数量:1 个 20′集装箱(FCL)。利润:成本利润率 15%。

3. 小组成员根据本小组经营范围,每人选定一个产品、一个目标市场进行 CIFC3% 价格的核算。保险:加成 10% 投保一切险及战争险(费率为 0.85%)(见表 2-12,表 2-13)。

表 2-12　进出港口及运费

启运港	目的港	拼箱(LCL)(按体积/立方米)	拼箱(LCL)(按毛重/吨)	整箱(FCL)(20 英尺普通柜)
上海(Shanghai)	Brisbane(布里斯班)	US$ 15	US$ 20	US$ 850
上海(Shanghai)	Boston(波士顿)	US$ 22	US$ 32	US$ 2275
上海(Shanghai)	Vancouver(温哥华)	US$ 25	US$ 33	US$ 1190
上海(Shanghai)	Calcutta(加尔各答)	US$ 15	US$ 20	US$ 1000
宁波(Ningbo)	Amsterdam(阿姆斯特丹)	US$ 20	US$ 20	US$ 650
宁波(Ningbo)	Singapore(新加坡)	US$ 5	US$ 10	US$ 280
宁波(Ningbo)	Dammam(达曼)	US$ 16	US$ 21	US$ 880

表 2-13　包装规格及方式

学号	包装方式	纸箱规格(毫米)	毛重(千克)/箱	净重(千克)/箱
单号	每箱装 20 个销售单位	450×320×300	28	26
双号	每箱装 30 个销售单位	480×380×300	33	30

任务二　制作报价单并发盘

情景呈现

杭州万向纺织品进出口公司的业务员陈景与 Accessory Network Group LLC 的 Bill Peril 在广交会互换了名片,广交会结束后不久就收到了 Bill 发来的询盘邮件。经过一番周密计算后,陈景准备向 Bill Peril 发盘并附上报价单。该如何来完成这一工作呢?

任务目标

制作本公司的报价单,并对外发盘。

相关知识

外贸业务从订立合同开始,订立合同的过程即交易磋商。交易磋商是指买卖双方就某项商品的交易条件进行协商以求得一致意见,达成交易的整个过程,交易措施的核心是价格磋商。交易磋商在形式上可分口头和书面两种。口头磋商主要是指面对面的谈判形式以及双方通过电话进行的交易磋商。书面磋商是指通过信件和数据电文等方式进行磋商交易。通过口头洽谈和书面磋商,双方就交易条件达成一致后,即可制作正式的书面合同。

如何向国外
客户报价

一、交易磋商的方式及选用

(一)磋商方式

进出口交易中,磋商方式主要有口头和书面两种。

口头磋商是在谈判桌上面对面地谈判或者通过现代语音通信手段进行的交易磋商。具体而言,可以是在各种交易会、洽谈会或者展览会上的洽谈,也可以是代表团出访或者邀请国外客户来华洽谈等。其优点是可以使双方及时、准确了解对方的合作态度,根据具体进展随时调整战略,但最大劣势在于成本相对较高。参加交易会、洽谈会往往会有许多杂项费用要处理,代表团出访的成本更高。

书面磋商是指通过信函、传真、电子邮件或因特网等通信方式洽谈。目前,多数企业使用电子邮件或即时通信工具,随着现代化通信技术的发展,书面磋商越来越简便易行,而且费用相对更低廉,因此成为日常业务中的常用做法。

(二)磋商方式的选用

通常口头磋商方式用于大宗的、交易条件复杂的商品交易中,以及新产品对新客户的初次成交当中。因为面对面的磋商便于双方充分交流和使用谈判技巧,有利于双方建立信任和发展长远业务关系。

书面磋商方式则用于交易条件清楚明确或有普通习惯做法的商品、技术交易中。例如,信函常用于行情变化较小、预期利益较低的产品在某一市场的推销。传真、电邮则用在行情变化快、交易条件明确的商品谈判中。当然,在实际业务中,每一笔交易不可能只用单一的磋商方式,大多情况下是集中几种方式综合使用,各取所长。尤其应注意的是,口头磋商达成的交易或任何口头的承诺,必须以书面的形式(如谈判备忘录,电话商谈记录)确定下来,并经双方会谈确认,才能最大限度地保证履约。

我国《合同法》第 10 条规定,当事人订立合同,有书面形式、口头形式和其他形式。口头形式是指当事人以直接对话方式,而非文字形式订立合同的形式。书面形式是指当事人以文字方式表达协议内容所订立合同的形式,包括合同书、信件和数据电文(包括电报、电传、传真、电子数据交换和电子邮件)等可以有形地表现所载内容的形式。关于书面形式的采用,《合同法》第 10 条第 2 款规定,法律、行政法规规定采用书面形式的,应当采用书面形式。当事人约定采用书面形式的,应当采用书面形式。其他形式一般是指推定形式,即口头形式和书面形式以外的合同订立形式,是指当事人未用语言、文字表达其意思,而用实际行为达成具有法律效力的合同的形式。如当某人将货币投入自动售货机,其与售货方的买卖合同关系即告成立。

二、交易磋商程序

无论使用何种磋商方式,一笔交易从开始磋商到达成往往需要经过询盘、发盘、还盘、接受和签订 5 个环节。

不同国家的交易磋商习惯

(一)询盘(Inquiry)

1. 询盘的含义

询盘即交易一方询问对方有无买进或卖出某种商品的意图以及要求什么样的条件,内容可涉及价格、规格、品质、数量、包装、运输、支付条件等。由于多数是询问价格,故也称询价或者要约邀请。我国《合同法》规定,要约邀请是希望他人向自己发出要约的表示,如寄送的价目表、拍卖公告、招标公告、招股说明书、商业广告等。

询盘按发出人的地位不同,可分为两种。

(1)买方发出的询盘,也称邀请发盘(Invitation to Make an Offer)

【例 2 - 11】 Please quote most favorable price for northeast soybean.

请报豆油价。

(2)卖方发出的询盘,也称邀请递盘(Make a Bid)

【例 2 - 12】 Can supply soybean oil, please bid.

可供豆油,请递盘。

2. 询盘应注意的问题

在国际贸易当中,询盘常被交易一方用来试探对方对交易的诚意或试探国际市场价格。因此,作为被询盘方,应在收到对方询盘后,进行认真分析,并针对不同的询盘目的或背景,做出不同的处理和答复。处理询盘时要注意以下问题。

(1)询盘不一定要有"询盘"字样,凡是含有探询交易条件或价格方面的意思的均可作询盘处理。

(2)询盘人在询价时,除了询问商品价格条件外,也应注意询问其他的交易条件,如

商品的款式、型号、数量、包装以及付款方式、交货时间、估价等。

（3）询盘时,因买卖是公司间的交易,不是私人交易,所以询盘应寄送公司,而不应寄送个人。

询盘是交易磋商的第一步,在法律上对询盘人和被询盘人均无约束力。但它往往是一笔交易的起点,应对接到的询盘给予重视,及时做出适当处理。

3. 询盘函

实际业务中多是以电子邮件进行沟通,此时会使用询盘函。询盘函的写法一般是三段式:一是表明如何获知对方信息的;二是表明去函目的,如强调欲交易的产品内容,或询问具体的交易条件;三是鼓励对方回函。询盘函样本如样例 2-1 所示。

样例 2-1　询盘函

> Dear Sirs,
>
> 　　We are pleased to note from your fax of June 1 that as exporters of food stuffs, you are interested in establishing business relations with us, which is also our desire.
>
> 　　At present, we are in the market for superior white sugar, and shall be glad to receive your best quotations for them, with indications of packing, for Aug. shipment, CIF Osaka, including our commission of 2%.
>
> 　　We await your early reply.
>
> 　　Yours faithfully,
>
> 　　(×××)

（二）发盘(Offer)

1. 发盘的含义

交易一方接到对方的询盘后,主动向对方发出确定的交易条件,叫作发盘,又称发价、报盘、报价,在法律上称为要约。根据《联合国国际货物销售合同公约》(以下简称《公约》)的解释,发盘指向一个或一个以上特定的人提出订立合同的建议,并且表明在确定的数量和价格及其他条件得到对方接受时,承受其约束。

发盘通常由卖方公司主动发出,习惯上称为卖方发盘(Selling Offer)。当由买方发出时,习惯上称买方发盘(Buying Offer)。

【例 2-13】 Offer 5000 Dozen sport shirts sample March 15th US $ 84.50 per dozen CIF New York export standard packing, May/June shipment payment by Irrevocable sight L/C subject to reply here March 28th, 2015.

兹发盘 5000 打运动衫,规格按 3 月 15 日样品,每打 CIF 纽约价为 84.50 美元,标准出口包装,5～6 月装运,以不可撤销的信用证支付,限 2015 年 3 月 28 日前复到。

2. 发盘的构成条件

（1）发盘必须向特定人发出

特定人指在发盘中表明个人姓名或企业名称的受盘人,可以是自然人,也可以是法人,但必须特定化。日常生活中常见的商业广告、商品价目表、招股说明书及其他一些载有部分交易条件的宣传品,由于其向非特定的人发出,因而不构成发盘,仅视为发盘邀请。

（2）表明订约意图

表明发盘人受其约束。发盘人应在发盘中明确向对方表示,愿意按发盘中所确定的条件与对方订立合同。一旦受盘人接受,发盘人将按发盘条件承担对受盘人的法律责任。

（3）发盘的内容必须十分确定

即发价必须列明货物品名、价格、数量或者决定价格、数量的方法。按照《公约》第14条规定,发盘只要包括以上3个条件,即十分确定。但是,上述十分确定的3个条件只是最低要求。在我们的实际业务中,如果只按这3个条件而不提及其他,很容易给履行合同带来困难,也容易产生纠纷。为了慎重起见,我们应在对外报价时,将货物的品名、规格、数量、价格、包装、交货期限和支付方式等列明为宜。

（4）发盘必须送达受盘人

发盘必须送达受盘人才能生效,送达标志是将发价送交特定受盘人的营业场所或通信地址。如无营业场所,送交受盘人的惯常居住地。

我国《合同法》规定,要约到达受盘人时生效。该法还规定,采用数据电文形式(如email、qq、skype、wechat 等)订立合同时,收件人制定特定系统接收数据电文的,该数据电文进入该特定系统的时间,视为到达时间;未指定特定系统的,该数据电文进入收件人的任何系统的首次时间,视为到达时间。

3. 发盘的有效期

有效期指给予对方表示接受的时间限制,超过发盘有效期,发盘人即不受约束。

发盘人对发盘有效期可作明确的规定。例如,采取口头发盘时,除发盘人发盘时另有声明外,受盘人只能当场接受方有效。采用函电成交时,可规定最迟接受的期限(如5月31日复到有效),或规定一段接受的期限(如发盘有效期为10天)。

如果发盘中没有明确规定有效期,受盘人应在合理的时间内接受,否则该发盘无效。目前国际上对"合理时间"无明确规定。有效期的规定要考虑国外法律的不同规定和所在国与我国所处的地理位置和时差,明确有效期的起止日期。如"reply here ×/× our time"(我方时间×月×日复到)。

4. 发盘的撤回和修改

《联合国国际货物销售合同公约》(以下简称《公约》)第15条做了如下规定:"一项发盘只要其撤回通知先于发盘或与发盘同时到达受盘人,该发盘就可被撤回。"

撤回的实质是阻止发盘生效。因此,在受盘人接到发盘之前,发盘人可以用更为迅速的传递方式,声明撤回和修改发价内容。只要该项声明是早于或与发盘同时送达受盘人,撤回和修改即生效。

5. 发盘的撤销(Revocation)

关于发盘的撤销,国际上有不同的解释。

📍 **看一看**

英国法律认为,即使是在有效期之内的发盘,对发盘人原则上是无约束力的。在未收到受盘人通知之前,发盘人可以随时撤销或修改其发价内容,但对经签字、蜡封,经证明人证明和有对价的发盘,在规定有效期内无权撤销。美国法律规定,除非受盘人已向发盘人支付一定对价费用,使发盘保留到某时效外,通常发盘人可以随时撤销发盘。这种规定对受盘人来说是缺乏保障的。因此,《统一商法典》规定,货物买卖中,在一定条件下可以承认无对价的发盘在有效期内不撤销。德国、意大利、法国认为,一项发盘在其有效期限内是有约束力的,不能任意撤销。

由于各国法律在对待发盘有效期之内是否可撤销的问题存在不同解释,这就形成了法律冲突,有碍国际贸易发展。为了解决这个法律冲突,《公约》作了如下规定:"①在撤销通知于受盘人发出接受通知之前到达受盘人。②下列情况不得撤销:发盘写明有效期或以其他方式表明发盘不可撤销;受盘人有理由相信该发盘不可撤销,并已本着对该发盘的信赖行事。"

6. 发盘的终止

指发盘法律效力的消失。我国《合同法》规定,有下列情形之一的,要约失效。

(1) 受盘人做出还盘,即相当于新的发盘形成了。

(2) 发盘人依法撤回或撤销发盘。

(3) 发盘中规定的有效期届满,受盘人未做出承诺。

(4) 人力不可抗拒的意外事故造成发盘的失效。

7. 发盘的分类

我国长期的贸易习惯将发盘分为实盘(Firm Offer)和虚盘(Non-Firm Offer)。而《公约》将发盘分为两种:一种是不可撤销的发盘(Irrevocable Offer),另一种是可撤销的发盘(Revocable Offer)。无论是否可撤销,发盘对发盘人来说均有约束力,只不过前者的约束力更大些。

虚盘是一种不肯定的订约意思,即使受盘人无条件同意发盘中所提出的全部条件,做出发盘邀请的一方也不承担与对方订立合同的义务。虚盘一般会有以下标志。

(1) 附有保留意见,如"以我方最后确认为准"。

(2) 用词含糊不清,如"参考价格""可能达到的品质"。

(3) 一般不规定有效期。

📍 **议一议**

上海 A 外贸公司欲向美商 B 公司出口服装一批,于 2016 年 6 月 10 日向 B 公司发盘。6 月 20 日 A 接到总公司的通知,该服装价格从 6 月 20 日起提高 20%。于是,A 立即电告 B 6 月 10 日发盘无效。6 月 22 日 B 经研究来电表示:"我方无条件接受 6 月 10 日发盘的条件。"请问 A 6 月 10 日发盘仍有效吗?

分析:无效。因《公约》规定,如果撤销通知在受盘人发出接受通知之前到达受盘人,即合同未成立前,发盘可撤销。案例中,A 6 月 20 日发出撤销通知,B 在 6 月 22 日才接受,应视为原发盘已失效。因此,了解发盘的生效条件,是确保我们通过交易磋商达成交易的关键因素之一。

8. 发盘函

在使用邮件进行发盘时,撰写发盘函要注意以下问题。

(1) 若是在收到询盘后的发盘,我们通常需要在新的开头表示感谢。

（2）发盘函中应准确阐明各项主要交易条件：一般包括品名规格、价格、数量、包装、装运、付款、保险等要件，或针对询盘中提出的其他问题作具体回复。

（3）声明此发盘的有效期及其他约束条件。目的是防止日后的争议，并催促对方早下订单。

（4）鼓励对方订货并保证供货满意。

（5）在适当的情况下，可以对产品的优点作进一步的阐述和强调。

发盘函样本如样例2-2所示。

样例2-2　发盘函

Dear Sirs,

　　We have received your letter of June 3, asking us to offer you the RWC Sugar has received our immediate attention. We are pleased to be told that there are very brisk demands for our products in Japan.

　　In compliance with your request, we are making you the following offer.

　　Commodity：Dalian Superior White Crystal Sugar.

　　Packing：To be packed in new gunny bag of 100kgs each.

　　Quantity：10000 m/t.

　　Price：U.S. dollars one hundred and twenty(US＄120.00)per m/t CIFC2％ Osaka.

　　Payment：By confirmed irrevocable L/C payable by draft at sight.

　　Shipment：in Aug. 2014.

　　We hope the above will be acceptable to you and await with interest your early order. Our offer remains effective until June 30, 2014.

　　Yours faithfully,

　　(×××)

（三）还盘(Counter-offer)

1. 还盘的含义

还盘即受盘人收到发盘以后，对发盘的内容不同意或不完全同意，向发盘人提出修改建议或新的限制性条件的口头或书面的表示。

《合同法》对其的称呼是"反要约"。

【例2-14】　Your offer of May 7 acceptable if payment by L/C.

你方5月7日的发盘，若改为信用证付款，我们可接受。

交易磋商中，还盘是对原发盘的拒绝，是一项新的发盘，因其对原发盘的交易条件做了修改，增添或限制，实际上构成了新的发盘。因此，还盘一经做出，原发盘失去效力，发盘人不再受到约束。它等于是受盘人向原发盘人提出的一项新发盘。

2. 还盘函

在使用邮件进行还盘时，还盘函一般应包括以下3个方面内容。

（1）感谢对方××日的报盘。

（2）对不能接受表示遗憾，说明原因。

（3）要求变更或增减部分内容,如婉拒,可表示还有其他合作的可能性。

还盘函样本如样例 2-3 所示。

样例 2-3　还盘函

Dear Sirs,

　　We have received your offer of today with thanks.

　　In reply, we very much regret to state that we find your price rather high and out of line with the prevailing market level.

　　Information indicates that very good SWC Sugar is available in our market from several European manufacturers, all of them are at prices about $10\% \sim 15\%$ below yours. So if you should reduce your price by, say, 5%, we might come to terms.

　　As the market is declining, we hope you will consider our counter-offer most favorably and inform us at your earliest convenience.

　　We are looking forward to your early reply.

　　Yours sincerely,

　　(×××)

(四) 接受(Acceptance)

1. 接受的含义

法律上称"承诺"。即受盘人在发盘有效期内,无条件地同意发价的全部内容,并愿意签订合同的一种口头或书面的意思表示。接受既属于商业行为,也属于法律行为,可以由买卖双方任意一方做出。表示接受,一般用 accept、agree、confirm 等术语。

【例 2-15】 Yours seventeenth confirmed please advise contract number.

你 17 日来电确认请告合同号码。

2. 接受的构成条件

（1）接受必须由受盘人做出,任何第三者对发盘做出的接受对原发盘人都没有法律效力。

（2）接受必须采用声明或行为方式来表示,缄默和不行动本身不是接受。

（3）接受必须是无条件地同意发盘所提出的交易条件,即接受内容应该与原发盘一致。

《公约》第 19 条解释,如果受盘人对发盘或递盘、还盘的内容做了"实质性变更",即构成还盘。"实质性变更"指有关货物价格,付款,货物质量、数量,交货时间、地点,双方赔偿责任范围、争端解决条件;"非实质性变更"指单证的份数、单据的种类。如果发盘人不表示反对,则视为有效接受。交易条件以变更后的条件为准。

（4）接受必须在有效期内送达受盘人。

如果发盘明确规定了具体的有效期限,受盘人只有在此期限内表示接受才有效。如果是用信件或电报通知接受,由于接受通知不能立即送达发盘人,则有一个接受通知何时生效的问题。英美法系的国家采用投邮生效的原则。大陆法国家采用到达生效原则,信件延误或遗失会影响合同生效。

《公约》采用到达生效。发盘有效期内接受未到达,则接受无效。

3. 逾期接受

如果接受晚于有效期或合理时间才送达发盘人,该项接受便成为逾期接受或迟到的接受。它对发盘人无约束力,实际上是新的发盘。《公约》规定,在以下两种情形下逾期接受仍然有效。

(1) 如果发盘人毫不迟延地用口头或书面形式将此种意见通知受盘人,则逾期接受仍有效。

(2) 如果载有逾期接受的信件或其他书面文件证明,它是在传递正常、能及时送达发盘人的情况下寄发的,则该项逾期接受是有接受力的(即逾期接受是由于传递不正常情况造成的延误)。除非发盘人毫不迟延地用口头或书面形式通知受盘人,认为他的发盘已经失效。

由此可见,发生逾期接受时,合同可否成立主要取决于发盘人。因此,在遭遇逾期接受时,发盘人及时通知受盘人以明确其态度是十分必要的。

4. 接受的撤回

《公约》规定,接受是可以撤回的,只要撤回通知先于接受通知或与接受通知同时到达发盘人即可。大陆法也有同样的规定。而英美法系认为,接受通知一旦投邮发出就立即生效,合同成立,撤销已生效的接受,无异于撤销一份合同,即构成毁约行为。因此,发盘人一定要谨慎,可在发盘中规定"接受于接受通知到达时生效"。

5. 接受函

在实际业务中,在接受电传和信函中,必须注明对方来电、信函的日期或文号。有时,因交易金额大或来回磋商函电较多,为避免差错与误解,受盘人在表示接受时,会将最后商定的各项交易条件复述一遍,并提示合同号码或提醒对方尽快寄交合同。接受函样本如样例 2-4 所示。

发盘和
接受案例讨论

样例 2-4 接受函

Dear Sirs,

　　We have received your fax of June 11,2014.

　　After due consideration, we have pleasure in confirming the following offer and accepting it:

　　Commodity: Dalian Superior White Crystal Sugar.

　　Packing: To be packed in new gunny bag of 100kgs each.

　　Quantity: 10000 m/t.

　　Price: U.S. dollars one hundred and twenty(US＄120.00)per m/t CIFC2％ Osaka.

　　Payment: By confirmed irrevocable L/C payable by draft at sight.

　　Shipment: in Aug. 2014.

　　Please send us a contract and thank you for your cooperation.

　　Yours sincerely,

　　×××

(五)签订(Signing)

完成以上所有步骤后,双方便可签署正式合同。

三、报价单的内容

(一)报价单概述

报价单(Quotation List)对外贸人员来说,是非常常见的商务文书,其目的是要完整地提供客户所需要的各种相关产品信息。报价单的完整性决定着客户看到报价单后是否把你的报价淘汰,或是能吸引客人的眼球进而做下一步的沟通。所以,一份完整的报价单对整笔业务的达成起着至关重要的作用。

(二)报价单主要内容

通常完整的国际贸易的报价单要包含以下内容。

1. 对方公司的名称及接收人的姓名

这是报价单最基本的信息。

2. 报价时间及报价单号

方便自己将来核对、追索资料。

3. 准确的产品描述

避免含糊不清造成客户对产品的成本、质量、性能的误解。

4. 客户要求的报价币种

有些客户和不同的供应商采用不同的币种结算,不标清楚会造成误解;不标币种是没有法律效力的。

5. 价格条款

价格条款要严肃准确。无论是 FOB,还是 CIF,后面都要加上离岸、到岸港口名;如果是含佣价,也在此标清楚。

6. 价格有效期

这点很重要,即使你的价格可以维持很长一段时间,也要有个明确的效力时间。国际市场变幻莫测,如果发生原材料成本突然变化等情况,有了价格有效期,才可以将损失降到最小。

7. 报价时的基准汇率

报价时外币价格基于官方汇率,尤其是在汇率波动比较频繁,幅度比较大的时候。

8. 结算方式

说明是采用电汇,还是信用证,即期还是远期。

9. 交货周期

注明接到订单后必要的生产交货周期,尤其要注意是生产周期,还是生产周期加上运输周期。

10. 包装信息

包装的方式、材质、重量、尺寸、体积等。

11. 保留条款

当材料价格、汇率波动超过一定百分比的时候,双方都有权重新议价,保证交易的公平;或者其他一些在当前不能明确的情况下,保障自己的条款。

看一看

PI 与报价单的区别

PI 全称 Proforma Invoice,即"形式发票",在出口业务中,PI 既包含了报价单的主要内容,同时又包含形成合同的所有条款,可以通过加盖印章或手签名形成正式的合同要约,同时 PI 当中根据需要可以包含所有的订单信息以作为订单确认的书面形式。相对而言,报价单以货物的信息为主要内容,不能形成要约。

实操训练

杭州万向纺织品进出口公司的业务员陈景向 Accessory Network Group LLC 的 Bill Peril 发盘并附上产品报价单(见样例 2-5)。

1. 发盘函

样例 2-5 发盘函

Dear Peril,

We have received your letter of June 3, asking us to offer you the men sport sweaters, has received our immediate attention. We are pleased to be told that there are very brisk demands for our products in US.

In compliance with your request, we are making you the following offer.

Commodity: Item no S001 men sport sweaters.

Description of goods: 95% combed cotton 5% spandex silk screen printing ,160gsm/pc ,blue / white/black available.

Packing: Single package, 1 piece / opp bag, 20pcs/ carton.

Quantity: More than 100 pieces each color.

Price: US $ 5.43 per pc CIFC5% New York, FOB price is US $ 4.35 per pc if you order 10000pcs.

Payment: 30% T/T in advance and the balance by T/T against the copy of B/L.

Shipment: Within 30 days after the deposit.

We hope the above will be acceptable to you and await with interest your early order. Our offer remains effective until April 6, 2014.

Yours faithfully,

(×××)

2. 报价单

杭州万向纺织品进出口有限公司
HANGZHOU WX TEXTILE IMPORT&EXPORT CO. LTD.
Add:Rm302,Unit 1,HD Building,Xihu District ,Hangzhou, Zhejiang,China,310023

杭州万向纺织品进出口有限公司
HANGZHOU WX TEXTILE IMPORT & EXPORT CO. LTD.

QUOTATION LIST

From: lily
Tel: +86-571-8157****
Fax: +86-571-8157****
E-mail: jimmy@fobhere.com

To Company:	Accessory Network Group LLC.	TEL:	+92-500-8107****
ADD:	110Tower, Lincon Avenue, New York	FAX:	+92-500-8107****
ATTN:	Bill Peril	E-MAIL:	Bill@accessory.com

兹报下列商品，均以我方最后确认为准： 报价编号 Our Ref:1011

THE FOLLOWING ARTICLES ARE QUOTED SUBJECT TO OUR FINAL CONFIRMATION.

Pictures	ifications(Item No.Material, Size,Co	Packing	CTN size/CBM	G.W/N.W(KGS)	MOQ/QTY	Unit Price(USD) CIFC5 NEWYORK
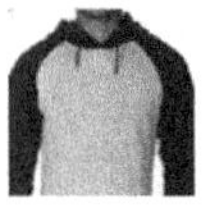	Item no : S001 men sport sweaters， 95% Combed cotton 5% Spandex Silk Screen printing ，blue /white/black available	Single package, 1 piece / opp bag, 20pcs/ carton	0.1092	14.5/14	100 pieces each color	US$5.43/pc

1.Sample Cost:	To be on my account.
2.Sample Time:	Within 7days after receiving your requirment.
3.Terms of Payment:	30% T/T in advance and the balance by the copy of B/L.
4.Time of Produce:	30 days
5.Logo:	Designed by the buyer.
6.Port of Loading:	Ningbo ,China
7.Port of Destination:	New York
8.Delivery time:	30 days after the deposit
9.The above quotation is valid till	April 6,2018

图 2-2 报价单

任务布置

请各位同学根据自己产品的特点和计算出来的报价，向国外客户发出发盘函，并填写报价单(附空白报价单，见图 2-3)。

QUOTATION LIST

From:
Tel:
Fax:
E-mail:

To Company:		TEL:	
ADD:		FAX:	
ATTN:		E-MAIL:	

报价编号 Our Ref:

THE FOLLOWING ARTICLES ARE QUOTED SUBJECT TO OUR FINAL CONFIRMATION.

Pictures	Specifications(Item No.Material, Size,Color...)	Packing	CTN size/CBM	G.W/N.W(KGS)	MOQ/QTY	Unit Price(USD)

1. Sample Cost:	To be on my account.
2. Sample Time:	Within 7days after receiving your requirment.
3. Mould Cost:	
4. Mould Time:	
5. Terms of Payment:	30% T/T in advance and the balance by the copy of B/L.
6. Time of Produce:	30 days
7. Logo:	Designed by the buyer.
8. Port of Loading:	Ningbo ,China
9. Port of Destination:	
10. Delivery time:	30 days after the deposit
11. The above quotation is valid till	
12. Other Requirement:	

图 2-3 空白报价单

任务三　还价及利润核算

情景呈现

杭州万向纺织品进出口公司的业务员陈景按照 Accessory Network Group LLC 的 Bill Peril 的要求计算了价格并给对方发送了报价单,不久便收到了对方的函电,内容如图 2 - 4所示。

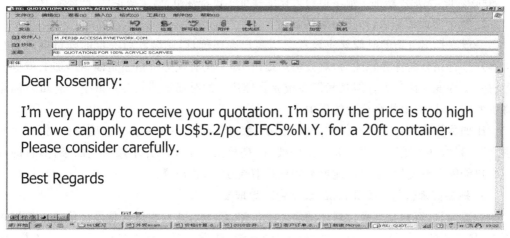

图 2 - 4　对方函电

面对客户的还价,陈景应该如何处理呢?

任务目标

根据客户的还价要求进行还价核算,并据理力争,确定合理可行的价格以促成成交,并完成交易盈亏的核算。

相关知识

面对客户的讨价还价,外贸业务员需要稳住心态,据理力争,因为几乎所有的客户接到报价后的第一反应就是还价,这是很正常的。因此,需要分析客户的需求和所在市场,并根据客户心理进行相应的还价。

还价及
利润核算

一、应对客户还价的策略

1. 以详实的材料证明自身产品的优势,寻求客户认同

很多时候客户还价是一种本能反应,我们要稳住心态,不能立即降价。可以从产品的原材料、生产工艺、技术、质量控制等各方面入手来证明自身产品的优势,说明与其他同类产品相比的不可替代性,证明产品的价值所在,最好能够以图片或视频等实际资料进行对

比分析,以此寻求客户的认同。

可以列举如下。

(1) 原材料材质优等,和其他供应商所用的普通材质不可同日而语。

(2) 使用进口设备生产,无形中增加了成本但最大化地保证了产品做工精良,性能稳定。

(3) 生产技术更先进,拥有自主知识产权等。

(4) 无尘车间生产,无形中增加了成本但最大化地保证了产品卫生。

(5) 为了控制品质,产品实行全检,增加了成本但最大化地保证了质量。

(6) 给类似 Walmart(沃尔玛百货有限公司)之类的巨头供货,工厂做的 FDA 认证或者 SA8000 认证,无形中增加了成本但最大化地保证了流程规范、质量稳定、生产环境卫生。

2. 找个合适的理由,作出合理的让步

一般在报出价格的时候就应该考虑到客户会还价,因此会预留一定的降价空间。在与客户进行充分的优势陈述后,对方仍然提出"即使具有优势价格还是偏高",那么就应该考虑一定程度的让步了。但是我们在做成合理让步的时候不能给客户留下一种可以随意降价的印象,因此要找个合适的理由。

比如尽量努力让客户在付款方式、交期、数量上给予一定妥协。这里的原则是"实而虚之"。目的并不是真的要争取多少好处,而是提出一个实际并不难接受的条件,目的是让客户能够顺利妥协,让自己能够顺利地顺着台阶下,给出降价。

3. 把握好降价的节奏和尺度,公平合理地成交

一般而言,客户只有通过自己的努力把价格谈下来,才会相信这是最低价格。价格谈判中,最重要的是要让对方有一种"赢了"的感觉,感觉你万般无奈地给了最低的价格,对方赢得了谈判。因此在讨价还价的过程中要把握好节奏和尺度,不要降价太频繁。降价次数不要超过 3 次,每次降价,幅度越来越小,最后坚持不降。如果轻易地大幅降低价格,会让客户觉得报价有很大的水分,减少对我们的信任与尊重。而如果采用公平原则相互让步的方式,既不会损失自己的利益,又让降价合情合理。

如何与客户讨价还价

📍 **看一看**

价格报错了,能跟客户明说吗?

从商业礼貌上来说,一旦实盘报出去之后,不能修改。所以报价需要慎重。如果之前报高了,现在报低,除非现在报的低价很有吸引力,否则客户会很不舒服。如果之前报低了,现在报高,一般的客户会很反感,会觉得这个出口商的专业性太差,公司管理很不规范。因此如果保本或者亏得不多,一般先接了订单做,以后再找理由把价格涨上去。

二、应对客户还价的方法

1. 减少利润,满足降价要求

根据客户所还的价格,核算一下如果在不改变成本和费用的情况下,该笔业务的利润情况如何,本公司能否接受。如果利润水平过低,那么多少价格是我方可以接受的利润水平,此项指标也可以作为我方讨价还价的依据。

> 计算公式:
>
> 　　利润 ＝ 客户还价－实际成本－各种费用

注意,此处的费用和成本均与之前所讲的报价核算内容一致。

【例 2－16】 例 2－2 中出口无纺布袋的出口商向客户报价为每个 0.35 美元 FOB 上海,客户还价每个 0.33 美元,请问在不改变成本和费用的情况下,我方的利润水平如何?根据公司的实际情况确定能否接受该还价。(美元牌价按 1 美元＝6.53 元人民币)

【解】 根据例 2－2 的计算,该批出口货物的实际出口成本为 2.005 元/个,国内费用为 0.069 元/个,则:

利润＝0.33×6.53－2.005－0.069＝0.0809(元/个)

成本利润率＝0.0809÷2.3＝3.52%

综合以上情况,该批出口货物的利润已经非常薄,不能接受客户的还价。如果客户一定坚持还价,可以勉强以 0.34 美元成交,但要明确告知客户,我方所作出的让步。

2. 努力与供应商谈判,降低进货价格

假如国外客户还价后,出口商不想降低自身利润,但是又不得不降低报价,那么还可以向供应商提出要求,通过与供应商的谈判来降低进货价格。具体核算是用倒推出口成本的办法,得出向供应商谈判时所应该要求的进货价格。

> 计算公式:
>
> 　　出口成本(进货价格)＝ 客户还价－销售利润－各种费用
>
> 　　经过推导,可以得出公式:
>
> 　　出口成本＝(销售收入－国内费用总额)÷[1－出口退税率÷(1＋增值税率)＋预期利润率＋定额费率]

注意:如果国内费用为定额费率包干的方式,则分子国内费用总额为 0;如果国内费用既有分项目金额,又有定额费率,则分子国内费用总额为分项目的金额合计;如果国内费用只有分项目金额,没有定额费率,则分子部分定额费率为 0。

【例 2－17】 例 2－2 中出口无纺布袋的出口商向客户报价为每个 0.35 美元 FOB 上海,客户还价每个 0.33 美元,请问在不改变利润和费用的情况下,我方向供应商谈判的进货价格应该控制在多少?(美元牌价按 1 美元＝6.53 元人民币)

【解】 根据例 2－2 的资料,商品的出口退税率为 15%,国内费用为采购成本的 3%,预期出口成本利润率为 10%,带入公式得到

出口成本＝0.33×6.53÷[1－15%÷(1＋17%)＋10%＋3%]

　　　　＝2.15(元/个)

通过核算可以得出,跟供应商谈判的价格应该控制在每个 2.15 元,方可满足客户的要求,并能够保证出口商的利润水平。

3. 减少费用开支,达到降价目的

第三种办法就是努力减少费用开支,以满足客户要求降价的目的。但实际上对外支付的费用基本上谈判的空间很有限,而且费用项目也是不能随意更改的,除非对公司内部的定额费率进行调整,压缩公司的运营费用。

> 计算公式:
>
> 某项费用 = 客户收入－利润－其他费用－实际出口成本

三、成交后的盈亏核算

1. 实际利润核算

经过一番讨价还价之后,与客户达成最终的成交价格,可能与出口商原来预期的利润有所出入,因此需要核算最终的实际利润及利润率。

> 计算公式:
>
> 实际利润 = 成交价格－实际成本－各种费用
>
> (成本利润率)实际利润率＝实际利润÷进货成本

根据核算标准的不同,如果是用销售利润率的方法进行核算的,那么利润率应该是实际利润与销售收入(成交价格)的比值。

【例 2－18】 例 2－2 中出口无纺布袋的出口商向客户报价为每个 0.35 美元 FOB 上海,在与客户进行了一番充分的讨价还价之后,最终确定以每个 0.34 美元的价格成交,请核算我方最终成交的实际利润率是多少?(美元牌价按 1 美元＝6.53 元人民币)

【解】 根据例 2－2 的计算,该批出口货物的实际出口成本为 2.005 元/个,国内费用为 0.069 元/个,则

实际利润＝0.34×6.53－2.005－0.069＝0.1462(元/个)

成本利润率＝0.1462÷2.3＝6.36%

2. 出口换汇成本

出口换汇成本是反映出口盈亏的一项重要指标,是以某种商品的出口总成本与出口所得的 FOB 外汇净收入之比,得出换回 1 美元需要用多少人民币成本。出口商品换汇成本如高于银行的外汇牌价,则出口为亏损;反之,则说明出口盈利。

> 计算公式:
>
> $$出口换汇成本 = \frac{出口总成本(人民币)}{出口 FOB 外汇净收入(美元)}$$

(1) 出口总成本

这是指出口商品的进货成本加上出口前的一切国内费用和税金。其中进货成本是含税成本,此处应为扣除出口退税后的实际出口成本。出口前的费用一般包括包装费用、仓储费用、国内运输费用、认证费、商检费、报关费等,即国内费用。

（2）出口 FOB 外汇净收入

这是指出口商品按 FOB 价出售所得的外汇净收入（以美元计）。需要注意的是，如果是含佣价成交的，需要换算成净价；如果是 CFR 价格成交的，需要减去出口运费；如果是 CIF 价格成交的，需要减去出口运费和保险费两项。

【例 2 - 19】 已知某商品 30 元人民币，增值税率为 17％，退税率为 15％，商品出口到英国，国内运杂费为 2000 元，出口商检费为 100 元，报关费为 150 元，港杂费 600 元，包装费每箱 2 元，共 500 件装 250 箱，预计对外报价为 US $ 5.00 / PC FOB 上海，请计算换汇成本。

【解】 实际采购成本 $= 30 - \dfrac{30}{1+17\%} \times 15\% = 26.15$（元）

国内费用 $= \dfrac{2000+100+150+600+500}{500} = 6.70$（元）

出口换汇成本 $= \dfrac{26.15+6.7}{5} = 6.57$（人民币 / 美元）

3.出口商品盈亏率

出口商品盈亏率是指出口商品盈亏额与出口总成本的比率。出口盈亏额是指出口销售人民币净收入与出口总成本的差额，前者大于后者为盈利，反之为亏损。

计算公式：

$$出口商品盈亏率 = \dfrac{出口销售人民币净收入 - 出口总成本}{出口总成本} \times 100\%$$

实操训练

1. 还价核算实操训练

杭州万向纺织品进出口公司的业务员陈景收到了 Accessory Network Group LLC 的 Bill Peril 发来的还盘函后，马上着手进行还价核算，看看在不改变成本和费用的情况下如果接受客户还价，我方的利润水平如何（美元牌价为 1 美元＝6.53 元人民币）？

根据项目二实操训练的计算结果，出口一个 20 英尺普通柜的实际出口成本为 24.89 元 / 件，国内费用为 1.54 元 / 件，出口海运运费为 2.80 元 / 件。

利润＝客户还价－实际出口成本－各种费用－佣金
　　　＝5.2×6.53－24.89－1.54－2.80－5.2×6.53×5％
　　　＝3.03（元 / 件）

成本利润率＝3.03÷28＝10.82％

通过还价核算，我方认为对方的还价还是可以接受的，但是我们还不能轻易地同意对方的还价，否则对方会怀疑我们的报价是否过高。因此，我们与对方进行了进一步的讨价还价，陈述产品和我方供货的优势，最终确定了每件 5.25 美元 CIFC5％ New York 的成交价格。

2. 盈亏核算实操训练

根据双方最终达成的成交价格，核算实际利润率及换汇成本。

（1）实际利润＝成交价格－实际出口成本－各种费用－佣金

$$=5.25×6.53－24.89－1.54－2.8－5.25×6.53×5\%$$

$$=3.34(元/件)$$

实际利润率＝3.34÷28＝11.93%

（2）换汇成本

出口商品总成本＝实际出口成本＋国内费用

$$=24.89＋1.54＝26.43(元/件)$$

FOB外汇净收入＝CIFC5%－出口运费－保险费－佣金

$$=5.25－1950÷4560－5.25×(1＋10\%)×0.68\%－5.25×5\%$$

$$=4.52(美元/件)$$

换汇成本＝26.43÷4.52

$$=5.85(人民币/美元)$$

结论：本次业务成交核算的换汇成本低于美元的外汇买入价6.53,说明该笔业务是盈利的。

🎁 任务布置

1. 请各位同学根据以下客户还盘的价格进行还价核算,给出是否能够接受还价的建议。

2. 根据以下给定的条件进行成交核算,计算实际利润率和换汇成本。

表 2－14　客户还盘价格

原报价	客户还价	最终成交价格
小于 2 美元	降低 0.2 美元	降低 0.1 美元(若为亏损可以选择不成交)
2～7 美元(含 2 美元)	降低 0.5 美元	降低 0.3 美元
8～19 美元(含 8 美元)	降低 1.5 美元	降低 1.2 美元
20～49 美元(含 20 美元)	降低 5.0 美元	降低 3.0 美元
50～99 美元(含 50 美元)	降低 10.0 美元	降低 6.0 美元
100 美元(含 100 美元)	降低 15.0 美元	降低 10.0 美元

课后练习

一、单项选择题

1. FOB 中划分买卖双方风险界限的是（　　）。

A. 装运港的船舷　　　　　　　　　　B. 货交第一承运人处置

C. 货交买方处置　　　　　　　　　　D. 装运港船上

2. 卖方承担责任、费用和风险最小的一种贸易术语是（　　）。

A. FOB　　　　　　B. CIF　　　　　　C. CFR　　　　　　D. EXW

3. 卖方承担责任、费用和风险最大的一种贸易术语是（　　）。

A. DDP　　　　　B. CIF　　　　　C. DAT　　　　　D. DAP

4. FOB 条件下卖方的义务是（　　）。

A. 负责出口报关　B. 负责投保　　C. 负责租船订舱　D. 负责进口报关

5. 在 CPT 条件下负责出口报关的是（　　）。

A. 买方　　　　　B. 卖方　　　　　C. 承运人　　　　D. 船方

6. 在 CIP 条件下，买卖双方的风险划分界限是（　　）。

A. 工厂门口　　　B. 装运港船舷　C. 目的港船舷　　D. 货交承运人

7. 与 CIP 有许多相似之处的贸易术语是（　　）。

A. CFR　　　　　B. FOB　　　　　C. CIF　　　　　D. FCA

8. 与 CPT 有许多相似之处的贸易术语是（　　）。

A. CFR　　　　　B. FOB　　　　　C. CIF　　　　　D. FAS

9. 与 FCA 有许多相似之处的贸易术语是（　　）。

A. FOB　　　　　B. CFR　　　　　C. CIF　　　　　D. FAS

10. EXW 规定的买卖双方风险划分界限是（　　）。

A. 卖方所在地货交买方处置时　　　B. 货交第一承运人

C. 目的港　　　　　　　　　　　　D. 目的地

11. 若出口方进口结关有困难，最好不要采用的贸易术语是（　　）。

A. DAP　　　　　B. DDP　　　　　C. FOB　　　　　D. CIF

12. 若进口方出口结关有困难，最好不要采用的贸易术语是（　　）。

A. EXW　　　　　B. FOB　　　　　C. CFR　　　　　D. DDP

13. 按照《2010 通则》的解释，采用 CIF 条件成交时，货物装船时从吊钩脱落掉入海里造成的损失由（　　）。

A. 卖方负担　　　　　　　　　　　B. 买方负担

C. 承运人负担　　　　　　　　　　D. 买卖双方共同负担

14. 按照《2010 通则》的解释，CIF 与 CFR 的主要区别在于（　　）。

A. 办理租船订舱的责任方不同　　　B. 办理货运保险的责任方不同

C. 风险划分的界限不同　　　　　　D. 办理出口手续的责任方不同

15. 我国出口公司向德国出口核桃 3000 吨，一般应采用（　　）贸易术语为好。

A. FOB 汉堡　　　B. FOB 青岛　　C. FOB 北京机场　D. CIF 汉堡

16. 在实际业务中，FOB 条件下，买方常委托卖方代为租船、订舱，其费用由买方负担。如到期订不到舱，租不到船，（　　）。

A. 卖方不承担责任，其风险由买方承担　　B. 卖方承担责任，其风险也由卖方承担

C. 买卖双方共同承担责任、风险　　　　　D. 双方均不承担责任，合同停止履行

17. 我某公司按 CIF 出口一批货物，但因海轮在运输途中遇险，货物全部灭失，买方（　　）。

A. 可借货物未到岸之事实而不予付款　B. 应该凭卖方提供的全套单据付款

C. 可以向承运人要求赔偿　　　　　　D. 由银行决定是否付款

18.就卖方承担的费用而言,下列描述中正确的是( )。

A. FOB>CFR>CIF
B. CIF>CFR>FOB
C. FOB>CIF>CFR
D. CIF>FOB>CFR

二、判断题

1. 国际贸易术语是用来划分货物交接过程中的风险、责任和费用的,又被称做贸易条件、价格条件。( )

2. 国际贸易惯例本身不具有强制约束力,所以在合同中,买卖双方可以作出与惯例不符的规定。( )

3. 根据《2010通则》的解释,采用 EXW 术语时,卖方负责出口的海关手续。( )

4. 采用 CIF 术语意味着卖方要负担所有的风险和费用保证将货物送到指定目的港,也就是通常所说的"到岸价"。( )

5. 采用贸易术语的变形是为了划分在装船时的风险和费用。( )

6. 根据《2010通则》的规定,以 F、C 组术语成交签订的合同都属于装运合同。( )

7. 采用 CIF Liner Terms 表明买方要负责卸船费用。( )

8. 按 FOB、CFR、CIF 三种贸易术语成交,货物在装运港越过船舷以后,风险即告转移。因此,当货物到达目的港后,买方如果发现到货品质、数量和/或包装有任何与合同规定不符的情况,卖方也不负责任。( )

9. 采用 CFR 贸易术语时,如果卖方装船完毕后没有及时向买方发出装船通知,则货运途中的风险由卖方承担。( )

10. 根据《1990年美国对外贸易定义修订本》中对 FOB 的解释,卖方在买方请求并负担费用的情况下,可以协助买方办理相应的海关出口手续。( )

三、简答题

1. 简述贸易术语的含义和作用。

2. 简述象征性交货与实际交货的区别。

四、案例分析题

1. 某出口公司按 CIF 伦敦向英商出售一批红枣,由于商品季节性较强,双方在合同中规定:"买方须于9月底前将信用证开到,卖方保证运货船只不得迟于12月2日驶抵目的港,如果货轮迟于12月2日抵达目的港,买方有权取消合同,如果货款已付,卖方将货款退还买方。"试分析这一合同的特点。

2. 我公司与外商按 CIF 成交一批出口货物。货物在合同规定的时间和装运港装船,受载船只在航运中触礁沉没。当我出口公司凭符合要求的单据要求国外进口商支付时,进口方以货物已全部损失不能得到货物为由,拒绝接受单据和付款。问:进口方的做法是否正确?为什么?

3. 我公司按 EXW 条件对外出口一批电缆。但在交货时,买方以电缆的薄纸不适宜出口运输为由,拒绝提货和付款。问:买方的行为是否合理?

五、计算题

1. 设某出口商品原报价为每吨1600英镑 CFR 伦敦净价,外商要求改报 FOB 青岛,应报何价(提供资料:该商品每吨40箱,每箱净重25千克,毛重32千克,尺码0.0385立方米,运费按 W/M11 级计算,查青岛至伦敦 11 级货物综合运费为 113 美元,美元汇率按 1 美元＝0.6321 英镑)?

2. 我国某出口公司推销某商品对外报价为每箱 450 美元,FOB 天津新港,后国外商人要求改报 CIF 汉堡价,问:我方应报多少(每箱运费为 50 美元,保险费率 0.2％)?

3. 我方向西欧某客商推销商品,发盘价格为每吨 500 英镑 CFR 西欧某港口,对方复电要求改报 FOB 中国港口,5％佣金,查中国口岸至西欧某港口的运费为每吨 100 英镑,我方保持外汇收入不变,应如何报价?

4. 某产品每单位的购货成本是 75 元人民币,其中含 17％的增值税,若该产品出口有 13％的退税,那么该产品每单位的实际采购成本是多少?

5. 已知某商品 30 元人民币,增值税率为 17％,退税率为 15％,商品出口到英国,国内运杂费为 2000 元,出口商检费为 100 元,报关费为 150 元,港杂费 600 元,包装费每箱 2 元,共 500 件装 250 箱,预计对外报价为 US＄ 4.40 / pc FOB 上海,请计算换汇成本。

答案

拟定合同

学习目标

知识目标：掌握商品品质、数量、包装的描述方法，以及合同中品质数量包装条款的构成；掌握合同中价格条款的构成及拟定价格条款需要注意的问题；掌握国际货物运输的营运方式及相关要求，以及合同中运输条款的内容；掌握国际货物保险的险别、承保范围、投保方式，以及合同中保险条款的内容；掌握国际结算中常用的结算工具及结算方式及其运用；掌握合同中检验与索赔条款、不可抗力条款和仲裁条款的主要内容及其订立方法。

技能目标：能根据实际业务正确拟定合同的各项条款。

任务一　拟定标的条款

情景呈现

杭州万向纺织品进出口公司的业务员陈景与 Accessory Network Group LLC 的 Bill Peril 正在就出口男士 T 恤衫进行具体交易条件的磋商，首先就是对双方交易的商品本身进行详细说明，那么合同中应该怎样对商品的品质、数量、包装进行具体描述呢？应该如何拟定合同中的品质、数量、包装条款呢？

任务目标

能根据商品特点正确拟订品质条款；能运用《跟单信用证统一惯例》(UCP 600)的规定正确把握交货数量；能设计唛头，拟定包装条款。

相关知识

合同标的条款的内容主要包括商品的名称、品质、数量和包装，它是进出口双方交接货物的基本依据，关系到买卖双方的权利和义务，是贸易合同中的主要条款。本任务主要介绍如何拟定合同中关于商品名称、品质、数量、包装的条款。

一、商品的名称

(一) 商品的名称概述

商品的名称(Name of Commodity)是指能使某种商品区别于其他商品的一种称呼或概念。商品的名称在一定程度上体现了商品的自然属性、用途以及主要的性能特征。加工程度低的商品,其名称一般较多地反映该商品所具有的自然属性;而加工程度高的商品,商品的名称也越多地体现出该商品的性能特征。

在国际货物买卖合同中明确商品的名称具有重要的意义。从法律的角度看,商品名称的确定,是买卖双方的一项基本权利和义务,是货物交付的基本依据之一;而从贸易的角度看,列明成交商品的具体名称则是交易赖以进行的物质基础和前提。

📍 看一看

商品命名的方法有许多,概括起来主要有以下几种。

1. 以用途命名——便于消费者按其需要购买,如旅游鞋,运动服等。

2. 以主要成分或原料命名——反映商品的质量、内涵,如洋参丸,羊毛衫等。

3. 以其自身外观造型命名——利于消费者从字义了解商品特征,如平底锅、喇叭裤等。

4. 以名胜古迹、著名人物命名——引起消费者,注意或兴趣,如西湖龙井茶、孔府家酒等。

5. 以制作工艺命名——增强消费者的信心,如脱脂奶粉,蒸馏水等。

6. 以褒义词命名——突出商品使用的效用、对象和特性,如青春宝、脑轻松等。

(二) 订立品名条款时应注意的问题

在国际货物买卖合同中,买卖双方订立品名条款时应注意以下问题。

(1) 合同中的商品名称必须做到内容明确、具体。

(2) 合同中的商品名称尽可能使用国际上通用的商品名称。对于新商品名称的定名,要注意使其符合国际上的习惯称呼,而尽量不要用国内的惯用名称。

(3) 在确定商品名称时要考虑其与运费的关系。应注意合理选择有利于降低费用和方便进出口的商品名称,以利于减低关税、方便进出口和节省运费开支。

二、商品的品质

商品的品质(Quality of Goods)是指商品的内在品质和外观形态的综合。前者包括商品的物理性能、机械性能、生物特征及化学成分等自然属性;后者包括商品的外观、色泽、款式、味觉和嗅觉等。在国际贸易中,商品质量的优劣不仅关系到商品的使用效能,影响着商品售价的高低、销售数量和市场份额的增减、买卖双方经济效益的实现程度,而且还关系到消费者的利益、商品信誉、企业信誉,甚至是国家形象。因此,我们必须认真对待。

🎬 拟定合同的
品质条款

（一）商品品质的表示方法

在国际贸易实际业务中，不同种类的商品，有不同的方法用来表示其质量。总的归纳起来，商品品质的表示方法主要分为两大类：用实物表示和用文字说明表示。如图3-1所示。

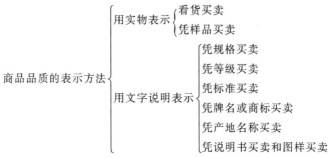

图3-1 商品品质的表示方法

样品的操作技巧

1. 用实物表示商品的品质

用实物表示商品的品质主要包括看货买卖和凭样品买卖两种方法。

（1）看货买卖

看货买卖是指以现有商品的实际品质为依据的交易方式。通常由买方或其代理人在商品所在地验看货物，达成交易后，卖方按验看过的商品交付。只要卖方交付的是验看过的商品，买方就不得对商品质量提出异议。该方式适用于寄售、拍卖和展卖业务。

（2）凭样品买卖

样品是指从一批商品中抽取出来或由生产和使用部门设计加工出来的能够代表整批商品品质的少量实物。凭样品买卖是指买卖双方以约定的足以代表实际货物的样品作为交货的品质依据的交易方式。该方式一般限于那些不能完全使用科学方法和文字数据来表示品质的情况。

在国际贸易中，凭样品买卖的种类较多，根据样品提供方的不同可分为三种表示方式：凭卖方样品买卖（Sale by Seller's Sample），凭买方样品买卖（Sale by Buyer's Sample）和凭对等样品买卖（Sale by Counter Sample）。如表3-1所示。

表3-1 凭样品买卖的种类

种类	内容
凭卖方样品买卖（Sale by Seller's Sample）	是由卖方提供样品并经买方确认后，作为交货样品的依据。在凭卖方样品买卖中，卖方应在原样和留存的复样上编制相同的号码，注明样品提交买方的具体日期，以便日后联系、洽谈交易时参考
凭买方样品买卖（Sale by Buyer's Sample）	是由买方提供样品，卖方按来样复制，将其样品作为日后交货的品质依据。为减少贸易纠纷，一般应在合同中明确规定，若发生由买方来样引起的工业产权第三者权益问题时，与卖方无关，由买方负责
凭对等样品买卖（Sale by Counter Sample）	在实际业务中，如卖方认为按买方来样供货没有切实把握，卖方可根据买方来样仿制或从现有货物中选择品质相近的样品提交买方。这种样品称"对等样品"（Counter Sample）或称"回样"（Return Sample）。如买方同意凭对等样品洽谈交易，则就等于把"凭买方样品买卖"转变成了"凭卖方样品买卖"

2. 用文字说明表示商品的品质

在国际贸易中，大多数货物可用文字说明来表示质量。买卖双方的交易质量以文字说明为依据，称作"凭说明买卖"。用文字说明表示的方法具体可分为 6 种。

（1）凭规格买卖（Sale by Specifications）

规格是指商品的主要成分、纯度、含量、重量、大小、尺寸、粗细等用来反映商品品质的某些主要指标。如中国东北大米合同规格：水分（最高）14％，杂质（最高）2％，不完善颗粒（最高）7％。凭规格买卖主要具有简单易行、明确具体，且可根据每批成交货物的具体品质灵活调整的特点，因此凭规格买卖在国际贸易中应用最广。

（2）凭等级买卖（Sale by Grade）

凭等级买卖是指在交易合同中列明买卖货物的级别，以其作为商品品质的依据。等级通常可以用文字、符号、数字来表示。如大、中、小，特级、一级、二级、三级，1、2、3 等。适用该方式的商品有粮食、茶叶、鸡蛋等农副产品。如表 3－2 所示。

表 3－2　出口小麦暂行等级

级　别	纯质％（最低）	杂质％（最高）
一级	98.60	0.4
二级	97.20	0.8
三级	95.80	1.2
四级	94.40	1.6
五级	93.00	2.0

（3）凭标准买卖（Sale by Standard）

标准是指统一化了的规格和等级，一般是由国家机关或有关部门规定并公布实施的标准化品质指标。标准分为生产商标准、行业标准、国家标准、区域标准及国际标准等。凭标准买卖中，在援引标准买卖时一定要明确标准的版本年份，以免引起争议。如盐酸四环素糖衣片 250 毫克按 1973 年版英国药典。

（4）凭牌名（Sale by Brand）或商标（Sale by Trade Mark）买卖

商标是指生产者或商号用来说明其所生产或出售的商品的标志，它可由一个或几个具有特色的文字、数字或图形等组成。品牌是指企业给其制造或销售的商品所冠的名称，以便与其他企业的同类产品区别开来。凭牌名或商标买卖通常针对某些品质比较稳定并且在市场上已树立良好信誉的商品，买卖双方在交易洽谈和签订合同时，可采用商标或牌名来表示品质。如德国宝马汽车等。

（5）凭产地名称买卖（Sale by Name of Origin）

有些产品因生产地区的自然条件或传统加工工艺在产品品质上独具特色，在买卖双方签订合同时就以商品的产地名称成交，称为凭产地名称买卖。该方式适用于出口信誉卓著、品质良好的农副土特产品，如我国的龙口粉丝、金华火腿等。

（6）凭说明书买卖和图样买卖（Sale by Description and Illustration）

凭说明书买卖和图样买卖是指机器、电器和仪表电子等技术密集型的商品，因其结构复杂、加工精细，难以用几个简单的指标说明其品质，只能用说明书和图样来说明其构造、用途和性能等。在销售这类货物时，通常是以说明书来介绍该产品的构造、原材料、产品形状、性能、使用方法等，有时还附以图样、图片、设计图纸、性能分析表等来完整说明其具有的质量特征。例如，在合同中规定"品质和技术数据必须与卖方所提供的产品说明书严格相符"。

看一看

在国际贸易中，买卖一些质量容易变化的农产品，以及品质构成条件复杂的某些工业制成品时，买卖双方常以同业工会、交易所、检验局等选定的标准物来表示商品的质量。以标准物表示交易商品质量的方法主要有以下两种。

1. "良好平均品质"（FAQ）

即指由同业工会或检验机构在一定时期或季节、从某地装船的各批货物中分别抽取少量实物加以混合拌制，并由该机构封存保管，以此实物所显示的平均品质水平，作为该季节同类商品质量的比较标准。这种表示质量的方法非常笼统，实际并不代表固定、具体的品质规格。在我国，某些农副产品的交易中也有使用 FAQ 表示品质的，习惯上我们称其为"大路货"，其交货品质一般以我国产区当年生产该项农副产品的平均品质为依据而确定。采用这种方法，除在合同中注明 FAQ 字样外，一般还订明该商品的主要规格指标。

2. "上好可销品质"（GMQ）

"上好可销品质"标准是指卖方交货品质只需保证为上好的、适合于销售的品质即可。如果卖方所交货物无该类货物通常的使用目的，无市场交易可能，则由卖方承担责任。显然这种标准更为笼统，一般只适用于木材或冷冻鱼类等物品。我国在对外贸易中很少使用。

"最好大蒜"出口韩国，为何依然被退回

（二）贸易合同品质条款的拟定

1. 合同品质条款的主要内容

合同的品质条款通常应该列明商品的名称，规格或等级、标准等。不同的商品应该根据其本身的特点来选择表示商品品质的方法。在凭样品买卖时，还应注明样品的编号及寄送日期，并规定交货品质与样品相同。

【例 3-1】 长毛玩具熊，样品号 S1808，尺码 25 英寸，根据卖方 2015 年 6 月 16 日寄送的样品。

Plush Toy Bear，Sample S1808，Size 25 inches，as per the sample dispatched by the Seller on June 16，2015.

【例 3-2】 WN230 型电加热器，详细规格见所附文字说明和图样。

Electric heater Model WN230，detail specifications as per attached descriptions and illustrations.

2. 拟定品质条款应注意的问题

（1）品质的规定要具有合理性

在买卖合同中，应该根据企业自身的能力来约定相应的品质，不宜过低或过高地约定商品的品质。如果约定的商品品质过低，则该商品的价格可能无法令人满意；而如果商品品质的规定超过企业自身的技术条件,则容易给合同履行带来困难,从而使企业处于被动的状态。

（2）品质的规定要具有确定性

在买卖合同中,应根据商品特性来确定品质的表示方法。在规定商品品质时,应该明确具体,避免因表述不清而引起争议。既忌笼统含糊的字样（如大约、左右等）表示,又要避免绝对化的表示,如白棉布、无疵点。

（3）品质机动幅度

对一些特殊的商品要有一定的灵活性,可采取品质机动幅度的办法来约定。品质机动幅度的规定方法主要有以下 3 种。

①规定范围,即对某种商品的规格,应该允许有一定幅度的差异。如特级鲜鸡蛋:净重 60～65 克。

②规定极限,是对某种商品的规格定上、下极限。如中国花生仁:水分（最高）13%,不完善粒（最高）5%,含油量（最低）44%。

③规定上下差异,指卖方所交货物的品质允许在误差的范围内浮动。如白鹅毛含绒量 18%,允许上下误差 1%。

（4）规定品质公差

品质公差是指某些工业品的生产,在其行业中公认允许存在的品质误差。这种品质误差是由于科学技术水平、生产水平的限制而导致的,故只要卖方所交货物的品质差异在公差范围内,都被认为达到了合同的品质要求。如机器加工的零件尺寸、钟表的走时等,在实际中均会存在一定的品质误差。

（5）品质的规定方法应避免多样性

在国际贸易中,要避免品质双重指标的要求,否则会给合同履行带来一定的困难。如果必须以两种方法表示,应明确以何种指标作为表示商品品质的主要依据,其他表示方法仅供参考,并向买方明确表示。在销售某一商品时,原则上,能够用文字说明表示质量的,就不宜同时用样品表示;反之亦然。如果有些商品确需既用文字说明又用样品表示质量,则一旦成交,卖方必须承担交货质量既符合文字说明又符合样品的责任。

议一议

我国某公司向美国一客户出口一批大豆,合同规定其所含水分最高为 15%,杂质不得超过 3%。但在成交前,我方曾向对方寄过样品,订约后我方又告知对方,成交货物与样品相似。货到美国后,买方验货后提出货物的质量比样品差的检验证明,并据此提出索赔 6000美元的损失。请问:我方是否可以该项交易并非样品买卖而拒绝买方的索赔要求?

三、商品的数量

在国际货物买卖中,商品的数量不仅是国际货物买卖合同中的主要交易条件之一,而且它亦是评定卖方交货数量以及处理关于合同数量争议的主要依据。

拟定合同的
数量条款

在国际货物买卖中,由于各国使用的度量衡制度不尽相同,会导致同一计量单位表示的实际数量有时会有很大的不同。目前,国际贸易中通常使用的度量衡制度有 4 种:①公制(或米制)(Metric System);②美制(U.S. System);③英制(British System);④国际单位制(International System of Units)。在国际贸易中,常用的度量衡制度是国际单位制。

📍 **看一看**

国际计量大会在 1960 年通过的国际单位制,是在公制基础上发展起来的单位制,已为越来越多的国家所采用,有利于计量单位的统一,标志着计量制度的日趋国际化和标准化,从而对国际贸易的进一步发展起到推动作用。我国采用的是以国际单位制为基础的法定计量单位。《中华人民共和国计量法》第 3 条中明确规定:"国家采用国际单位制。国际单位制计量单位和国家选定的其他计量单位为国家法定计量单位。"在我国外贸业务中,除合同规定需采用公制、英制或美制计量单位者外,出口商品应该使用法定计量单位。按规定,我国一般不进口非法定计量单位的仪器设备。如有特殊需要,须经有关标准计量管理机构批准,才能使用非法定计量单位。

(一)国际贸易中常用的计量单位

计量单位是指为定量表示同种量的大小而约定的定义和采用的特定量。在国际贸易中使用的计量单位很多,具体交易时采用何种计量方法,要由商品的性质、包装种类、运输方法、市场习惯等方面来决定。在国际贸易中,常用的计量单位如表 3-3 所示。

表 3-3　常用的 6 类计量单位

计量方法	法定计量单位	非法定计量单位	换算公式	适用商品
重量单位	千克(kg.) 克(g) 毫克(mg) 吨(t)	磅(1b) 盎司(oz.) 公吨(mt)	1 磅＝0.4536 千克 1 盎司＝28.3495 克 1 毫克＝0.001 克 1 公吨＝1 吨＝1000 千克	主要适用于大宗农副产品、矿产品、部分工业制成品等,如棉花、羊毛、谷物、矿产品等
长度单位	米(m) 厘米(cm) 毫米(mm) 千米(km)	英尺(ft.) 码(yd.) 英里(mile)	1 公尺＝1 米 1 英尺＝0.3048 米 1 码＝0.9144 米 1 厘米＝0.01 米 1 毫米＝0.001 米 1 千米＝1000 米 1 英里＝1.6093 千米	主要适用于纺织品、绳索、电线电缆等商品

续　表

计量方法	法定计量单位	非法定计量单位	换算公式	适用商品
容积单位	立方米(cubic meter/ CBM/CU.M.) 立方厘米（cubic centimeter) 升(l) 毫升(ml)	加仑(gallon) 品脱(pint)	1 公升＝1 升 1 美加仑＝3.785 升 1 英加仑＝4.546 升	主要适用于谷物类及部分流体、气体等物品,如小麦、玉米、汽油、天然气等商品
面积单位	平方米(square meter/ SQ.M./m²) 平方厘米（square centimeter/cm²）	平方英尺（square foot/ft²） 平方码（square yard/yd²）	1 平方尺 ＝ 0.1111 平方米 1 平方英尺 ＝ 0.0929 平方米 1 平方厘米 ＝ 0.0001 平方米	主要适用于皮制商品、塑料制品等商品,如塑料篷布、皮革等
体积单位	立方米(cubic meter/ CBM/CU.M.) 升(l) 毫升(ml)	立方英尺（cubic foot/ft³） 立方英寸（cubic inch/in³）	1 立方英尺 ＝ 0.0283 立方米	主要适用于化学气体、木材等商品
数量单位	只(piece/pc.)，件(package/ pkg.)，双（pair），台、套、架（set），打（doz.），罗（gross/gr.），大罗(g. gr.)，令（rm.），卷(coil)，辆(unit)，头(head)，箱(case)，包(bale)，桶（barrel, drum)，袋(bag)			主要适用于一般日用工业制品,以及杂货类商品

（二）重量的计算方法

在国际货物买卖中,很多商品采用按重量计量。按重量计量时,计算重量的方法主要有以下几种。

1. 按毛重计算

毛重(Gross Weight)是指商品本身的重量加皮重(Tare),即商品连同外包装的重量。有些单位价值不高的商品(如用麻袋包装的大米、蚕豆等农产品)可采用按毛重计量,即以毛重作为计算价格和交付货物的计量基础。这种计重方法在国际贸易中被称为"以毛作净"(Gross for Net)。

2. 按净重计算

净重(Net Weight)指商品本身的重量,即毛重扣除皮重(包装)的重量。在国际货物买卖中,按质量计量的商品大都采用以净重计量。

在国际贸易中去除皮重的方法有以下 4 种。

（1）按实际皮重计算（Real Tare，or Actual Tare）

将整批商品的包装逐一过秤，算出每一件包装的重量和总重量。

（2）按平均皮重计算（Average Tare）

从全部商品中抽取几件，称其包装的重量，除以抽取的件数，得出平均数，再以平均每件的皮重乘以总件数，算出全部包装重量。

（3）按习惯皮重计算（Customary Tare）

某些商品的包装比较规格化，并已经形成一定的标准，即可按公认的标准单件包装重量乘以商品的总件数，得出全部包装重量。

（4）按约定皮重计算（Computed Tare）

买卖双方以事先约定的单件包装重量，乘以商品的总件数，求得该批商品的总皮重。

3. 其他计算重量的方法

（1）按公量计重（Conditioned Weight）

在计算货物重量时，使用科学方法，抽去商品中所含水分，再加上标准水分重量，求得的重量称为公量，主要使用于少数经济价值较高而水分含量极不稳定的商品，如羊毛、生丝、棉花等。

计算公式：

公量＝商品干净重×（1＋公定回潮率），或

公量＝商品净重×（1＋公定回潮率）/（1＋实际回潮率）

（2）按理论重量计重（Theoretical Weight）

理论重量适用于有固定规格和固定体积的商品，如马口铁、钢板等。

（3）按法定重量（Legal Weight）和净净重（Net Net Weight）

纯商品的重量加上直接接触商品的包装材料，如内包装等的重量，即法定重量。法定重量是海关依法征收从量税时，作为征税基础的计量方法。而扣除了这部分内包装的重量及其他包含杂物（如水分等）的重量，则为净净重，净净重的计量方法主要也为海关征税时使用。

需要注意的是，在国际货物买卖合同中，如果货物是按重量计量和计价，而未明确规定采用何种方法计算重量和价格时，根据国际贸易惯例，则应按净值计量和计价。

议一议

大连某进出口公司向日本出口大豆 600 吨，合同约定需麻袋装，每袋包装 30 千克。我方按合同规定时间装运出口并且办妥了结汇手续，事后日方来电称：我方所交货物扣除皮重后，实际到货不足 600 吨。据此要求按净重重新计算价格，退回多收的货款。请问：日方的做法是否合理？为什么？

（三）合同数量条款的拟定

1. 合同数量条款的主要内容

合同中的数量条款主要由成交数量和计量单位组成。按重量成交的商品，一般需要

明确计算重量的方法。

【例 3 - 3】 大提花面料,60 码/匹,共 100 匹。

Jacquard Fabrics,60 yds/pc,100pcs in total.

【例 3 - 4】 中国东北大米,9000 吨,卖方可溢装或短装 5%。

China Northeast Rice,9000 MT,with 5% more or less at seller's option.

2. 拟定合同中数量条款应注意的问题

(1)列明交易的具体数量和计量单位

关于数量条款
的案例讨论

合同中必须确定成交的具体数量和计量单位,不要使用"大约"或"左右"等字样。因为"大约"或"左右"等字样的含义在国际上没有统一的标准,容易引起争议。在信用证结算方式下,按照 UCP 600 的解释,凡"约""大约"或类似意义的词语用于信用证金额或信用证所列的数量或单价时,应理解为对有关金额、数量或单价不超过 10% 的增减幅度。另外,UCP 600 中还规定,除非信用证规定货物数量不得增减,否则只要支取的金额不超过信用证金额,则可以有 5% 的增减幅度。但当信用证规定的数量按包装单位或以个数计数时,此项增减幅度不适用。

📍 **议一议**

我国某公司向日本一客户出口一批煤炭,合同规定"成交中国煤炭 10000 吨,5% 增减,由卖方选择,增减部分按合同价格结算"。货物运抵日本后,经日本海关检查发现煤炭实际吨数为 10500 吨。据此,日方提出降价 5% 的要求,否则拒收多交的 500 吨的煤炭。请问:日商的做法是否合理?

(2)明确按毛重或净重计算

一般合同中应该要明确规定按毛重还是净重计算,如未注明,按《联合国国际货物销售合同公约》的规定应该以净重来算。

(3)合理使用溢短装条款

所谓溢短装条款,就是在规定具体数量的同时,再在合同中规定允许多装或少装的一定百分比。卖方交货数量只要在允许增减的范围内即为符合合同有关交货数量的规定。例如,5000 吨,卖方可溢装或短装 5%(5000t,with 5% more or less at seller's option)。按此规定,卖方实际交货数量只要在 4750 吨至 5250 吨的范围内,买方就不得提出异议。

四、商品的包装

商品的包装是指在商品流通过程中,为了保护商品品质完好和数量完整而使用的包装材料或包装容器。它是生产的延续,凡是需要包装的商品,只有通过包装,完成生产过程,才能进入流通领域和消费领域,才能实现商品的使用价值和价值。所以,在国际货物买卖中,绝大多数商品都需要一定的包装,它是保护货物的组成部分,是保护商品和美化商品的重要手段,也是国际贸易合同的主要条件之一。

在国际贸易中,商品包装的种类有很多。人们通常习惯把包装按其在流通领域中所起的作用的不同分为两类：销售包装和运输包装。

（一）销售包装

销售包装（Selling Packing）又称小包装或内包装，是在商品进入零售环节和消费者直接见面时的包装。其主要目的是便于陈列和展销，便于消费者识别、选购、携带、保存，具有美化商品、促进销售的功能。

1. 种类

销售包装的方式很多，而且不同的包装方式在销售过程中所起的作用也不同。常见的如表 3-4 所示。

表 3-4　销售包装的种类

种类	适用范围
挂式包装	该包装可在商店货架上悬挂展示，如吊带、吊钩、网兜等
堆叠式包装	该包装的特点是堆叠稳定性强，可大量堆叠而节省货位，如瓶类、罐类、盆类等
易开式包装	该包装有严密的封口结构，使用者不需另备工具即容易开启，如易拉罐等
携带式包装	有提手装置等
透明式包装	该包装可以使消费者直接了解商品的形态和造型，便于识别，以利选购
喷雾式包装	该包装主要用于香水、空气清新剂、清洁剂、发胶等
配套式包装	该包装是将在使用上有关联的商品搭配成套，装在同一容器内的包装，如成套餐具的包装盒等
礼品式包装	该包装是专作为送礼的销售包装，如化妆品、工艺品等

2. 销售包装的标示和说明

（1）包装的装潢画面

包装的装潢画面通常包括图案与色彩，包装装潢要美观大方，富有艺术上的吸引力，并突出商品的特点。另外，图案和色彩应符合有关国家的民族习惯和爱好。

（2）包装的文字说明

包装的文字说明通常包括商品名称、商标品牌、数量规格、成分构成及使用说明等内容。在做文字说明时，应注意有关国家的标签管理条例的规定。

（3）条形码

条形码是一种代码，是由一组带有数字的黑白及粗细间隔不等的平行线所组成。它是利用光电扫描阅读设备为计算机输入数据的特殊代码语言。它表示一定的信息，通过这些产品代码可以判断出该商品的生产国家或地区、生产厂家、品质规格和售价等一系列信息。如图 3-2 所示。目前，许多国家的超级市场和连锁店，都使用条形码技术来实现自动扫描结算、库存管理。在发达国家中，如果商品销售包装上没有条形码，就不能进入超市或连锁店销售。

图 3-2　商品的条形码

看一看

国际上通用的条形码有以下两种。

1. 美国、加拿大组织的统一编码委员会的 UPC(Universal Product Code)码。

2. 国际物品编码委员会的 EAN(European Article Number)码。

我国于 1988 年 12 月建立了"中国物品编码中心",并于 1991 年 4 月正式加入国际物品编码协会,该协会分配给我国的国号为"690、691、692"。凡适用于使用条形码的商品,特别是出口商品,都应在其商品包装上印刷条形码。此外,我国的书籍条形码的国别编号代码为"978"。

(二) 运输包装

运输包装(Transport Packing)是指在商品运输、储存和装卸过程中使用的商品包装,其主要作用在于保护货物,便于装卸、储存、运输、清点等。

1. 运输包装的种类

运输包装根据运输包装材料和包装方式可分为以下种类。

(1) 单件运输包装

①箱(Case)

有木箱(Wooden Case)、纸箱(Carton)、板条箱(Crate)、瓦楞纸箱(Corrugated Carton)、漏孔箱(Skeleton Case)等,主要适用于价值较高,不能紧压、容易受损的商品。

②桶(Drum,Cask)

有木桶(Wooden Drum)、铁桶(Iron Drum)、塑料桶(Plastic Cask)等,主要适用于液体、半液体、粉状及粒状等商品。

③袋(Bag)

有麻袋(Gunny Bag)、纸袋(Paper Bag)、布袋(Cloth Bag)、塑料袋(Plastic Bag),主要适用于粉状、粒状及块状的农产品或化学原料。

④捆包(Bundle)

一般是先机压打包,压缩体积,再以棉布、麻布包裹,外加箍铁皮或塑料带,主要适用于质地蓬松而品质不会因紧压而受损坏的商品,如羽毛、羊毛、棉花等。

(2) 集合运输包装

集合运输包装(Composite Package for Transport),是由若干单件运输包装组合而成的一件大包装。采用集合运输包装,可以大大提高装卸效率,降低运输成本,减少商品损耗。集合运输包装主要有集装箱、集装包(袋)和托盘三种类型。

①集装箱(Container)

由钢板等材料制成,呈长方形,可反复使用,既是货物的运输包装,又是运输工具的组成部分,如图 3-3 所示。

现代化的集装箱运输包装,可以有效地保护商品,加快货物的装卸速度,提高码头的使用效率。根据 ISO(国际标准化组织)的规定,集装箱共分为 13 种规格,装载量为 5~40 吨不等。在国际贸易中,用得最多的是 8 英尺×8 英尺×40 英尺的集装箱。国际上以

图 3-3 集装箱

8 英尺×8 英尺×20 英尺为计算集装箱的标准单位,称为"TEU"(Twenty-foot Equivalent Unit),中文翻译为"20 英尺等量单位"。凡是非 20 英尺的集装箱,均折合成 20 英尺集装箱进行统计。

集装箱根据商品使用的性质,又可分为 9 种,如表 3-5 所示。

表 3-5 集装箱的分类及其适用范围

集装箱分类	适用范围
干货集装箱 (Dry Cargo Container)	除冷冻货、活动物和植物外,在尺寸、重量等方面适合集装箱运输的货物,几乎均可使用干货集装箱。这种集装箱式样较多,使用时应注意箱子内部的容积和最大负荷
冷藏集装箱 (Reefer Container)	设有冷冻机的集装箱。在运输过程中,启动冷冻机使货物保持在所要求的指定温度。箱内顶部装有挂肉类、水果的钩子和轨道,适用于装载冷藏食品、新鲜水果和特种化工产品等
散货集装箱 (Bulk Cargo Container)	适用于装载小麦、谷类、水泥、化学制品等散装粉粒状货物
框架集装箱 (Flat Rack Container)	设有箱顶和两侧,可从集装箱侧面装卸货物
敞顶集装箱 (Open Top Container)	设有箱顶,可使用吊装设备从箱子顶上装卸货物,适用于装载超长的货物
牲畜集装箱 (Pen Container)	在集装箱两侧设有金属网,便于喂养牲畜和通风
罐式集装箱 (Tank Container)	设有液灌顶部的装货孔进入,卸货有排出孔靠重力作用自行流出,或从顶部装货孔吸出门,适用于装运各种液体货物
平台集装箱 (Platform Container)	适用于运载超长超重的货物,长度可达 6 米以上,载重量可达 40 吨以上
汽车集装箱 (Car Container)	专供运载汽车的分层载货的集装箱

②集装包(袋)(Flexible Container)

集装包(袋)是用塑料纤维编织成的抽口式大包,两边有 4 个吊带,每包可装 1~4 吨的货物。集装袋也是用塑料纤维编织成的圆形大口袋,每袋可容纳 1~1.5 吨货物,适用于已经装好的桶装和袋装多件商品。

③托盘(Pallet)

托盘是指用于集装、堆放货物以便于装卸货物、搬运和运输的平台装置,其主要特点是装卸速度快、货损货差少。托盘按其基本形态分为用叉车、手推平板车装卸的平托盘、柱式托盘、箱式托盘;用人力拖动的滚轮箱式托盘、滚轮保冷箱式托盘;采用板状托盘,用设有推换附件的特殊叉车进行装卸作业的滑板,或装有滚轮的托盘卡车中使用货物移动的从动托盘;其他还有装运桶、罐等专用托盘之类的与货物形状吻合的特殊构造的托盘。托盘按形状不同可分为多种形式,如双面叉、四面叉、单面使用型、双面使用型等。按其材质的不同,有木制、塑料制、钢制、铝制、竹制和复合材料等。常见的托盘有平板托盘(Flat Pallet)和箱型托盘(Box Pallet)等。如图 3-4、图 3-5 所示。

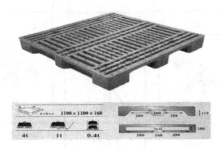

图 3-4 平板托盘

图 3-5 箱型托盘

2. 运输标志

运输标志(Shipping Mark),又称为"唛头"。它通常由简单的几何图形加上字母、数字和简单的文字构成。其主要内容有:①收、发货人的名称缩写或代号,②目的港口或目的地名称,③件号、批号。此外,还可根据需要添加原产地、合同号、许可证号、体积、重量等内容。运输标志的内容通常由买卖双方根据需要商定,往往繁简不一。

为了适应电子商务环境下单据标准化的需要,联合国欧洲经济委员会在国际标准化组织的国际货物装卸协会的支持下,制定了一项运输标志向各国推荐使用。该运输标志内容包括:①收货人名称,指收货人或买方名称的英文缩写字母或简称;②参考号,如运单号、订单号、合同编号或发票号等;③目的地,通常为目的港名称;④货物件号。如图 3-6 所示。

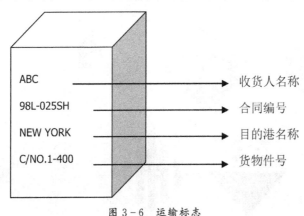

图 3-6 运输标志

3. 指示性标志

指示性标志(Indicative Mark)是指对易碎、易变质或易损害的商品,需要在运输包装上刷上简单、醒目的图形和指示性文字,如"小心轻放""向上"等。它指出人们在装卸、运输、仓储过程中需要注意的行为事项,故又称为操作标志。如图 3-7 所示。

图 3-7 指示性标志

4. 警告性标志

警告性标志(Warning Mark)是指在易燃品、爆炸品及有毒品等危险品的运输包装上清楚明显地标明物品危险性质的文字说明和图形。它主要是要求装卸、运输和保管等环节的有关人员,按照商品的特点采用相关防护措施,以保障安全,可以说这种标志带有强制性。我国颁布了《危险货物包装标志》,此外联合国政府间海事协商组织也规定了一套《国际海运危险品标志》。这套规定在国际上已有许多国家采用,有的国家进口危险品时要求在运输包装上标明该组织规定的危险品标志,否则,不准靠岸卸货。我国在出口危险货物的运输包装上,要求标有如下危险品标志,如图 3-8 所示。

图 3-8 警告性标志

（三）定牌、无牌生产和中性包装

1. 定牌生产

卖方按买方的要求在其出售的商品或包装上标明买方指定的商标和牌号，称之为定牌生产。采用定牌，是为了利用买主（包括生产厂商、大百货公司、超级市场和专业商店）的经营能力和他们的企业商誉或名牌声誉，来提高商品售价和扩大销售数量。但应警惕有的外商利用向我方订购定牌商品来排挤使用我方商标欲销售的货物，从而影响我国产品在国际市场树立品牌。

2. 无牌生产

无牌生产是指买方要求在我出口商品和/或包装上免除任何商标或牌名的做法。它主要用于一些尚待进一步加工的半制成品，如供印染用的棉坯布，或供加工成批服装用的呢龙（现称为"锦纶"）、布匹和绸缎等，其目的主要是避免浪费，降低费用成本。有时国外的大百货公司、超级市场向我国出口商订购低值易耗的日用消费品时，也有要求采用无牌包装方式的。其原因是，无牌商品无须广告宣传，可节省广告费用，降低销售成本，从而达到薄利多销的目的。在外贸业务中，除非另有约定，采用定牌和无牌时，在我国出口商品和/或包装上均须标明"中国制造"字。

3. 中性包装

中性包装是指商品和内外包装上均无生产国别和生产厂商名称。这种中性包装的做法是国际贸易中常见的方式，在买方的要求下，可酌情采用。在国际贸易中，中性包装通常是由一些中间商提出的，其目的是打破某些进口国家与地区的关税和非关税壁垒及适应某些转口贸易的特殊需要。但对于我国和其他国家订有出口配额协定的商品，则应从严掌握。因为万一进口商将商品转口至有关配额国，将对我国产生不利影响。

中性包装可分为"无牌中性包装"和"定牌中性包装"两种方式。"无牌中性包装"是指商品的内外包装上没有生产国别和厂商名称，也没有商标或牌名；"定牌中性包装"是指在包装上有买方制定的商标或牌名，但不标明生产国别和厂商名称。

议一议

德国一外商欲购买我国某公司的"百合"牌手袋，但要求不要采用原来的"百合"牌商标，而改用"灰鼠"牌，并且要求不注明"中国制造"的字样。请问：这是一个什么性质的条款？我方业务员能否接受该要求？应该注意什么问题？

（四）贸易合同包装条款的拟定

1. 包装条款的主要内容

包装是货物说明的重要组成部分，包装条件是买卖合同的主要条件之一，买卖双方应该在合同中作出明确具体的规定。卖方如果不按合同规定的包装方式提供货物，买方可以要求赔偿。合同中包装条款的内容一般包括包装材料、包装方式、包装费用和运输标志及每件包装中所含物品的数量或质量等。

【例 3 - 5】 纸箱包装,每箱 4 打。

To be packed in carton of four dozen each.

【例 3 - 6】 用塑料袋包装,50 磅装 1 袋,5 袋装 1 木箱。

To be packed in poly bags, 50 pounds in a bag, 5 bags in a wooden case.

【例 3 - 7】 铁桶装,每桶净重 100 千克。

In iron drums of 100 kg net each.

2. 拟定贸易合同包装条款应该注意的问题

(1) 对包装的规定要明确具体

在实际业务中,一般不宜对包装条款仅作笼统的规定,例如使用"适合海运包装""习惯海运包装"或"卖方海运包装"等术语。由于此类规定缺乏统一解释,容易引起纠纷与争议,因此,除非买卖双方对包装方式的具体内容经事先充分交换意见或由于长时间的业务交往已取得一致认识,否则在合同中不宜采用笼统的包装术语。

(2) 明确包装材料和包装费用由谁负责

包装条款中首先要注明商品包装的方式及材料,一般包括用料、尺寸、重量和填充物等。如买卖双方约定,包装材料由买方负责供应,应在合同中规定包装材料最迟抵达卖方的时限及相应的违约责任。

按国际贸易习惯,唛头一般由卖方决定,故没有必要在合同中作具体规定。如买方要求,也可以在合同中作出具体规定;如买方要求在合同订立后由其另行指定,则应具体规定指定的最后时限,并订明若到时尚未收到有关唛头通知,卖方可自行决定。

包装费用一般包括在货价以内。如买方要求特殊包装,除非事先明确包装费用包括在货价内,其超出的包装费用原则上应由买方承担,并应在合同中具体规定负担的费用金额和支付办法。如双方商定,全部或部分包装材料由买方负责供应的,合同中应同时规定包装材料最迟到达卖方的时限和逾期到达的责任。该项时限应与合同的交货时间相衔接。

在进口合同中,特别是对于包装技术性较强的商品,通常要在单价条款后注明"包括包装费用"(Packing Charges Included),以免事后发生纠纷。

📍 **议一议**

我方某公司向国外出口一批仪器,合同规定由买方提供唛头,但截止约定买方提供唛头的时间届满,我公司仍未收到买方有关唛头设计的通知,而此时我公司已经按合同要求备好货物。请问:此种情况我方公司应该如何处理?

📦 **实操训练**

杭州万向纺织品进出口公司的业务员陈景与 Accessory Network Group LLC 几经磋商后,最终达成交易,商品的名称、数量、品质、包装条款的内容具体资料如下。

Commodity description:S001 men sport sweaters, 95% combed cotton 5% spandex silk screen printing, 160gsm/pc ,blue /white/black available;

Quantity:4560 pieces with 5% more or less, 1520 pieces for each color;

Packing：With single package，1 piece / opp bag，20pcs/ carton；Total in one 20'container.

任务布置

(一) 业务背景

杭州万溪进出口有限公司与美国 Libra Import and Export Co.,Ltd.经过交易磋商，确定了女式 T 恤衫的相关交易条件，具体资料如下。

1. 合同资料

出口商：杭州万溪进出口有限公司

The Seller：Hangzhou Wanxi Import & Export Co.,Ltd.

Address：No.896 Xixi Road,Hangzhou,Zhejiang Province,China

进口商：

The Buyer：Libra Import and Export Co.,Ltd.

Address：No.6,Five Street,New York,USA

Unit Price：US$ 4.00/pc CIF New York

Total Amount：US$ 13920.00

Shipping Mark：

LIBRA

NO.1...UP

2. 商品资料

商品编号：02009	海关代码：6109100022
中文名称：女式 T 恤衫	英文名称：Women's T-shirt
销售单位：pc	成本(￥)：56 元
包装单位：carton	单位换算：每包装单位＝20 销售单位
毛重：13 kgs/包装	净重：11 kgs/包装
体积：0.14308 cbm/包装	

每箱 20 件；颜色：黑色；面料成分：全棉

(20 pcs Per Carton,Color：Black,Fabric Content：100％ Cotton)

增值税率：17％	退税率：13％

海关监管条件：B

(二) 操作要求

请你根据业务资料拟定合同的品质、数量和包装条款。

拟定合同
中的价格条款

任务二　拟定价格条款

情景呈现

　　杭州万向纺织品进出口公司的业务员陈景与 Accessory Network Group LLC 的 Bill Peril 通过磋商,确定了出口男士 T 恤衫业务中的商品名称、数量、品质、包装等条款,经过双方协商,最终确定了每件 5.25 美元 CIFC5‰N.Y.的成交价格,那么合同中的价格应该如何描述呢? 应该如何拟定合同中的价格条款呢?

任务目标

　　能够根据商品的特点及业务开展过程中实际的费用情况正确拟定价格条款。

相关知识

　　在实际业务中,价格是买卖双方交易磋商的焦点。在国际货物买卖合同中,价格条款是合同中的核心条款,买卖双方在其他条款上的利害得失都会在价格上反映出来。因此,掌握影响价格的因素,掌握计价货币的选择,订好合同中的价格条款,具有十分重要的意义。本任务主要介绍如何拟定合同中的价格条款。

一、影响价格的各种因素

(一)商品的质量和档次

　　商品的质量和档次是影响价格的主要因素,按质论价,好货高价,次货低价。同种商品由于其品质的优劣、档次的高低、商标和品牌的知名度的不同,价格都有较大的差异。

(二)运输距离

　　在国际贸易中货物都要经过长途运输,运输距离的远近直接影响运费的开支,从而影响商品的价格。

(三)交货地点和交货条件

　　在国际贸易中,由于交货地点和交货条件不同,买卖双方承担的责任、费用和风险存在差异,例如同一运输距离成交的产品,按 CIF 条件成交和按 DDP 成交价格明显不同。

(四)节令性需求的变化

　　某些节令性商品,如在节令前到货,抢行就市可卖上好价;过了节令的商品,往往价格很低,甚至以低于成本的跳楼价出售。

(五)成交数量

　　成交量大可在价格上适当优惠,例如采用数量折扣;反之,数量较小时可以适当提高售价。

（六）支付条件

在国际贸易中如采用对卖方有利的支付方式,如预付货款,则可在价格上给予适当的优惠;如采用到付或赊销等支付方式,卖方存在较大的收汇风险,资金压力大,则可适当提高价格。

二、对外贸易作价办法

在国际货物买卖中,可以根据不同情况,分别采用下列各种作价办法。

（一）固定价格

国际贸易中,进出口合同价格是在买卖双方协商一致的基础上明确确定下来的,这也是国际上常见的做法,按照各国法律规定,合同价格一经确定,就必须严格执行。除非合同另有约定,任何一方不得擅自更改。

固定作价的方法具有明确、具体、肯定和便于核算的优点。但由于市场上行情多变,价格涨落不定,固定价格就意味着买卖双方要承担价格变动的风险,如果价格变动过于剧烈,可能还会影响到合同的顺利执行,一些不守信用的商人可能为逃避巨额损失而寻找借口撕毁合同。

（二）非固定价格

非固定价格即一般所说的活价,大体上可分为以下几种。

1. 具体价格待定

在价格条款中明确规定定价时间和定价方法,例如,在装船月份前 50 天,参考当地及国际市场价格协商订立;或只规定作价时间:在××年××月×日双方协商确定价格。

这种方式由于对作价方式没做出规定,容易给合同带来不稳定性,双方无明确的作价标准,容易各执己见,导致合同无法执行。

2. 暂定价格

在合同中订立初步价格,作为开立信用证和初步付款的依据,待确定最后价格后再进行清算,如单价暂定 CIF 新加坡每吨 200 美元,按装船月份平均价加 10 美元计算。

3. 部分固定价格,部分非固定价格

为照顾双方的利益,解决双方在采用固定价格和非固定价格上的分歧问题,可采用分批作价,交货期近的固定价格,其余的在交货前一定期限内作价。这种方法不仅可以扩大卖方出口,也可保证买方一定的利润。

🔵 **议一议**

某进口商从一家瑞士制造商处用瑞士法郎购买缝纫机,机器需进口到美国通过分销商进行销售。进口商与分销商的合同中包含了一个"滑动价格条款",即允许进口商向分销商提高售价以适应机器原材料和工资等成本的提高。后来美元与瑞士法郎的汇率发生极大变化时,滑动价格条款出现问题。当瑞士法郎升值后,进口商的利润减少了 8.5%,于是进口商提价 10% 以保护自己的利益。分销商认为按合同条款中的有关规定,滑动价格条款只适用于机器的制造成本提高,但在本案中机器的制造成本并未提高。进口商则坚持由于外汇升值而增加的成本,应该通过滑动价格条款提高售价去解决。而且,外汇风险

（即瑞士法郎升值）已使合同在商业上履行起来实在困难。分销商提起诉讼，要求进口商应以原来的价格履约。谁会获胜呢？为什么？我们从中应吸取什么教训？

三、对外贸易计价货币

计价货币是指合同中规定用来计算价格的货币。根据国际贸易的特点，用来计价的货币，可以是出口国家货币，也可以是进口国家货币或双方同意的第三国货币，还可以是某种记账单位，由买卖双方协商确定。

在国际贸易中，计价货币的选择是至关重要的。在交易磋商及签订合同中，买卖双方为了规避汇率风险都会选择对自己有利的货币。通常，在出口贸易中，出口商应选择币值稳定或具有上涨趋势的货币，即硬币；在进口贸易中，进口商应选择币值具有下跌趋势的货币，即软币。

📍 **看一看**

计价货币的选择与客户所在国有关系。如与日本、欧盟成员国、英国、澳大利亚等国家客户做贸易时，一般来讲，这些国家的客户会愿意采用本国货币计价，如果我国公司同意以客户的本国货币计价，我们就应研究该国货币对美元、对西方主要货币及对人民币汇率的走势，以便我们预测出升值或贬值的百分比，来确定成交价格，以避免汇率风险。如与东南亚、中东、东欧、非洲及拉美的客户做贸易，计价货币选择余地较大，既可选择美元，又可选择欧元等西方主要货币。到底选择哪种计价货币要根据货币走势情况及与客户的谈判情况而定。

四、合同中的价格条款

（一）价格条款的主要内容

合同中的价格条款，一般包括商品的单价和总值两项基本内容。确定单价的作价办法和有关佣金和折扣的运用也属于价格条款的内容。

1. 单价条款

商品的单价通常由四部分组成：计量单位、单价金额、计价货币、贸易术语。其中，计量单位应该与数量条款中的计量单位保持一致。

【例 3-8】 单价每吨 200 美元，CIF 伦敦。

Unit price：US $ 200/t, CIF London.

其中计量单位为吨，单价金额 200，计价货币为美元，贸易术语为 CIF 伦敦。

【例 3-9】 单价每打 58.50 美元，FOB 上海，包含 2% 佣金。

Unit price：US $ 58.50/dozen, FOB Shanghai, including 2% commission.

2. 总值条款

总值是单价与成交数量的乘积，即一笔交易的货款总金额。英文总额的大写由 3 个部分组成："SAY＋货币＋大写数字＋ONLY"。如果金额有小数，常用的表达方法有："…

AND CENTS…ONLY"或"…AND POINT…ONLY"。

【例 3 - 10】 单价每箱 450 美元,CFR 纽约,合同总值 35800 美元。

Unit Price:US $ 450/carton,CFR New York;

Total Amount:US $ 35800(Say US Dollars Thirty Five Thousand Eight Hundred Only).

【例 3 - 11】 合同总额 14298.59 欧元。

Total Amount:EUR 14298.59;

Total value:Say EURO Fourteen Thousand Two Hundred And Ninety Eight And Cents Fifty Nine Only.

(二) 拟定价格条款的注意事项

(1) 根据运输方式选用适当的贸易术语。

(2) 根据汇率的变动趋势,选择有利的计价货币。

(3) 灵活运用各种作价方法,力求避免承担价格变动的风险。

(4) 根据客户的要求,合理运用佣金和折扣。

(5) 单价中涉及的四个组成部分,必须准确、完整,缺一不可。

实操训练

杭州万向纺织品进出口公司的业务员陈景与 Accessory Net work Group LLC. 经过磋商最终达成交易,合同价格条款的内容具体资料如下。

Unit price:US $ 5.25/PC CIFC5 New York;

Total amount:US $ 15750.00;

Total value:Say US Dollars Fifteen Thousand Seven Hundred and Fifty Only.

布置任务

(一) 业务背景

杭州万溪进出口有限公司与美国 Libra Import And Export Co.,Ltd.经过交易磋商,确定了女式 T 恤衫的相关交易条件,具体资料如下:

1. 合同资料

出口商:杭州万溪进出口有限公司

The Seller:Hangzhou Wanxi Import & Export Co.,Ltd

Address:No.896 Xixi Road,Hangzhou,Zhejiang Province,China

进口商:

The Buyer:Libra Import And Export Co.,Ltd

Address:No.6,Five Street,New York,USA

Port of Shipment:Shanghai,China

Port of Destination:New York

2. 商品资料

商品编号:02009   海关代码:6109100022

中文名称：女式 T 恤衫　　　　英文名称：Women's T-Shirt

销售单位：pc　　　　　　　　成本(￥)：56 元

包装单位：Carton　　　　　　单位换算：每包装单位＝20 销售单位

毛重：13 kgs/包装　　　　　　净重：11 kgs/包装

体积：0.14308 CBM/包装

每箱 20 件；颜色：黑色；面料成分：全棉

(20 pcs Per Carton,Color：Black,Fabric Content：100% Cotton)

增值税率：17%　　退税率：13%　　海关监管条件：B

3.交易信息如下

(1)价格核算后确定单价为每件 15 美元,CIF 价格条件。

(2)单价中包含 3%的佣金。

(3)成交量为 2500 件。

(二)操作要求

请你根据业务资料拟定合同中的价格条款。

任务三　拟定运输条款

情景呈现

杭州万向纺织品进出口公司的业务员陈景与 Accessory Network Group LLC 的 Bill Peril 正在就出口男士印花 T 恤衫进行具体交易条件的磋商,决定从宁波港到美国的纽约,允许分批和转运,时间为 2018 年 8 月。请你拟定具体的运输条款。

任务目标

能拟定具体的运输条款,学会正确认识海运提单,并能判断一般的海运纠纷责任归属。

相关知识

国际货物运输是国际贸易中必不可少的一个环节,是实现货物转移的重要手段。因此,买卖双方在订立国际货物买卖合同时,必须选择合理的运输方式,订好各项装运条款,运用好有关装运单据。目前,国际货物运输方式主要有海洋运输、铁路运输、航空运输、邮包运输、国际多式联运等多种。

一、海洋货物运输方式

海洋运输具有运量大、运费低,不受道路和轨道的限制等方面的优点,是国际贸易中使用最广的一种运输方式。按照船舶的经营方式来分类,海洋运输可分为班轮运输和租船运输两种方式。

（一）班轮运输

1. 班轮运输及其特点

班轮（Liner）是指按照规定的时间，在一定的航线上，以既定的港口顺序

国际货物
运输

往返运载货物的船舶。班轮运输（Liner Shipping）的特点是四定两管。所谓
四定是指固定航线、固定航期、固定停靠港口和固定的费率，两管是指管装和管卸。

此外，班轮出租的是部分舱位，因此，凡是班轮停靠的港口，不论货物数量的多少，都
能接受装运，这对那些成交数量少、批次多，交货港口分散的货物运输十分方便。

2. 班轮运输运费

国际航运在完成运输的过程中，需要一定的成本开支，即航运成本。它包括船员工
资、奖金、津贴、折旧、修理费用、物料费用、保险费用、管理费用、利息等固定成本费用，还
包括燃料费用、港口费用、货物费用、税金、代理费及佣金等可变成本费用。船公司为了补
偿航运成本的开支，并获得合理的利润，从而继续维持和扩大再生产，需要向托运人收取
一定的费用，这种费用称为运费，而运费的单位价格称为运价。目前的海运班轮运输基本
以集装箱运输方式为主，因此班轮运费的计算方法参见项目二任务一的集装箱运费计算。

（二）租船运输

1. 租船运输概述

租船运输（Charter）是指货主或其代理人向船公司包租整条船舶用于货物运输。租
船运输主要适用于大宗货物运输，如粮食、石油、煤炭、木材、化肥等。它包括定程租船和
定期租船两种。

（1）定程租船（Voyage Charter）

定程租船又称程租船或航次租船。它是按照航程租赁船舶的一种方式，分为单程租
船、来回程租船、连续单程租船和连续来回程租船等方式。采用这种方式，船方必须按照
合同规定的航程完成货物运输任务，并负责船舶的经营管理和船舶在航行中的一切开支。

（2）定期租船（Time Charter）

定期租船又称期租船。它是按照一定期限（一年或几年）租赁船舶的一种方式。在租赁
期间，租船人根据租船合同规定的航区，可自行掌握调度和使用。一般期租船在各航次中所
产生的燃料费、港口费、装卸费等各项费用，都由租船人负担，船方仅负担船员薪金、伙食等
费用，以及因保持船舶在租赁期间具有适航性而产生的其他有关费用。

2. 程租船与期租船的主要区别

（1）程租船的运输工作是由船东负责，而期租船的运输工作则由租船人自己负责。

（2）程租船的运费是按货物的数量或船舶总吨位收取，而期租船的租金则按租船期收取。

（3）程租船的租船人，除承担租船合同规定的装卸费外，不承担任何其他费用；而期
租船的租船人则要承担燃料费、港口费、装卸费等。

📍 议一议

我某外贸公司向国外一新客户订购一批初级产品，按 CFR 价格条件，即期信用证付
款方式达成交易。合同规定由卖方以程租船方式将货物运交我方。我开证行已凭国外议

付行提交的符合信用证规定的单据付了款。但装运船只一直未到达目的港,后经多方查询,发现承运人原来是一家小公司,而且在船舶起航不久已宣告倒闭,承运船舶是一条旧船,船货均告失踪。此系卖方与船方互相勾结进行诈骗,导致我方蒙受重大损失。试分析,我方应从中吸取哪些教训?

(三)海运提单

1. 海运提单的性质和作用

海运提单(Ocean Bill of Lading,B/L)简称提单,是由船公司或其代理人签发的,证明已收到特定货物,允诺将货物运至特定目的地,并交付给收货人的书面凭证。它的性质和作用如下。

(1)提单是承运人或其代理人签发的货物收据(Receipt for the Goods),证明已按提单所列内容收到货物。

(2)提单是货物所有权的凭证(Document of Title)。提单的合法持有人有权凭提单向承运人提取货物,也可以在载货船舶到达目的港交货之前办理转让,或凭此向银行办理抵押贷款。

(3)提单是承运人与托运人之间订立运输合同的证明(Evidence of Contract),也是承运人与托运人或收货人处理双方权利、义务的依据。

2. 海运提单的种类

提单可以从不同角度加以分类,主要有以下几种。

(1)根据货物是否已装船,可分为已装船提单和备运提单

①已装船提单(On board B/L 或 Shipped B/L)是指船公司已将货物装上指定轮船后签发的提单。

②备运提单(Received for Shipment B/L)是指船公司已收到托运货物等待装船期间所签发的提单。

(2)根据提单有无不良批注,可分为清洁提单和不清洁提单

①清洁提单(Clean B/L)是指货物在装船时"表面状况良好",船公司在提单上未加任何有关货物受损或包装不良等批注的提单。

②不清洁提单(Unclean B/L 或 Foul B/L)是指船公司在提单上对货物及/或包装有缺陷状况的不良批注的提单。

议一议

大连粮油进出口公司与日商签订了大豆销售合同,规定用麻袋包装。装船后,由于该批货物部分用旧麻袋进行包装,船长在收货单上批注"货物部分包装是旧麻袋"。请分析,这是否构成不清洁提单?为什么?

(3)根据提单收货人抬头的不同可分为记名提单、不记名提单和指示提单

①记名提单(Straight B/L)是指提单上的收货人栏内填明特定收货人名称,只能由该特定收货人提货,由于这种提单不能通过背书方式转让给第三方,故不能流通,在国际贸

易中很少使用。

②不记名提单(Bearer B/L)是指提单上的收货人栏内没有指明任何收货人,谁持有提单,谁就可以提货;承运人交货时,只凭单,不凭人。这种提单风险很大,在国际贸易中也很少使用。

③指示提单(Order B/L)是指提单上的收货人栏填写"凭指示"(To Order)或"凭某人指示"(To Order of …)字样。这种提单可经过背书转让,故在国际贸易中广为使用。目前在实际业务中,使用最多的是"凭指示"并经空白背书的提单,俗称"空白抬头、空白背书提单"(Made out to Order and Blank Endorsed)。

(4) 根据运输方式分类,可分为直达提单、转船提单和联运提单

①直达提单(Direct B/L)是指货物从装运港装船后,中途不经换船而直接驶达目的港卸货的提单。

②转船提单(Transshipment B/L)是指船舶从装运港装货后,不直接驶往目的港,而在航运的中途港要将货物卸入另一船舶再驶往目的港卸货的情况下所签发的包括运输全程的提单。其转运手续由第一承运人负责代办,费用也由其承担,但责任则由各程船公司分段负责。

③联运提单(Through B/L)是指经过海运和其他运输方式联合运输时由第一程承运人所签发的包括全程运输的提单。它的性质同转船提单一样,途中转运的手续和费用都由第一程承运人承担,但转运及以后的责任则由各段的承运人分别负责。联过提单样本如样例 3-1 所示。

📍 议一议

我某出口公司与某外商按 CIF 某港口,即期信用证方式付款的条件达成交易,出口合同和收到的信用证均规定不准转运。我方在规定的装运期内将货物装上直驶目的地的班轮,并以直运提单办理了议付。但承运船只在途经某港时,船公司为接载其他货物,擅自将我方托运的货物卸下,换装其他船只继续驶往目的港。由于中途耽搁,加上换装的船舶设备陈旧,使抵达目的港的时间比正常的直运船的抵达时间晚了两个多月,影响了买方对货物的使用。为此,买方向我出口公司提出索赔,理由是我方提交的是直运提单,而实际上是转船运输,是弄虚作假行为。我方有关业务员认为,合同用的是"到岸价",船舶的舱位亦是我方租订的,船方擅自转船的风险理应由我方承担。因此按对方要求进行了理赔。你认为我方这样做是否妥当? 为什么?

样例 3-1　中国对外贸易运输总公司联运提单

托运人 Shipper		B/L　No.
收货人或指示 Consignee or order		中 国 对 外 贸 易 运 输 总 公 司 北　京 BEIJING 联　运　提　单 COMBINED TRANSPORT BILL OF LADING
通知地址 Notify address		RECEIVED the foods in apparent good order and condition as specified below unless otherwise stated herein.　THE Carrier, in accordance with the provisions contained in this document, 1) undertakes to perform or to procure the performance of the entire transport form the place at which the goods are taken in charge to the place designated for delivery in this document, and 2) assumes liability as prescribed in this document for such transport One of the bills of Lading must be surrendered duty indorsed in exchange for the goods or delivery order
前段运输 Pre-carriage by	收货地点 Place of Receipt	
海运船只 Ocean Vessel	装货港 Port of Loading	
卸货港 Port of Discharge	交货地点 Place of Delivery	运费支付地 Freight payable at　　正本提单份数 Number of original Bs/L

标志和号码 Marks and Nos.	件数和包装种类 Number and kind of packages	货名 Description of goods	毛重（千克） Gross weight(kgs.)	尺码（立方米） Measurement(m³)

以 上 细 目 由 托 运 人 提 供
ABOVE PARTICULARS FURNISHED BY SHIPPER

运 费 和 费 用 Freight and charges	IN WITNESS whereof the number of original Bills of Lading stated above have been signed, one of which being accomplished, the other(s) to be void.
	签单地点和日期 Place and date of issue
	代 表 承 运 人 签 字 Signed for or on behalf of the carrier
	代　　理 as Agents

（5）根据提单内容的繁简，可分为全式提单和略式提单

①全式提单（Long Form B/L）是指不仅在提单正面，而且在提单背面详细列有承运人和托运人的权利、义务条款的提单。

②略式提单（Short Form B/L）是指提单背面无条款，而只列出提单正面必须记载的事项，这种提单一般都列有"本提单货物的收受、保管、运输和运费等事项，均按本公司全式提单上的条款办理"字样。此外，租船合同项下所签发的提单，通常也是略式提单。

（6）根据提单使用有效性可分为正本提单和副本提单

①正本提单（Original B/L）是指提单上有承运人、船长或其代理人签字盖章并注明签发日期的提单。正本提单上须标有"正本（Original）"字样，以示与副本的区别。收货人在目的港提货时必须提交正本提单。

②副本提单（Copy B/L）是指提单上没有承运人、船长或其代理人签字盖章，而仅供工作上参考之用的提单。副本提单上一般都以"Copy"或"Non negotiable"（不作流通转让）字样。

（7）其他种类提单

①集装箱提单（Container B/L）是指以集装箱装运货物所签发的提单。它有两种形式：一种是普通的海运提单上加注"用集装箱装运"字样；另一种是使用"多式联运提单"（Combined Transport B/L），这种提单的内容增加了集装箱号码（Container Number）和"封号"（Seal Number）。使用多式联运提单，应在信用证上注明多式联运提单可以接受（Combined Transport B/L Acceptable）或类似的条款。

②倒签提单（Ante Dated B/L）是指承运人应托运人的要求，签发提单的日期早于实际装船日期的提单。倒签提单不按实际日期签发，是一种欺骗行为，因而是违法的。

③预借提单（Advanced B/L）是指货物尚未装船或尚未装船完毕的情况下，信用证规定的结汇期（即信用证的有效期）即将届满，托运人为了能及时结汇，而要求承运人或其代理人提前签发的已装船清洁提单，即托运人为了能及时结汇而从承运人那里借用的已装船清洁提单。这种提单往往是当托运人未能及时备妥货物或船期延误，船舶不能按时到港载货，估计货物装船完毕的时间可能超过信用证规定的结汇期时，托运人从承运人那里借出用以结汇的提单，当然必须出具保函。签发这种提单承运人要承担更大的风险，可能构成承、托双方合谋对善意的第三者收货人进行欺诈的情况。预借提单所产生的一切责任均由提单签发人承担。

④过期提单（Stale Bill of Lading）是指出口商取得提单后未能及时到银行，或过了银行规定的交单期限未议付而形成过期提单，习惯上也称为滞期提单。按照UCP 600规定，凡超过发运日期21个日历日后提交的提单为过期提单，但在任何情况下都不得迟于信用证的截止日。如信用证效期或信用证规定的交单期早于此期限，则以效期或规定的交单期为最后期限。一般银行不接受过期提单，但过期提单并非无效提单，提单持有人仍然可持提单要求承运人交付货物。

3. 海运提单的格式和内容

提单的格式很多，各个船公司都有自己的提单格式，但基本内容大致相同。一般而言，提单正面通常包括的内容有：托运人、收货人、被通知人、收货

地或装货港、目的港或卸货港、船名及航次、唛头及件号、货名及件数、重量和体积、运费预付或运费到付等内容。

提单的反面印有运输条款,这些条款是确定承运人与托运人以及提单持有人之间的权利和义务的主要依据。为了缓解船、货双方的矛盾并照顾到船货双方的利益,国际上为了统一提单背面条款的内容,曾先后签署了有关提单的国际公约,其中包括以下几方面内容。

(1) 1924 年签署的《关于统一提单的若干法律规则的国际公约》,简称《海牙规则》。

(2) 1968 年签署的《布鲁塞尔议定书》,简称《维斯比规则》。

(3) 1978 年签署的《联合国海上货物运输公约》,简称《汉堡规则》。

由于上述三项公约签署的历史背景不同,内容不一,各国对这些公约的态度也不相同,因此,各国船公司签发的提单背面条款也就有所不同。

📍 看一看

海上货物运输单据除了海运提单以外,还有海运单。海运单(Sea Waybill, Ocean Waybill)是海上运输合同和货物收到的证明单据。海运单不是物权凭证,不可转让,也不能提货,收货人凭到货通知提货。

二、铁路货物运输方式

铁路运输的特点是速度快、运量大、具有高度的连续性。在运输过程中,可能遭受的风险小,全年可以正常运输,是仅次于海洋运输的一种主要运输方式。

(一) 我国境外贸易铁路运输的运营方式

境外贸易铁路运输的运营方式包括国际铁路联运和对港澳地区的铁路运输两个组成部分。

1. 国际铁路联运

国际铁路联运主要是指亚欧大陆各国之间通过铁路运输完成的国际货物运输方式,由《国际铁路货物联运协定》和《国际铁路货物运送公约》两大国际铁路货运组织进行协调。《国际铁路货物联运协定》(简称《国际货协》)。1953 年,中国加入国际货协。根据《国际货协》的规定,凡参加该协定的国家的进出口货物,从发运国家的始发站到收货国家的终点站,只要在始发站办妥托运手续,使用一份运送单据,即可由铁路以连带责任办理货物的全程运输,在由一国铁路向另一国铁路移交货物时无须收、发货人参加。

《国际铁路货物运送公约》(简称《国际货约》)由奥地利、法国、比利时、德国等欧洲国家在原有规则的基础上共同修订,于 1975 年 1 月 1 日生效,目前正式成员共有 49 个。

目前始发的中欧班列想要实现从亚洲到欧洲(从货协缔约成员所在地到货约缔约成员所在地)或者相反方向的运输,除了要进行火车换轨以外,还有一项重要的流程就是进行换单。以中欧班列去程来讲(中国货物出口到欧洲),班列在进入欧洲时(目前绝大多数班列都是经波兰马拉舍维奇),都要办理转关手续,需把国际货协的 CMIC 单换成国际货约的 CIM 单,班列才能继续开往欧洲。同样,开行回程班列时(欧洲货物进口到中国),须在出欧边境站进行申报转关,将 CIM 单换成 CMIC 单,班列才能继续驶向中国。由于频繁的换单很大程度上影响了班列的运行时效,既耽误了时间,也浪费了人力、物力。为解决上述问题,两个运单组织成立了联合工作组,制定了国际货约/国际货协运单(CIM-SMGS Waybill),简称统一运单。与传统运单相比,采用"国际货约/国际货协"统一运单,不仅节约一定费用,还可缩短班列的停留时间。2016 年,重庆中欧班列是唯一使用统一运单的中欧班列(目前只有部分班列使用,其余的亚欧间运输还是在国际铁路组织交接点换票运输)。

2. 对港澳地区的铁路运输

供应香港地区货物的铁路运输,不属于国际铁路货物联运。它的做法是,先从内地将货物由铁路运至深圳北站,经当地相关运输公司接货报关后,再统一向铁路租车,原车过轨,并委托香港相关旅行社续办港段铁路的托运、押送和在终点站交付收货人的工作。因此,它的特点是"租车方式,两票运输"。对于供应澳门的货物,则需由产地经铁路运至广州后,再用卡车或驳船运往澳门。

上述供应香港、澳门的铁路运输货物,凡需凭信用证办理结汇的,都由出口单位凭发货地外运公司签发的"承运货物收据"(Cargo Receipt)随同其他单证办理结汇手续。

◉ 看一看

自 2011 年 3 月 19 日,首列中欧班列(重庆—杜伊斯堡,渝新欧国际铁路)成功开行,到 2018 年底,中欧班列累计开行超过 11000 列,运行线路达到 65 条,通达欧洲 15 个国家的 44 个城市,累计运送货物 92 万标箱。越来越多国际铁路货运的开行连通了欧亚大陆和东西半球两大市场,促使我国与欧洲各国市场的关系越来越密切。

国际铁路货运的优势对各产业来说都是盈利点,因而国际铁路货运的开行有效促进了全国多个省市多个产业的快速发展。铁路方为确保国际货运能够安全、快速和顺利地送达,从以下三个方面加强了管理。

在途管理上,通过中控信息平台监控系统对列车车辆进行实时监控、定位、跟踪,安排定时列检,若发生车门未关紧或其他突发状况能及时发现以便及时采取应对措施,提升运送过程的智能性、安全性。

在成本管理上,国际铁路货运班列的运输更具安全性基础,中欧班列运行时间与海运(约 45 天)相比节省了 28 天左右,在运费上比空运又节省 50% 以上。现今的成本管理拥有信息技术的支撑,更准确、更可信。

在线路管理上,铁路货运有固定的送货线路,地理位置、周边环境、交通状况能提前确认,提升了货物送达的准确性和灵活性。

总之,"一带一路"已经成为一种趋势,每一条国际铁路线的开通都给沿线国家与地区带来新一轮的发展机会,各产业应以全新的发展思维来迎接这一崭新的时代,携手创造共赢。

(二)铁路运输单据

国际铁路联运和对港澳地区的铁路运输分别使用不同的运输单据,前者使用国际铁路联运运单,后者使用境内铁路运单,由于境内铁路运单不能作为结汇凭证,故使用承运货物收据这种特定性质和格式的单据。现将国际铁路联运单据和承运货物收据介绍如下。

1. 国际铁路货物联运运单

国际铁路运单(International Railway Through Transport Bill)是指铁路承运国际联运货物时出具的凭证,亦为铁路与货主之间缔结的运输契约。该运单从始发站随同货物附送至终点站并交给收货人,作为铁路同货主交接货物、核收运杂费用及处理纠纷的依据。国际铁路联运运单副本,在铁路加盖承运日期戳记后还给发货人,作为卖方向银行结算货款的主要凭证。

正如前文提到的,国际铁路货物联运涉及两大不同的铁路运输管理组织,需要进行中途换单的操作,比较耗时、操作也烦琐,应推广使用统一运单。

2. 承运货物收据

承运货物收据(Cargo Receipt)是指对香港、澳门的铁路运输中,承运人收到货物装上火车并取回铁路证明后签发给托运人的货物收据。

由于对港澳地区的铁路运输是一种特定的运输方式,铁路部门承运供港货物后,只负责发至深圳北站(或广州南站),货抵深圳后,由深圳外运公司代表发货人向铁路办理租车,然后过轨去香港,由外运公司在香港的代理旅行社继续办理港段运输,因此,对港澳的出口运输实质上是两票运输,因境内铁路运单不能作为对外结汇的凭证,各外运公司以货运代理人的身份向发货人签发经深圳中转香港货物的承运货物收据,作为银行结汇凭证。

承运货物收据相当于海运提单或联运运单副本,它既代表货物所有权,又是香港收货人的提货凭证。

样例 3-2　境内铁路货运单/承运货物收据

铁路货运单正面

货物指定于　　月　　日搬入　　××铁路局　　领货凭证

承运人/托运人装车
承运人/托运人施封

货位：　　货　物　运　单　　车种及车号
计划号码或运输号码：　　货票第　　号　　货票第　　号
运到期限　　日　　托运人→发站→到站→收货人　　运到期限　　日

托运人填写					承运人填写				
发　站		到站（局）			车种车号		货车标重		
到站所属省、自治区、直辖市					施封号码				
托运人　名称					经　由	铁路货车篷布号码			
托运人　住址		电话				集装箱号码			
收货人　名称					运价里程				
收货人　住址		电话							
货物名称	件数	包装	货物价格	托运人确定重量（公斤）	承运人确定重量（公斤）	计费重量	运价号	运价率	运费
合　计									
托运人记载事项：	保险：				承运人记载事项：				
注：本单不作为收款凭证，托运人签约须知见背面。规格：350毫米×185毫米					托运人盖章或签字　年　月　日		到站交付日期戳	发站承运日期戳	

发　站		
到　站		
托 运 人		
收 货 人		
货物名称	件数	重量
托运人盖章或签字		
发站承运日期戳		
注：收货人领货须知见背面		

三、航空运输、邮包运输和管道运输

(一) 航空运输

航空运输的优点是交货迅速,安全准确,货损率低,节省包装、保险和储存等费用,货物可以运往世界各地而不受地面条件限制。它适用于体轻而贵重,量少而急需的货物运输,有利于适应国际市场竞争、抢行就市、争售好价。

国际航空运输有班机运输、包机运输、委托外运公司集中托运和航空速递运送等方式。航空速递运送也叫快件或快运业务(Air Courier or Express Cargo Service),它以运送急需的药品、精密仪器、电子元件、图纸资料、货样和商务文件为主,这是当前国际航空运输中发展得最快捷的运输方式。航空货物的运费以公斤为计算单位。凡体积大而重量轻的则以每 6000 立方厘米(或 365 立方英寸)折算为 1 千克。

航空运单(Air Waybill)是航空公司和托运人之间订立的运输合同。货到目的地后,收货人凭航空公司的"到货通知"提货。航空运单同铁路运单一样,不代表货物所有权,并且不可转让。

(二) 邮包运输

邮包运输的特点是手续简便,费用不高,具有广泛的国际性和"门到门"的运输性质。根据各国邮政规定,国际邮包每件重量不超过 20 千克,长度不能超过 1 米。这种运输方式适宜于量轻体小的商品。

邮包收据(Parcel Post Receipt)是邮包运输的主要单据,它既是邮局收到寄件人的邮包后所签发的凭证,也是收件人凭以提取邮件的凭证,当邮包发生损坏或灭失时,它还可以作为索赔和理赔的依据。邮包收据亦不是物权凭证。

(三) 管道运输

管道运输是随着石油生产蓬勃发展而产生的。管道运输(Pipeline Transport)是用管道作为运输工具的一种长距离输送液体和气体物资的运输方式,是一种专门由生产地向市场输送石油、煤和化学产品的运输方式,是统一运输网中干线运输的特殊组成部分。管道运输石油产品比水运费用高,但仍然比铁路运输便宜。

管道运输运输量大,连续、迅速、经济、安全、可靠、平稳,投资少、占地少、费用低,可实现自动控制。除广泛用于石油、天然气的长距离运输外,还可运输矿石、煤炭、建材、化学品和粮食等。管道运输可省去水运或陆运的中转环节,缩短运输周期,降低运输成本,提高运输效率。当前管道运输的发展趋势是:管道的口径不断增大,运输能力大幅度提高;管道的运距迅速增加;运输物资由石油、天然气、化工产品等流体逐渐扩展到煤炭、矿石等非流体。

📍 **看一看**

管道对于运送石油和天然气十分重要。2007 年,中国已建油气管道的总长度约 6 万千米,其中原油管道 1.7 万千米,成品油管道 1.2 万千米,天然气管道 3.1 万千米。中国已逐渐形成了跨区域的油气管网供应格局。吐库曼斯坦和西西伯利亚至中国的输气管线等,不仅为中国,也为世界管道业提供了发展机遇。中国目前已建成大庆至秦皇岛、胜利油田至南京等多条原油管道运输线。

四、集装箱运输、国际多式联合运输、大陆桥运输

（一）集装箱运输

集装箱运输是指把一定数量的单件货物集装在一个特定箱子内作为一个运输单位的运输。

集装箱运输的优点是，可以加速货物装卸，提高港口吞吐能力，加速船舶周转，减少货损货差，节约包装材料，减少运杂费用，降低营运成本，简化货运手续等。这种运输方式的出现，改变了传统的运输格局，对贸易方式、国际惯例以及有关国际公约都产生了深远的影响，被世界各国誉为货物运输的一场革命。

1. 根据集装箱货物装箱数量和方式分类

（1）整箱货（Full Container Load，FCL）

由发货人负责装箱、计数、积载并加铅封的货运。整箱货的拆箱，一般由收货人办理。但也可以委托承运人在货运站拆箱。可是承运人不负责箱内的货损、货差，除非货方举证确属承运人责任事故的损害，承运人才负责赔偿。承运人对整箱货，以箱为交接单位。只要集装箱外表与收箱时相似和铅封完整，承运人就完成了承运责任。整箱货运提单上，要加上"委托人装箱、计数并加铅封"的条款。

（2）拼箱货（Less Than Container Load，LCL）

整箱货的相对用语，指装不满一整箱的小票货物。这种货物，通常是由承运人分别揽货并在集装箱货运站或内陆站集中，而后根据货类性质和目的地进行分类整理，把去同一目的地的两票或两票以上的货物拼装在一个集装箱内，最后在目的地的集装箱货运站或内陆站拆箱，分别交货。对于这种货物，承运人要负担装箱与拆箱作业，装拆箱费用仍向货方收取。承运人对拼箱货的责任，基本上与传统杂货运输相同。

2. 根据集装箱交接方式分类

（1）整箱交

整箱接（FCL/FCL）货主在工厂或仓库把装满货后的整箱交给承运人，收货人在目的地整箱接货，换言之，承运人以整箱为单位负责交接。货物的装箱和拆箱均由货方负责。

（2）拼箱交

拆箱接（LCL/LCL）货主将不足整箱的小票托运货物在集装箱货运站或内陆转运站交给承运人，由承运人负责拼箱和装箱，运到目的地货运站或内陆转运站，由承运人负责拆箱，拆箱后，收货人凭单接货。货物的装箱和拆箱均由承运人负责。

（3）整箱交

拆箱接（FCL/LCL）货主在工厂或仓库把装满货后的整箱交给承运人，在目的地的集装箱货运站或内陆转运站由承运人负责拆箱后，各收货人凭单接货。

（4）拼箱交

整箱接（LCL/FCL）货主将不足整箱的小票托运货物在集装箱货运站或内陆转运站交给承运人。由承运人分类调整，把同一收货人的货集中拼装成整箱，运到目的地后，承运人以整箱交，收货人以整箱接。上述各种交接方式中，整箱交、整箱接效果最好，也最能发挥集装箱的优越性。

3. 根据贸易条件所规定的交接地点不同分类

（1）门到门（Door to Door）

从发货人工厂或仓库至收货人工厂或仓库。

（2）门到场（Door to CY）

从发货人工厂或仓库至目的地或卸货港的集装箱堆场（Container Yard，CY）。

（3）门到站（Door to CFS）

从发货人工厂或仓库至目的地或卸货港的集装箱货运站（Container Freight Station，CFS）。

（4）场到门（CY to Door）

从启运地或装箱港的集装箱堆场至收货人工厂或仓库。

（5）场到场（CY to CY）

从启运地或装箱港的堆场至目的地或卸箱港的集装箱堆场。

（6）场到站（CY to CFS）

从启运地或装箱港的集装箱堆场至目的地或卸箱港的集装箱货运站。

（7）站到门（CFS to Door）

从启运地或装箱港的集装箱货运站至收货人工厂或仓库。

（8）站到场（CFS to CY）

从启运地或装箱港的集装箱货运站至目的地或卸箱港的集装箱堆场。

（9）站到站（CFS to CFS）

从启运地或装箱港的集装箱货运站至目的地或卸箱港的集装箱货运站。

（二）国际多式联运

国际多式联运（International Multimodal Transport 或 International Combined Transport）是在集装箱运输的基础上发展起来的，它是按照多式联运合同，以至少两种不同的运输方式，由多式联运经营人将货物从一国境内收受货物的地点运至另一国境内指定交货地点的一种运输方式。

1. 国际多式联运应具备的条件

根据《联合国国际货物多式联运公约》的规定，进行多式联运必须具备下列条件。

（1）有一个多式联运合同。

（2）使用一份多式联运单据。

（3）是至少两种不同运输方式的连贯运输。

（4）是国际货物联运。

（5）由一个多式联运经营人对全程运输负责。

（6）按全程单一运费率，以包干形式一次收取。

国际多式联运经营人对全程运输承担总的责任，是整个运输的总承运人和多式联运合同的履行者，承担从接收货物开始一直到交付货物为止的全程运输。多式联运经营人可以自己办理全程中的一部分实际运输，也可以不办理任何实际运输业务，而把全程各段运输业务分别委托各段承运人办理。

因此，多式联运经营人可以是实际承运人，也可以是无船经营人。其任务和责任是：

接收货主的委托,选择最佳运输路线,把多种运输方式结合起来运送货物。而货主只需办理一次委托,支付一次费用,由联运经营人负责签发全程联运单据,负责全程运输责任,即使在内地发货,也只要在货物装上第一程运输工具并取得单据后,就可凭此向银行办理结汇。

目前,我国对外贸易货物采用这种方式的已日渐增多,因其手续简便、安全准确、运送迅速,又能提早结汇。作为多式联运经营人的中国远洋运输公司和中国对外贸易运输公司在欧洲、美洲、大洋洲、非洲和亚洲的日本等地开辟了几十条联运路线。

2. 国际多式联运的特点

国际多式联运的特点,主要有以下三个方面。

(1)具有集装箱货物运输的安全性和高效性

国际多式联运的货物是集装箱或集装化的货物,这使得国际多式联运具有集装箱运输的高效率、高质量和高技术的特点。

(2)具有简单性、统一性

国际多式联运是实行一票到底全程单一费率的运输,发货人只办理一次托运、一次计付运费、一次保险,通过一张运输单据就可实现从启运地到目的地的全程连贯的货物运输。

(3)能降低运输成本

国际多式联运经营人可以通过货物运输路线、运输方式和对各区段实际承运人的选择,来提高运输速度,而且还可以降低运输成本。

3. 国际多式联运单据

国际多式联运单据(Multimodal Transport Documents,MTD)是指在国际多式联运情况下,由多式联运经营人所签发的证明货物已由其接管,并对货物运输全程负责,按照合同条款交付货物的一种单据。

国际多式联运单据与联运提单不同,其区别主要表现如下。

(1)责任范围不同

国际多式联运单据的多式联运经营人对全程负责,联运提单的联运经营人只对第一程负责。

(2)单据签发的对象不同

联运提单由承运人、船长或其代理人签发;多式联运单据则由多式联运经营人或其授权人签发。多式联运经营人可以是完全不掌握运输工具的无船承运人(Non-Vessel Operating Common Carrier),全程运输由经营人安排并负责,而联运提单的签发人仅对第一程运输负责。

(3)联运组成的方式不同

国际多式联运单据的运输可以由任何两种或两种以上的方式组成;联运提单的运输仅指海运和其他运输方式的结合,且海运必须为联运中必不可少的第一程运输。

(4)单据记载的事项不同

国际多式联运单据可以不表明货物已装船,也无须载明具体的运输工具;联运提单必须表明货物已装船并载明具体装船的船名和装船日期。

（三）大陆桥运输

大陆桥运输(Land Bridge Transport)是指一般以集装箱为媒介,使用横贯大陆上的铁路或公路运输系统作为中间桥梁,把大陆两端的海洋连接起来,构成海—陆—海的一种运输方式。

目前,亚洲、欧洲的陆桥运输线路有西伯利亚大陆桥、北美大陆桥和新亚欧大陆桥。

1. 西伯利亚大陆桥

西伯利亚大陆桥,是利用俄罗斯西伯利亚铁路作为陆地桥梁,把东亚、东南亚、南亚、中亚地区与波罗的海、黑海沿岸及西欧大西洋口岸连接起来。此条大陆桥运输线东起海参崴的纳霍特卡港口,横贯欧亚大陆,至莫斯科。然后分三路,一路自莫斯科至波罗的海沿岸的圣彼得堡港,转船往西欧、北欧港口;一路从莫斯科至俄罗斯西部国境站,转欧洲其他国家铁路(公路)直运欧洲各国;另一路从莫斯科至黑海沿岸,转船往中东、地中海沿岸。所以,从东亚、东南亚、南亚、中亚地区至欧洲,通过西伯利亚大陆桥有海—铁—海,海—铁—公路和海—铁—铁三种运送方式。

从20世纪70年代初以来,西伯利亚大陆桥运输发展很快。目前,它已成为东亚、东南亚、南亚、中亚地区往返西欧的一条重要运输路线。日本是利用此条大陆桥的最大顾主。20世纪80年代,日本利用此大陆桥运输的货物数量每年都在10万个集装箱以上。

西伯利亚大陆桥也存在如下三个主要问题。

(1) 运输能力易受冬季严寒气候影响,港口有数月冰封期。

(2) 货运量西向约是东向的两倍,来回运量不平衡,集装箱回空成本较高,影响了运输效益。

(3) 运力仍很紧张,铁路设备陈旧。随着新亚欧大陆桥的正式营运,这条大陆桥的地位正在下降。

2. 北美大陆桥

北美大陆桥是指利用北美的大铁路从东亚、东南亚、南亚、中亚地区到欧洲的"海—陆—海"联运。该陆桥运输包括美国大陆桥运输和加拿大大陆桥运输。美国大陆桥有两条运输线路:一条是从西部太平洋沿岸至东部大西洋沿岸的铁路和公路运输线;另一条是从西部太平洋沿岸至东南部墨西哥湾沿岸的铁路和公路运输线。它是世界上历史最悠久、影响最大、服务范围最广的陆桥运输线。

3. 新亚欧大陆桥

新亚欧大陆桥东起中国的连云港,西至荷兰鹿特丹港,全长10837千米,其中在中国境内4143千米,途经中国、哈萨克斯坦、俄罗斯、白俄罗斯、波兰、德国和荷兰7个国家,可辐射到30多个国家和地区。1990年9月,中国铁路与哈萨克铁路在德鲁日巴站正式接轨,标志着该大陆桥的贯通。1991年7月20日开通了新疆—哈萨克斯坦的临时边贸货物运输。1992年12月1日由连云港发出首列国际集装箱联运"东方特别快车",经陇海、兰新铁路,西出边境站阿拉山口,分别运送至阿拉木图、莫斯科、圣彼得堡等地,标志着该大陆桥运输的正式开通。近年来,该大陆桥运量逐年增长,并具有巨大的发展潜力。

看一看

陆桥运输不仅包括上述大陆桥运输,还包括小陆桥(Mini-Bridge)运输和微型陆桥(Micro-Bridge)等运输组织形式。

小陆桥运输(Miniland Bridge,MLB)是指货物以国际标准规格集装箱为容器,从日本港口海运至美国、加拿大西部港口卸下,再由西部港口换装铁路集装箱专列或汽车运至北美东海岸和加勒比海区域及相反方向的运输。这种运输由于不必通过巴拿马运河,所以可以节省时间。小陆桥运输全程使用一张海运提单,由海运承运人支付路上运费,由美国东海岸或墨西哥港口转运至目的地的费用由收货人负担。小陆桥运输从运输组织方式上看与大陆桥运输并无大的区别,只是其运送的货物的目的地为沿海港口。

微型陆桥运输(Microland Bridge)是指日本到美国内陆地区的货物,在西海岸港口上陆后,直接由陆上运输运到美国内陆地区的城市。此种形式可免去收货人到港口去办理报关、提货等进口手续,方便了货主,这便是微型陆桥运输。

微型陆桥运输是在小陆桥运输的基础上派生出来的,其运输线路较之小陆桥运输又有缩短。微型陆桥运输全程也使用一张海运提单,铁路运费也由海运承运人支付。微型陆桥运输与小陆桥运输的区别在于铁路运费,前者从东岸港口或墨西哥湾至最终目的地的运费由承运人负责,而后者从东岸港口或墨西哥湾至最终目的地的运费由收货人承担。

五、合同中的装运条款

拟定合同
中的装运条款

在国际货物买卖合同中,装运条款一般须明确装运时间、装运港和目的港、能否分批和转运等内容。

(一)装运时间

国际贸易买卖双方在货物交接过程中承担的责任是根据所采用的贸易术语决定的。因此,"装运时间"和"交货时间"的概念也不完全一样。在传统的 FOB、CIF 和 CFR 条件下,卖方把货物在装运港装上了船,取得了货运单据并将其交给买方,即可认为履行了交货任务。所以习惯上常把"交货"(Delivery)的概念与"装运"(Shipment)等同起来。同样,在使用上述三种贸易条件的情况下,货物的装运时间(Time of Shipment)与交货时间(Time of Delivery)也是一致的。

1. 交货时间的规定方法

由于国际运输复杂多变,有时还会产生一些难以预料的情况,因此,交货时间一般是规定一个期限,而不是某个具体日期。期限有长有短,可以是两周、三周或一个月内交货,也可以是两个月、一个季度或更长一些时间。

目前,交货时间有以下几种规定方法。

(1)规定在某月内装运

【例 3 - 12】 一月份装运。

Shipment during Jan.

按此规定,全部成交货物可在 1 月 1 日到 1 月 31 日这一期限内的任何一天装运。

（2）规定在某月月底以前装运

【例 3 - 13】 例如六月底或以前装运。

Shipment at or before the end of June.

（3）规定在某月某日以前装运

【例 3 - 14】 例如 7 月 15 日或以前装运。

Shipment on or before July 15th.

即自订立合同之日起，最迟不超过 7 月 15 日装运。

（4）跨月装运，即规定在某两个月、三个月或几个月内装运

【例 3 - 15】 1/2 月份装或 1/2/3 月份装运。

Shipment during Jan./Feb.（或 Jan./Feb. Shipment）；Shipment during Jan./Feb./Mar.（或 Jan./Feb. /Mar. Shipment）.

即指货物可分别在 1 月 1 日到 2 月 28/29 日或 1 月 1 日到 3 月 31 日这一期限内的任何一天装运。

以上四种方法，都明确规定了具体的期限，在国际贸易中应用较广。这样规定，卖方可有一定时间备货和安排运输，买方也可预先作好支付货款和接货准备。

（5）对于某些外汇管制较严的国家和地区，或者专为买方制造的特定商品，为了防止买方不按时履行合同而造成损失，也可规定在收到信用证后一定时间内装运。

【例 3 - 16】 收到信用证后 30 天内装运。

Shipment within 30 days after receipt of L/C.

由于交货期是以买方开出信用证为前提，如买方拖延或拒绝开证则卖方仍很被动，因而一般还应同时规定开立信用证的期限。

【例 3 - 17】 买方必须不迟于(某月某日)将信用证开到卖方。

The L/C must reach the seller not later than...(date).

在买方急需而卖方又备有现货的情况下，有的合同采用"近期交货"作为交货时间。

【例 3 - 18】 立即装运——Immediate Shipment；即期装运——Prompt Shipment；尽快装运——Shipment as Soon as Possible.

由于各国对近期交货术语的含义解释不一，因此，除非买卖双方对它们的含义取得一致认识，否则尽量避免使用。

2. 规定交货时间应考虑的问题

规定交货时间必须恰当可行，一般应结合下列情况考虑决定。

（1）货源情况

货源是履行出口合同的基础，在出口业务中规定交货时间必须与库存品种的规格和数量相适应。对尚待生产的货物，要考虑生产安排的可能性和生产周期长短。对于大宗交易的商品，如粮油、矿砂、煤炭等，因交货数量大，一般以采取跨月交货条款为宜。

（2）运输情况

合同规定由我方负责租船订舱时，对装运时间的规定，要考虑我国与有关国家间的运输能力、航线、港口条件等情况，对有直达船和航次较多的港口，装运期可短一些；对无直达船或较偏僻的港口，以及虽有直达船但航次较少的港口，装运期要规定长一些。对某些

国家、地区,还要尽量避开冰冻期或雨季,必要时还应规定分批装运条款。

(3)市场情况

规定装运期要与国外市场需求的季节性相适应,以提高我国出口商品在国外市场上的竞争能力,特别是节日供应商品和临时特殊需要的商品,还要适当考虑航程的远近等因素。

(4)商品情况

规定装运期还应考虑商品本身的性质和特点。如烟叶易受潮发霉,应避免在雨季装运;沥青、牛羊油易受热溶化,应避免在夏季装运。

(二)装运港和目的港

装运港(Port of Shipment)是指货物起始装运的港口,对于 FOB 合同,装运港为合同要件;目的港(Port of Destination)是指最终卸货的港口,对于 CIF 合同,目的港为合同要件。装运港和目的港的确定,不仅关系到卖方履行交货义务和货物风险何时转移,而且关系到运费、保险费以至成本和售价的计算等问题,因此必须在合同中具体规定。

1. 装运港的规定方法及注意事项

装运港一般由卖方提出,买方同意后确定。应选择接近货源地、储运设施较完备的港口,同时考虑港口和国内运输的条件及费用水平。

(1)一般情况下,规定一个装运港,例如,在大连港装运(Shipment From Dalian)。

(2)如数量较大或来源分散,集中一点装运有困难,可规定两个或两个以上装运港。

(3)有时货源不十分固定,可不规定具体港口。例如,在中国港口装运(Shipment From Chinese Port)。目前,我国的装运港主要有大连港、秦皇岛港、香港港、烟台港、青岛港、连云港、南通港、上海港、宁波港、温州港、福州港、厦门港、汕头港、广州港、黄埔港、湛江港、北海港及台湾的基隆港和高雄港等。

2. 目的港的规定方法及注意事项

(1)目的港的规定方法

目的港一般由买方提出,卖方同意后确定。通常规定一个目的港;有时明确目的港有困难,买方可规定两个或两个以上的目的港;个别也有作笼统规定的,如目的港:伦敦/利物浦/曼彻斯特(Port of Destination:London/ Liverpool/ Manchester.),或目的港:欧洲主要港口(European Main Ports,即 EMP)。

(2)注意事项

在出口交易中,选择目的港应当注意的问题如下。

①力求具体明确。如"西欧主要港口",因对主要港口的概念无统一解释,易引起纠纷,应避免使用。但在实际业务中,也可允许在同一区域规定两个或两个以上的邻近港口作为可供选择的目的港,以照顾那些在订约时不能确定目的港的中间商客户。但要明确规定,选港增加的运费、附加费由买方承担;买方必须在开证同时告知最后目的港。

②注意目的港的条件。比如,有无直达班轮航线,装卸条件及运费、附加费水平等。这些关系到货运成本及租船订舱等问题。

③一般不接受指定某个码头卸货。如需要可视船方能否接受,再作规定。

④注意国外港口有无重名问题。为了避免错发错运,应明确目的港所在国和地区。

⑤不能接受内陆城市为目的港的条件(多式联运除外)。对内陆国家出口,应选择距离该国目的地最近的港口为目的港。

议一议

广州某进出口公司欲向加拿大客商销售一批食品。外商提出每袋 50 美元 CIF 魁北克,运输方式为海运,交货期为当年的 12 月份。试分析,我方能接受吗？为什么？

(三) 分批装运和转船

1. 分批装运及其规定方法

(1) 分批装运概述

分批装运

分批装运(Partial Shipment)是指一笔成交的货物,分若干批次在不同航次、车次、班次装运。而同一船只、同一航次中多次装运货物,即使提单装船日期不同,装货港口不同,也不能按分批装运论处。

(2) 分批装运的原因

①数量大,卖方不能做到货物一次交付或备货资金不足。

②有的进口商没有自己的仓库,货到后直接送工厂加工。提前到货无处存放,迟交货可能造成停产。

③运输条件的限制。

(3) 分批装运的规定方法

①只注明允许分批装运,但不作具体规定。例如,Partial shipment is allowed.

②规定时间和数量的分批。例如,7、8、9 月每月装 1000 吨。规定等量分批装运时,最好在等量前加"约"字,以便灵活掌握。类似限批、限时、限量的条件,卖方应严格履行约定,只要其中任何一批未按时、按量装运,就可作为违反合同论处。如采用 L/C 支付,一批未按时交付,则本批及以后各批均告失效。

③规定不准分批装运。例如,Partial shipment is not allowed.

议一议

上海进出口公司对国外出口 10000 吨大豆,信用证规定不准分批装运。由于货在不同产地,该公司在规定的装运期限内,分别在大连、天津新港各装 5000 吨于同一航次的"奋发"号船上,提单上转运地和装运日各栏内分别注明了大连、天津新港和不同的装运日期。请分析:这会构成分批装运吗？为什么？

2. 转船装运及其规定方法

货物装运后,需要通过中途港转运的称为转船(Transshipment),买卖双方可以在合同中商定"允许转船"(Transshipment to Be Allowed)条款。

在货运中转船有时无法避免,比如无直达船舶或者规定用集装箱装运,但装运港无装卸设备,须集中到其他口岸装箱。

3. 分批装运和转船的有关规定

在信用证业务中,除非信用证明示不准分批装运和转船,否则卖方有权分批装运和转船。另外按照 UCP 600 的规定,同一船只同一航次中的多次装运,即使提单中表示了不同的装期及装运港,也不视作分批装运。

4. 出口合同中的分批装运和转运条款,通常与交货(装运)时间结合订立

举例如下。

【例 3 - 19】 10/11/12 月份装运,允许分批和转运。

Shipment during Oct./Nov./Dec. with partial shipments and transshipment allowed.

【例 3 - 20】 2018 年 1/2 月份分两批装运。

Shipment during Jan./Feb., 2018 in two lots.

【例 3 - 21】 2018 年 1/2 月份分两批大约平均装运。

Shipment during Jan./Feb., 2018 in two about equal lots.

【例 3 - 22】 2018 年 1/2/3 月份每月各装一批。

Shipment during Jan./Feb./Mar., 2018 in three monthly lots.

【例 3 - 23】 2018 年 1/2/3 月份每月平均装运。

Shipment during Jan./Feb./Mar., 2018 in three equal monthly lots.

(四)备货通知、派船通知和装船通知

1. 备货通知

按照 FOB 条件成交的合同,应由买方派船接货,为保证船货衔接,在合同中还应订上卖方备货通知和买方派船通知的条款。备货通知是指卖方应在预备交货前若干天(如 30 天或 45 天)将备货情况电告买方,以便买方能安排派船接货。

2. 派船通知

派船通知是指买方收到卖方的备货通知,并办妥租船订舱手续后,应将有关船只的情况,包括船名、船籍、吨位、预计到达的日期等内容,以电报通告卖方,以便卖方安排装船。

3. 装船通知

至于装船通知则是指在 FOB、CFR 和 CIF 合同下,卖方将货装船完毕后,必须迅速通知买方有关货物和船舶的情况,以便买方办理保险和准备接货。这是卖方的一项重要法律责任。在实际业务中,有的合同明确订上这一内容,有的合同不订,但即使合同中无规定,卖方装货后均必须迅速发出此项通知。

(五)滞期、速遣条款

在租船装运的大宗交易合同中,还必须订立滞期和速遣的特殊条款。由卖方租船送货时,会发生卸货快慢的问题;由买方租船接货时,会发生装船快慢的问题。从租船方来说,总希望能快装或快卸,因而会要求在合同中规定每天的装货率或卸货率,装卸货时间及计算方式,滞期费和速遣费的标准等项内容。

滞期费是指在规定的装卸期限内,租船人未完成装卸作业,给船方造成经济损失,租船人对超过的时间应向船方支付的一定罚金。

速遣费是指在规定的装卸期限内,租船人提前完成装卸作业,使船方节省了船舶在港的费用开支,船方应向租船人就可节省的时间支付一定的奖金。按惯例,速遣费一般为滞期费的一半。滞期费和速遣费通常约定为每天一定金额,不足一天者,按比例计算。

实操训练

杭州万向纺织品进出口公司的业务员陈景与 Accessory Network Group LLC 的 Bill Peril 几经磋商后,最终达成 CIFC5 New York 交易条款,制定的运输条款如下。

1. Port of Loading & Destination:from Ningbo, China to New York, USA. Partial shipment and transshipment allowed.

2. Time of shipment:during August,2018.

任务布置

(一) 业务背景

杭州万溪进出口有限公司与美国 Libra International Trading 公司就一批女式 T 恤衫进行了贸易磋商,双方就合同的装运交易条件达成一致。

(二) 操作资料

商品编号:02009　　　　　海关代码:6109100022

中文名称:女式 T 恤衫　　　英文名称:Women's T-shirt

产　　地:China

装运港:上海,中国

目的港:纽约

装运期限:2017 年 3 月 15 日前

分批、转船:允许

Unit Price:US$ 4.00/Pc CIF New York

Total Amount:US$ 13920.00

Shipping Mark:

LIBRA

NO.1...UP

每箱 20 件;颜色:黑色;面料成分:全棉

20 pcs Per Carton, Color:Black, Fabric Content:100% Cotton

(三) 操作要求

请以杭州万溪进出口有限公司业务员身份,根据上述资料用英语拟定销售确认书见样例 3-3 中的相关项目。

样例 3-3　销售确认

杭州万溪进出口有限公司

HANGZHOU WANXI IMPORT & EXPORT CO.,LTD

NO.896 XIXI ROAD, HANGZHOU, ZHEJIANG PROVINCE, CHINA

TEL：(0571)87171376　销售确认书　S/C NO.：

FAX：(0571)87171376　SALES CONFIRMATION　DATE：

TO Messrs：

谨启者：兹确认售予你方下列货品,其成交条款如下：

Dear Sirs,

　　We hereby confirm having sold to you the following goods on terms and conditions as specified below：

唛头 SHIPPING MARK	货物描述 DESCRIPTIONS OF GOODS	数量 QUANTITY	单价 UNIT PRICE	总值 TOTAL AMOUNT

总额(大写)(TOTAL VALUE)：

包装(PACKING)：

装运港(LOADING PORTS)：

目的港(DESTINATION)：

装运期限(TIME OF SHIPMENT)：

分批装运(PARTIAL SHIPMENT)：

转船(TRANSSHIPMENT)：

任务四　拟定保险条款

情景呈现

　　杭州万向纺织品进出口公司的业务员陈景与 Accessory Network Group LLC 的 Bill Peril 就出口男士 T 恤衫的品质、数量、包装、价格及装运条件达成一致后,准备拟定该货物运输过程中的保险条款,那么保险条款应该包括哪些内容呢？应如何拟定合同中的保险条款呢？

任务目标

　　能根据实际业务计算保险费,能正确拟定外销合同中的保险条款。

相关知识

一、海上货物运输保险承保的范围

海上货物运输保险承保的范围包括海上风险、海上损失与费用及海上风险以外的外来风险和损失,正确理解海上货物运输保险承保的范围对于我们了解保险条款、选择投保险别及一旦货物发生损坏和灭失正确处理索赔等都有十分重要的意义。海上货物运输保险承保范围如图 3-9 所示。

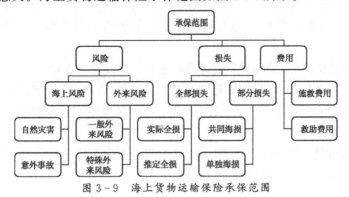

图 3-9 海上货物运输保险承保范围

(一) 海上风险(又称海难)和损失

1. 海上风险

海上风险是保险业中的专门术语,包括海上发生的自然灾害和意外事故,但并不包括海上的一切危险。

(1) 自然灾害

不以人们的意志为转移的自然界力量所造成的灾害。但在海上保险业务中,它并不泛指一切由于自然力量所造成的灾害,而是仅指恶劣气候、雷电、洪水、地震、海啸、火山爆发等人力不可抗拒的灾害。

(2) 意外事故

由于偶然的、非意料中的原因造成的事故,如搁浅、触礁、沉没、碰撞、火灾、失踪等。

2. 海上损失

被保险货物在海洋运输中,因遭受海上风险而引起的损失和费用。按照海运保险业务的一般习惯,海上损失还包括与海运相连的陆上或内河运输中所发生的损失与费用。海上损失按损失程度的不同可分为全部损失和部分损失。

(1) 全部损失(Total Loss)

被保险货物遭受全部损失。按损失情况的不同又分为实际全损和推定全损。

①实际全损(Actual Total Loss)

被保险货物完全灭失或完全变质,或者货物实际上已不可能归还被保险人。构成实际全损的有以下四种情况。

a. 被保险货物在保险事故发生后,已完全灭失或损坏(如船只遭遇海难后沉没,货物

同时沉入海底)。

b. 被保险人对其货物所有权已无可挽回地被完全剥夺(如船只被海盗劫去,货物被敌方扣押等)。

c. 被保险货物遭受严重损害,已丧失原有用途和商业价值(如茶叶经水泡后,虽未灭失但已不能饮用)。

d. 船舶失踪,达到一定时期(如半年无音讯)。

②推定全损(Constructive Total Loss)

货物发生保险事故后,认为实际全损已不可避免,或者为避免发生实际全损所支付的费用与继续将货物运抵目的地的费用之和超过保险价值的,称为推定全损。归纳起来有以下几种情况。

a. 被保险货物受损后,修理费用估计要超过货物修复后的价值。

b. 被保险货物受损后,整理和续运到目的地的费用,将超过货物到达目的地的价值。

c. 被保险货物的实际全损已经无法避免,或为避免发生实际全损所支付施救的费用将超过获救后标的价值。

d. 保险标的遭受保险责任范围内的事故,被保险人失去标的所有权,而收回这一所有权其所需花费的费用,将超过收回后的标的价值。

看一看

发生推定全损后,被保险人可以按照保险标的的实际损失索赔部分损失,也可以选择索赔全部损失。如果选择全损赔偿,应先委付保险标的,即表明愿意将对保险标的的全部保险利益转让给保险人,而要求保险人以全部损失予以赔偿。

(2) 部分损失(Partial Loss)

货物的损失没有达到全部损失的程度。按货物的损失性质又可分为共同海损和单独海损。

议一议

货轮在海上航行时,某舱发生火灾,船长命令灌水施救,扑灭大火后,发现纸张已烧毁一部分,未烧毁的部分,因灌水后无法使用,只能作为纸浆处理,损失原价值的80%。另有印花棉布没有烧毁但有水渍,使该布降价出售,损失该货价值的20%。问:纸张损失80%,棉布损失20%,都是部分损失吗?为什么?

①共同海损(General Average)

载货的船舶在海上遇到灾害、事故,威胁到船、货等各方面的共同安全,为了解除这种威胁,维护船货安全,或使航程得以继续完成,由船方有意识地、合理地采取措施所做出的某些牺牲或支出某些额外费用,这些损失和费用叫共同海损。

例如,某船从上海驶往马赛的途中,遭遇暴风雨,船身严重倾斜,即将倾覆。船长为了避免船只覆没,命令船员抛弃船舱中一部分货物以保持船身平衡,这种抛弃就是为了避免船货的全部损失而采取的措施,被抛弃的货物属于特殊牺牲。这项损失应由船、货各受益方共同承担。

共同海损是采取救难措施所引起的,构成条件如下。

a. 危险必须是在海上航程中发生的。

b. 危险必须是真实的、共同的。

c. 必须是有意识采取的、合理的、有效的措施。

d. 其费用必须是特殊的、非正常的。

共同海损牺牲和费用都是为了使船舶、货物和运费方免于遭受损失而支出的,因而应由船舶、货物和运费各方按最后获救价值的比例分摊,这种分摊叫共同海损的分摊。

②单独海损(Particular Average)

除共同海损以外的损失,由于承保范围内的风险所直接导致的船舶和货物的部分损失,即指仅涉及船舶或货物所有人单方面利益的损失,该损失由受损者直接承担。

海损的判断

③单独海损和共同海损的区别

a. 造成海损的原因不同

单独海损是承保风险直接导致的船货损失,共同海损是为了解除各方共同危险而有意识采取措施造成的损失。

b. 损失的责任承担不同

共同海损费用由获救后各利益方按比例分摊,单独海损的费用由受损方自己(或保险公司)承担。

议一议

金刚轮号 2013 年从伊朗阿巴丹港开出驶向中国,船上装有轮胎、钢铁、棉花、木材,当船航行至上海海面时突然着火,经盘点损失如下。

(1) 抛弃全部轮胎 US$ 9000,其中 20% 已着火。

(2) 扔掉未着火的木材及其他易燃物价值 US$ 3000。

(3) 烧掉棉花 US$ 5000。

(4) 船甲板被烧 100 平方厘米,修理费用 US$ 100。

(5) 检查费用 US$ 100。

问:共同海损与单独海损各为多少?

(二) 外来风险(Extraneous Risks)和损失

外来风险是由海上风险以外的其他外来原因引起的损失,可以分为一般外来风险和特殊外来风险。

1. 一般外来风险

(1) 偷窃(Theft,Pilferage)

暗中的窃取,不包括公开的、具有攻击性的劫夺。

（2）沾污（Contamination）

货物在运输途中受到其他物质的污染所造成的损失。

（3）渗漏（Leakage）

流质或者半流质的物质因为容器的破漏引起的损失。

（4）破碎（Breakage）

易碎物品遭受碰压造成破裂、碎块的损失。

（5）受潮受热（Sweating and Heating）

由于气温的骤然变化或者船上的通风设备失灵，使船舱内的水汽凝结，引起发潮发热导致的损失。

（6）串味（Taint of Odor）

货物受到其他异味物品的影响而引起串味导致的损失。

（7）生锈（Rusting）

货物在运输过程中发生锈损现象。

（8）钩损（Hook Damage）

货物在装卸搬运的操作过程中由于挂钩或用手钩不当导致的损失。

（9）淡水雨淋（Fresh and Rain Water Damage）

由于淡水、雨水或融雪导致货物水残的损失。

（10）短少和提货不着（Short-Delivery and Non-Delivery）

货物在运输途中被遗失而未能运到目的地，或运到目的地后发现整件短少。

（11）短量（Shortage in Weight）

货物在运输过程中发生重量短少。

（12）碰损（Clashing）

金属及其制品在运输途中因受震动、挤压而造成变形等损失。

2. 特殊外来风险

军事、政治、国家政策法令及行政措施等外来原因造成的风险和损失。如战争、罢工、因船舶中途被扣而导致交货不到，货物被有关当局拒绝进口或没收而导致的损失。

二、我国海洋货物运输保险的险别

中国海洋货物运输保险条款

中国人民保险公司为适应我国对外经贸发展需要，根据我国保险业务实际情况，参照国际保险市场的做法，制定了《中国保险条款》（China Insurance Clauses，CIC）。其中包括海洋货物运输保险条款等内容，目前通用的版本是中国人民财产保险股份有限公司于 2009 年修订的海洋货物运输保险条款、海洋货物运输战争险条款等内容。

保险险别是保险人对风险和损失的承保责任范围，是保险人与被保险人履行权利与义务的基础，也是保险人承保责任大小和被保险人缴付保险费多少的依据，海洋运输货物保险的险别很多，分为基本险别和附加险别。

（一）基本险别

根据我国现行的海洋货物运输保险条款的规定，基本险别包括平安险、水渍险和一切险。

1. 平安险(Free of Particular Average，FPA)

平安险的承保责任范围如下。

平安险的
承保范围

(1) 运输途中，由于自然灾害和运输工具发生意外事故，造成被保险货物的实际全损或推定全损。

(2) 由于运输工具遭遇搁浅、触礁、沉没、互撞、与流冰或其他物体碰撞以及失火、爆炸等意外事故造成的被保险货物的全部损失或部分损失。

(3) 运输工具遭遇搁浅、触礁、沉没、失火、爆炸等意外事故，无论这意外事故发生之前或之后，货物又在海上遭受恶劣天气、雷电、海啸等自然灾害造成的被保险货物的部分损失。

(4) 在装卸转船过程中，被保险货物一件或数件落海所造成的全部或部分损失。

(5) 被保险人对遭受危险的货物施救，防止或减少货损所支付的合理费用，但不以超过该批货物的保险金额为限。

(6) 运输工具遭遇自然灾害或者意外事故，需在中途的港口或者避难港口停靠，引起的卸货、装货、存仓及运送货物所产生的特别费用。

(7) 共同海损所引起的牺牲、分摊和救助费用。

(8) 运输契约订有船舶互撞条款，按该条款规定应由货方偿还的船方损失。

2. 水渍险(With Particular Average，WPA)

责任范围除包括上列平安险的各项责任外，还负责被保险货物由于恶劣天气、雷电、海啸、地震等自然灾害所造成的部分损失。

CIF合同的
保险索赔

3. 一切险(All Risks)

除包括平安险和水渍险的所有责任外，还包括因一般外来风险所造成的全损或部分损失。

(二) 附加险别

1. 一般附加险

包括偷窃提货不着险、淡水雨淋险、短量险、混杂沾污险、渗漏险、碰损破碎险、串味险、钩损险、包装破裂险、锈损险、受潮受热险。

上述11种附加险不能独立投保，只能在平安险或水渍险的基础上加保。

2. 特别附加险

由于军事、政治、国家政策法令以及行政措施等特殊外来原因所引起的风险与损失的险别。包括交货不到险、进口关税险、舱面险、拒收险、黄曲霉素险、出口货物到香港或澳门存仓火险责任扩展条款、战争险、罢工险。

(三) 保险责任起讫

根据我国海洋运输货物保险条款规定，基本险的责任起讫采用国际保险业中惯用的仓至仓条款(Warehouse to Warehouse Clauses，W/W clause)规定的办法处理。仓至仓条款规定保险公司所承担的保险责任，是从被保险货物运离保险单所载明的启运港发货人仓库或处所开始(包括海、陆、河运)，一直到货物到达保险单所载明的目的港收货人的仓库或储存地或其他储存地时为止。但是当货物从目的港卸离海轮时起算满60天，不论保险货物有没有进入收货人的仓库，保险责任终止；如保险期限内货物需转运至非保单所载明的目的地时,保险责任从转运时终止;保险货物在运至目的地前的某仓库发生分配、分派的情况,则该仓库就作为被保险人的最后仓库,保险责任从货物运抵仓库时终止。

战争险不采用仓至仓条款,仅以水面危险为限,从货物装船到卸离海轮为止,如不卸离,从海轮到达目的港日午夜算起满 15 天,保险责任终止。

(四) 索赔期限

基本险的索赔期限为自被保险货物在最后卸离海轮后起算最多不超过 2 年。

(五) 除外责任

除外责任是指保险人不承担赔偿的范围。其主要内容如下。

(1) 被保险人的故意行为或过失所造成的损失。

(2) 属于发货人责任所引起的损失。

(3) 在保险责任开始前,被保险货物已存在的品质不良或数量短差的损失。

(4) 被保险货物的自然损耗、本质缺陷,以及市价跌落、运输延迟引起的损失或费用。

(5) 海洋货物战争险和罢工险所规定的除外责任。

案例分析

2010 年,内地某外贸公司向香港出口一批罐头共 500 箱,按照 CIF Hong Kong 向保险公司投保一切险。但是因为海运提单上只写明进口商的名称,没有注明详细地址,货物抵达香港后,船公司无法通知进口商提货,于是将货物运回启运港天津新港。在运回途中因为船舱漏水,229 箱罐头被海水浸泡。货物运回新港后,外贸公司没有将货物卸下,只是在海运提单上补写进口商详细地址后,又运回香港。进口商提货后发现罐头已经生锈,所以只提取了未生锈的 271 箱罐头,其余的罐头又运回天津新港。外贸公司发现货物有锈蚀后,凭保险单向保险公司提起索赔,但保险公司拒绝赔偿。

本案中,被保险人只对货物运输的第一航次投了保险,但是货物是在香港至天津新港的第二航次中发生了风险损失,即使该损失属于一切险的承保范围,保险人也不予负责。

三、伦敦保险协会海运货物保险条款

世界海上保险业务中,英国是一个具有悠久历史的业务比较发达的国家,它所制定的保险规章制度,特别是保险单和保险条款对世界各国的影响颇大。目前大多数国家在海上保险业务中直接采用英国伦敦保险协会所制定的《协会货物条款》(Institute Cargo Clauses,ICC)。

协会货物条款最早制定于 1912 年,后来经过修订,目前使用的版本为 2008 年修订完成的,从 2009 年 1 月 1 日开始实施。

(一) 协会货物条款的海运货物保险条款的种类

协会货物条款的海运货物保险条款包括 ICC(A)、ICC(B)、ICC(C)、协会战争条款、协会罢工条款、恶意损害险条款。其中,ICC(A)、ICC(B)、ICC(C)、协会战争条款、协会罢工条款都可以作为单独的险别投保,只有恶意损害险属于附加险别。

以上 6 种险别除恶意损害险之外,其他 5 种险别在条款的结构和内容上都相似,包括 8 项内容:承保范围、除外责任、保险期限、索赔、保险利益、减少损失、防止迟延、法律与惯例。

(二) 承保风险

1. ICC(A)的承保风险

采用一切风险除外责任的办法,即除了除外责任项下所列风险保险人不予负责外,其他风险均予负责。

除外责任包括一般除外责任,不适航不适货除外责任,战争除外责任(海盗行为除外),罢工除外责任。

2. ICC(B)的承保风险

采用列明风险法。

3. ICC(C)的承保风险

只承保重大意外事故。

四、买卖合同中的保险条款

国际货物买卖合同中采用不同的贸易术语,保险条款的内容有很大差异。

1. FOB 或 CFR 条件

凡是采用 FOB 或 CFR 条件成交时,在买卖合同中应订明由买方自理保险,举例如下。

Insurance:To be covered by the buyer.

2. 以 D 组术语成交的合同

以 D 组术语成交的合同,保险条款可订为保险由卖方自理。举例如下。

Insurance:To be covered by the seller.

3. 以 CIF 或 CIP 条件

以 CIF 或 CIP 条件成交的出口合同,保险条款必须订明以下内容。

(1) 投保金额

投保金额,是保险人所应承担的最高赔偿金,也是核算保险费的基础。一般由买卖双方协商确定,按照国际保险市场习惯,通常按 CIF 或 CIP 总值加 10% 计算,所加的百分比称为保险加成率,即作为买方的经营管理费用和预期利润加保。

(2) 保险险别

根据商品特点及海上风险程度,由双方约定投保的险别。选择险别时要考虑货物的性质和特点、货物包装、运输路线、停靠的港口、运输季节等因素。

(3) 以哪个保险公司的保险条款为准

目前,我国通常采用中国人民保险公司 1981 年 1 月 1 日生效的货物运输保险条款为依据。但有时国外客户要求以英国伦敦保险业协会货物保险条款为准,我方也可以接受。

【例 3-24】 在合同中,由卖方按发票金额的 110% 投保一切险,以中国人民保险公司保险条款为准。

Insurance:To be covered by the seller for 110 % of total invoice value against all

risks subject to ocean marine cargo clause of PICC.

五、保险的做法

（一）出口货物保险的做法

凡按 CIF 和 CIP 条件成交的出口货物,由出口企业向当地保险公司办理投保手续。在办理时,应根据出口合同或信用证规定,在备妥货物并确定装运日期和运输工具后,按规定格式逐笔填制投保单,具体列明被保险人名称、保险货物项目、数量、包装及标志,保险金额、起止地点、运输工具名称、起止日期和投保险别,送保险公司投保,缴纳保险费,并向保险公司领取保险单证。

> 计算公式:
>
> 　　保险费＝保险金额×保险费率
>
> 　　保险金额＝CIF 货价×(1＋保险加成率)

在进出口贸易中,根据有关的国际贸易惯例,保险加成率通常为 10%,当然,出口人也可以根据进口人的要求与保险公司约定不同的保险加成率。

（二）进口货物保险的做法

按 FOB、CFR 和 FCA、CPT 条件成交的进口货物,均由买方办理保险。为了简化投保手续和防止出现漏保或来不及办理投保等情况,我国进口货物一般采取预约保险做法。预约保险合同又称为 Open Policy。按预约保险合同的规定,各外贸公司对每批进口货物,无须填制保单,仅以国外的装运通知代替投保单,办理投保,保险公司则对该批货物自动承保。

（三）保险单据

保险单据是保险公司和投保人之间订立的保险合同,也是保险公司出具的承保证明,是被保险人凭以向保险公司索赔和保险公司进行理赔的依据。

1. 保险单(Insurance Policy)

又称大保单,正规的保险合同,除载明有关货物的各项内容外,还有保险公司的责任范围、保险公司和被保险人双方的权利义务等条款。

保险单的内容包括保险公司的名称,单据名称,编号,投保人名称(必须与信用证受益人名称相同),被保险人名称(出口企业或信用证规定的内容),唛头,包装与数量(包装种类要写明),保险货物名称(可以写统称,但不能与发票的货名抵触),保险金额(小数点后要进成整数,币制要与发票币制相同),运输工具,启运日期,运输起讫地,承保险别,保险公司在目的地的代理,保险单的签发日期和地点(不得迟于提单上的装船日期),保险公司签章。

保险单样本如样例 3-4 所示。

样例 3 - 4　保险单样本

中国人民保险公司杭州市分公司

THE PEOPLE'S INSURANCE COMPANY OF CHINA

总公司设于北京	1949年创立
Head Office: Beijing	Established in 1949

货物运输保险单

CARGO TRANSPORTATION INSURANCE POLICY

发票号码(Invoice No.)　　　　　　　保险单号次(Policy No.)

合同号(Contract No.)

信用证号(L/C No.)

被保险人(Insured):

中国人民保险有限公司(以下简称本公司)根据被保险人的要求,由被保险人向本公司缴付约定的保险费,按照本保险单承担险别和背面所载条款与下列特别条款承保下列货物运输保险,特立本保险单。

This policy of Insurance witnesses that the People Insurance Company of China(hereinafter called "The Company"), at the request of the Insured and in consideration of the agreed premium paid to the company by the Insured, undertakes to insure the undermentioned goods in transportation subject to conditions of the Policy as per the Clauses printed overleaf and other special clauses attached hereon.

标记	包装及数量	保险货物项目	保险金额
Marks & No.	Quantity	Descriptions of Goods	Amount Insured

总保险金额:

Total Amount Insured:＿＿＿＿＿＿＿＿＿＿＿＿＿＿＿

保费	启运日期	装载运输工具
Premium AS ARRANGED	Date of Commencement:	Per Conveyance:
自	经	至
Form	Via	To

承保险别

Conditions:

所保货物,如发生本保险单项下可能引起索赔的损失或损坏 应立即通知本公司或下述代理人查勘。如有索赔,应向本公司提交保险单正本(本保险单共有＿＿份正本)及有关文件。如一份正本已用于索赔,其余正本则自动失效。

In the event of loss or damage which may result in acclaim under this Policy, immediate notice must be given to the Company or agent as mentioned Claims, if any, one of the Original Policy which has been issued in＿＿＿＿＿ original(s) together with the relevant documents shall be surrendered to the Company. If one of the Original Policy has been accomplished, the others to be void.

中国人民保险公司杭州市分公司

THE PEOPLE'S INSURANCE COMPANY OF CHINA

2. 保险凭证(Insurance Certificate)

又称小保单。它是一种简化的保险合同,除其背面没有列出详细保险条款外,其余内容与保险单相同,保险凭证也具有与保险单同样的法律效力。

3. 预约保险单(Open Policy)

这是保险公司承保被保险人在一定日期内发运的以 CIF 条件成交的大批量的出口货物或以 FOB 和 CFR 条件成交的进口货物使用的保险单。这种保险单载明预约保险货物的范围、险别和保险费率以及每批货物的最高保险金额、保险费结算办法等。

凡属于预约保险范围内的进出口货物,一经启运,即自动按预约保险单所列条件承保。通常是被保险人以启运通知书或其他书面形式将预约保险的货物名称、数量、保险金额、运输工具的种类和名称、航程起讫地点、开航日期等情况通知保险公司。

4. 批单(Endorsement)

投保人需补充或更改保险单内容时出具的凭证,指改变保险合同的一种书面证明。在保险合同有效期间,合同双方均可通过协议变更保险合同的内容。对于变更合同的任何协议,保险方都应在原保单或保险凭证上批注或附贴批单,以资证明。

📦 实操训练

杭州万向纺织品进出口公司的业务员陈景与 Accessory Network Group LLC 的 Bill Peril 就出口男士 T 恤衫的品质、数量、包装、价格及装运条件达成一致后,准备拟定该货物运输过程中的保险条款,保险资料见表 3-6。

表 3-6 保险险别及费率

	中文名称	英文名称	加保条件	保险费率(%)
中国保险条款的险别	一切险	All Risks		0.8
	水渍险	With Average/ With Particular Average		0.6
	平安险	Free from Particular Average		0.5
伦敦协会货物保险条款	协会货物(A)险条款	ICC Clause A		0.8
	协会货物(B)险条款	ICC Clause B		0.6
	协会货物(C)险条款	ICC Clause C		0.5
特别附加险	战争险	War Risks	A、B、C 或 AR、WA、FPA	0.08
	罢工险	Strike	A、B、C 或 AR、WA、FPA	0.08
	罢工、暴动、民变险	Strike, Riots and Civil Commodities	A、B、C 或 AR、WA、FPA	0.08
	存仓火险责任扩展条款	Fire Risk Extension Clause for Storage of Cargo	A、B、C 或 AR、WA、FPA	0.08

续　表

中文名称	英文名称	加保条件	保险费率(%)
偷窃、提货不着险	Theft，Pilferage and Nondelivery Risk	B、C 或 WA、FPA	0.08
淡水雨淋险	Rain Fresh Water Damage	B、C 或 WA、FPA	0.08
短量险	Risk of Shortage	B、C 或 WA、FPA	0.08
混杂、沾污险	Risk of Intermixture & Contamination	B、C 或 WA、FPA	0.08
渗漏险	Risk of Leakage	B、C 或 WA、FPA	0.08
碰损、破碎险	Risk of Clash & Breakage	B、C 或 WA、FPA	0.08
串味险	Risk of Odour	B、C 或 WA、FPA	0.08
受热、受潮险	Damage Caused By Heating & Sweating	B、C 或 WA、FPA	0.08
钩损险	Hook Damage	B、C 或 WA、FPA	0.08
包装破裂险	Risks of Breakage	B、C 或 WA、FPA	0.08
锈损险	Risks of Rust	B、C 或 WA、FPA	0.08
转运险	Transhipment Risks	B、C 或 WA、FPA	0.08
仓至仓条款	Warehouse to Warehouse	B、C 或 WA、FPA	0.08
不计免赔率	Irrespective of Percentage	B、C 或 WA、FPA	0.08

(左侧表头合并单元格：一般附加险)

双方约定合同中的保险条款为：由卖方按照发票金额的 110% 投保协会货物保险条款的 A 险，遵从 2009 年 1 月 1 日生效的伦敦协会货物保险条款。

Insurance：To be covered by the seller for 110 % of total invoice value against ICC clause a subject to ICC(2009.1.1)。

任务布置

(一)业务背景

杭州万溪进出口有限公司与美国 Libra Import And Export Co.,Ltd.经过交易磋商，确定了女式 T 恤衫的相关交易条件。资料如下。

中文名称：女式 T 恤衫　　　　英文名称：Women's T-Shirt

销售单位：pc　　　　　　　　包装单位：Carton

贸易术语：CFR

（二）操作要求

请你根据业务资料拟定合同中的保险条款。

任务五　拟定支付条款

情景呈现

杭州万向纺织品进出口公司的业务员陈景与 Accessory Network Group LLC 的 Bill Peril 已经对出口男士 T 恤衫业务中商品的品质、数量、包装、价格、运输等条款进行了磋商，但支付条款还未确定。本次涉及业务金额较大，双方之前没有合作过，那么合同中对支付方式及相关规定应如何进行具体描述呢？ 应该如何拟定合同中的支付条款呢？

任务目标

能运用《托收统一规则》(URC 522)和《跟单信用证统一惯例》(UCP 600)等规定正确拟定合同中的支付条款。

相关知识

国际贸易的结算过程中要用到一些结算工具，最主要的是汇票，其次还有本票、支票等，以下主要介绍汇票这种最常用的结算工具。

汇票及其使用

一、汇票

1. 汇票的含义

汇票是出票人签发的，委托付款人在见票时或者在指定日期无条件支付确定的金额给收款人的票据。

2. 汇票的当事人

汇票的当事人有 3 个：出票人、付款人、收款人。

（1）出票人

签发汇票的人，一般是出口商。

（2）付款人

接受支付命令的人，一般是进口商或其指定的银行。

（3）收款人

有权受领汇票金额的人，一般是出口商或其指定的银行。

3. 汇票的种类

（1）按照出票人身份的不同，汇票可以分为商业汇票和银行汇票

①商业汇票

出票人是工商企业或个人的汇票。

②银行汇票

出票人和付款人都是银行的汇票。

在国际贸易中,通常使用商业汇票。因为在托收和信用证支付方式下,出票人都是出口商。只有汇付中的票汇,才由银行签发银行汇票,由进口商直接寄给出口商。

(2)按照有无随附货运单据,汇票可以分为光票和跟单汇票

①光票

不随附任何货运单据的汇票。

②跟单汇票

附有运输单据的汇票,如跟单汇票的付款以附交货运单据,如提单、商业发票、保险单等单据为条件。

光票一般只用于零星费用如运费、保险费、佣金等的收付,主要货款的收付多是采用跟单汇票。银行汇票一般不要求随附货运单据,所以多为光票。商业汇票要求有物权的保证,所以多为跟单汇票。在国际贸易中,通常使用跟单汇票。

(3)按照付款期限的不同,可以分为即期汇票和远期汇票

①即期汇票

付款人见票时立即付款的汇票。

②远期汇票

付款人在将来一定期限或一个指定的日期付款的汇票。

在实际业务中,远期汇票付款时间的表示方法主要如下。

a. 见票后若干天付款(At...Days after Sight)。

b. 出票后若干天付款(At...Days after Date)。

c. 提单签发之日起若干天后(At...Days after Date of Bill of Lading)。

d. 指定日期付款(Fixed Date)。

在上述四种表示远期付款日期的方式中,第一种方式最为常见,第二、三种次之,第四种则比较少见。

(4)按照承兑人身份的不同,汇票可以分为商业承兑汇票和银行承兑汇票

①商业承兑汇票

由工商企业或者个人承兑的汇票。

②银行承兑汇票

由银行承兑的汇票。

将汇票按特征分类,并非说明一张汇票只具备一种特征。事实上,一张汇票通常同时具备几种属性,例如一份商业汇票,可以同时又是即期的跟单汇票或远期的银行承兑跟单汇票或远期的商业承兑跟单汇票。

4. 汇票的使用

(1)出票(Issue)

出票是出票人签发汇票并将其交给收款人的票据行为。

(2)提示(Presentation)

提示是持票人向付款人出示汇票并要求承兑或付款的票据行为。提示分为承兑提示

汇票

和付款提示。

（3）承兑（Acceptance）

承兑是指付款人对远期汇票表示承担到期付款责任的票据行为。具体做法是在票据的正面写上"承兑"字样，注明承兑日期并签字。只有远期汇票才需要承兑。

（4）付款（Payment）

付款是指付款人履行付款义务的票据行为。汇票一经付款，汇票上所有的债权债务关系即告结束。汇票关系的结束，以持票人将汇票交给付款人为标志。

（5）背书（Endorsement）

背书是指持票人在汇票背面签上自己的名字或再加上受让人的名字，把汇票交给受让人的票据行为。如果只签上自己的名字而没有受让人的名字，这种背书方式称为空白背书。如果既签上自己的名字又有受让人的名字，这种背书方式称为记名背书。

（6）拒付（Dishonor）

拒付是指持票人遭到拒绝承兑或拒绝付款的票据行为，也称退票。除了拒绝承兑和拒绝付款外，付款人拒不见票、死亡或宣布破产，以致付款事实上不可能时，也称拒付。

（7）追索（Recourse）

追索是指持票人遭到拒付后，向其"前手"请求偿还票款及其费用的行为。追索需要提供"拒付证书"。"拒付证书"是由公证人或银行或同业公会或法院等签发的证明该票据遭到拒付的文件。

（8）贴现（Discount）

贴现是指远期汇票承兑后，持票人在汇票到期前到银行兑换现款，银行从票面金额中扣除贴现利息，付给持票人余款的票据行为。

二、国际贸易中的主要结算方式

国际贸易的结算方式主要有汇付、托收和信用证三种。在这三种结算方式中，按资金流向与支付工具传递方向分，两者方向相同，属于顺汇法；两者方向相反，属于逆汇法。如果按信用提供者的不同身份划分，提供信用者是工商企业或个人称为商业信用，提供信用者是银行的则称为银行信用。

汇付支付方式

（一）汇付

1. 汇付的含义

汇付（Remittance）又称汇款，是指付款人主动通过银行，将款项付给收款人的结算方式。

2. 汇付的当事人

在汇付业务中，通常有四个当事人。

（1）汇款人

这是指汇出款项的人，在国际贸易中通常是进口商。

（2）收款人

这是指收取货款的人，在国际贸易中通常是出口商。

（3）汇出行

这是指受汇款人的委托汇出款项的银行，通常是进口商所在地的银行。

（4）汇入行

这是指受汇出行的委托解付汇款的银行，又称解付行，通常是出口商所在地的银行。

汇款人在委托银行办理汇款时，必须填写汇款申请书。此申请书是汇款人和汇出行之间的一种契约。

3. 汇付的种类及支付程序

汇付方式可分为信汇、电汇和票汇三种。

（1）信汇（Mail Transfer，M/T）

信汇是指进口商将货款交给所在地汇出行，由该行采用寄信的方法，指示汇入行解付一定金额给出口商的一种汇付方式。

信汇的手续费较低，但速度较慢，目前应用较少，在一些发达国家已停止使用。

（2）电汇（Telegraphic Transfer，T/T）

电汇是指进口商将货款交给所在地汇出行，由该行采用电传、加押电报、SWIFT（Society for Worldwide lnterbank Finacial Telecommunications，环球同业银行金融电信协会）等手段，指示汇入行解付一定金额给出口商的一种汇付方式。这种方式的优点是快捷、简便。所以，即便相对信汇，电汇的银行手续费用较高，但在国际货款的收付中，仍被广泛采用。

在实际业务中，电汇有两种形式，即前 T/T（Payment in Advance）和后 T/T（Deferred Payment）。前 T/T 是指买方在卖方交货前先全款电汇，然后卖方再按合同要求将货物发给买方的一种电汇结算方式。后 T/T 则是指卖方先按合同要求给买方发货，买方见到提单传真件或收到提单后再全款电汇。

看一看

SWIFT 是环球同业银行金融电信协会的简称，是一个国际银行间非营利性的国际合作组织。它成立于 1973 年，总部设在比利时的布鲁塞尔。目前有 190 多个国家的 7000 多家银行享受该系统提供的服务。它的环球计算机通信网络 24 小时连续运行，在银行资金调拨、外汇买卖、托收、信用证和保函方面为会员提供安全、快速、标准化的服务。它具有自动存储银行信息，自动对信息进行加押和核押的功能。

（3）票汇（Demand Draft，D/D）

票汇是指由进口商向本地银行购买银行汇票，自行寄给出口商，出口商凭此向出口商所在地的银行收取货款的一种汇付方式。票汇的支付程序如图 3-10 所示。

具体支付流程说明如下。

①买卖双方订立合同，并规定采用票汇方式付款。

②汇款人向当地银行提交汇票申请书并交款付费。

③汇出行签发银行即期汇票给汇款人。

④汇款人将银行汇票转交给收款人。

⑤汇出行签发汇票通知书给指定的付款行。

⑥收款人凭银行汇票主动到付款行取款。

⑦付款行核对通知书无误即付款给收款人。

⑧付款行向汇出行发出付讫借记通知。

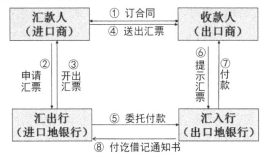

图3-10 票汇的支付程序

无论采用信汇、电汇还是票汇,其所使用的结算工具(委托通知或汇票)的传送方向与资金的流动方向相同,因此均属顺汇。但这三种汇付方式也有不同之处,例如,在付款速度上,以电汇最快,信汇次之,票汇的速度与信汇相同,但如付款银行在非收款人所在国,则最慢。所以,电汇最受卖方欢迎,也是目前采用的主要汇付方式。而信汇方式由于资金在途时间长,操作手续多,目前已极少采用。

🔍 **议一议**

我国某贸易公司出口货物一批,出口合同规定的支付条款为装运前15天电汇付款,但买方延迟至装运月中才从银行寄来一张银行汇票。为保证按期交货,我公司于收到该汇票的次日即将货物托运,同时委托银行代收票款。一个月后,我公司接到银行通知,该汇票系伪造,已被退票。而此时货物已运达目的港并被买方凭我贸易公司自行寄去的提单提走。最后,我贸易公司货款两失。请分析在该事件中我公司应该吸取的教训。

4. 汇付方式在国际贸易中的应用

(1)预付货款

预付货款是指进口商在出口商将货物或货运单据交付以前,将货款的全部或者一部分通过银行付给出口商,出口商收到货款后,再根据约定发运货物的一种结算方式。

(2)货到付款

此种方法与预付货款相反,是指进口商在收到货物以后,立即或一定时期以后再付款给出口商的一种结算方式,也称为赊销。

(3)凭单付汇

凭单付汇指进口商通过银行将款项汇出给出口商所在地银行(汇入行),并指示该行凭出口商提供的某些商业单据(如商业发票、装箱单)或某些装运证明(如提单)即可付款给出口商的一种结算方式。这种方式兼顾到双方的利益,比前面两种方式更容易为双方所接受。但是,由于汇款在支取之前是可以撤销的,因此,出口商收到汇款通知后,应尽快装货,从速交单支款,避免造成货已发运而货款被撤销的被动局面。

应该注意的是,在汇付中,银行只提供服务,不提供信用。出口商能否安全收汇,完全取决于进口商是否守信用。因此,汇付属于商业信用,采用这种付款方式,必须十分谨慎。

(二) 托收

1. 托收的含义

托收结算方式

托收(Collection)是指出口商开立汇票,委托出口地托收银行通过进口地代收银行向进口商收取货款的一种支付方式。

2. 托收方式的当事人

托收业务通常有 4 个当事人。

(1) 委托人

委托人是指委托银行办理托收业务的人,在国际贸易中通常是出口商。

(2) 付款人

付款人是指对汇票付款的人,在国际贸易中通常是进口商。

(3) 托收行

托收行是指受委托人的委托,办理托收业务的银行。在国际贸易中通常是出口地银行。

(4) 代收行

代收行是指接受托收行委托,向付款人收取货款的银行。在国际贸易中通常是进口商所在地的银行。代收行往往是托收行的国外分行或代理行。

3. 托收的种类及运作程序

根据汇票是否随附货运单据,托收可以分为光票托收和跟单托收。

(1) 光票托收

光票托收是指出口商仅凭光票收取货款的一种托收方式。这种方式一般用于收取货款尾数、代垫费用、佣金及样品费等,在国际贸易中使用较少。

(2) 跟单托收

跟单托收是指出口商凭跟单汇票收取货款的一种托收方式。国际贸易中的托收方式大多采用跟单托收。根据交单条件的不同,跟单托收又可以分为付款交单和承兑交单。

①付款交单(Documents against Payment,D/P)

付款交单是指出口商的交单是以进口商的付款为条件的托收方式,即出口商将汇票和货运单据交给托收行办理托收时,指示银行只有在进口商付清货款后才能把货运单据交给进口商。

按付款时间的不同,付款交单又可以分为即期付款交单和远期付款交单。

a. 即期付款交单

即期付款交单(Documents against Payment at Sight,D/P at Sight),是指出口商根据合同发货后,开具即期汇票,连同全套货运单据,委托当地托收银行通过代收行向进口商提示,进口商见票后立即付款,付款后领取全套货运单据的一种托收方式。

即期付款交单的支付程序如图 3-11 所示。

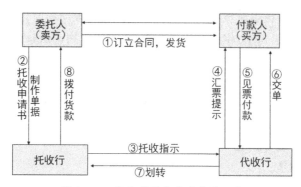

图 3-11　即期付款交单的支付程序

即期付款单具体流程说明如下。

ⅰ. 买卖双方订立合同,规定采用即期付款交单方式结算货款,并按要求发货。

ⅱ. 出口人交货后缮制托收申请书、即期汇票,连同货运单据交托收行。

ⅲ. 托收行按申请书的要求,缮制托收委托书,连同全套单据寄交代收行。

ⅳ. 代收行向进口人提示汇票和单据。

ⅴ. 进口人验单无误后付清货款。

ⅵ. 代收行将全套单据交给进口人。

ⅶ. 代收行通知托收行,款已收妥并贷记银行账户。

ⅷ. 托收行将货款付给出口人。

b. 远期付款交单

远期付款交单(Documents against Payment after Sight,D/P after Sight)是指出口商根据合同发货后,开具远期汇票,连同全套货运单据,委托当地托收银行通过代收行向进口商提示,进口商审核单据无误后,先在汇票上承兑,于汇票到期日付清全部货款,付款后领取全套货运单据的一种托收方式。

远期付款交单的支付程序如图 3-12 所示。

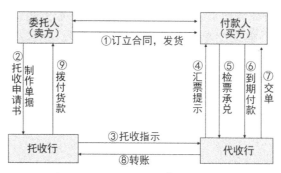

图 3-12　远期付款交单的支付程序

远期付款交单具体流程说明如下。

ⅰ. 买卖双方订立合同,规定采用远期付款交单方式结算货款,并按要求发货。

ⅱ. 出口人交货后,缮制托收申请书、远期汇票,连同货运单据交托收行。

ⅲ. 托收行按申请书的要求缮制托收委托书,连同全套单据寄交代收行。

ⅳ.代收行按照委托书的指示向进口人提示汇票与单据。

ⅴ.进口人经审核无误后在汇票上承兑,代收行收回汇票与单据。

ⅵ.进口人到期付款。

ⅶ.代收行交单。

ⅷ.代收行办理转账,并通知托收行。

ⅸ.托收行将货款付给出口人。

在远期付款交单条件下,如果付款日期晚于到货日期,买方为了抓住有利行市,不失时机地转售货物,可以采取两种做法:一是在付款到期日之前提前付款赎单,扣除提前付款日至原付款到期日之间的利息,作为买方提前付款的现金折扣;另一种做法是凭信托收据借取单据先行提货的做法。信托收据,是指进口商向代收行出具的表示愿意以银行受托人的身份代银行提货,承认货物所有权仍属银行,并保证在汇票到期日向银行付清货款的一种书面文件。信托收据是代收行对资信较好的进口商提供的信用便利,而与出口商无关。因此,如代收行借出单据,汇票到期不能收到货款,则代收行应负全部责任。但如果出口商在办理托收业务时授权代收行凭信托收据借单,称"付款交单凭信托收据借单",如汇票到期不能收到货款,则由出口商自己承担风险,而与代收行无关。

💡 议一议

我国某贸易公司向某日本客户以 D/P 见票即付的方式推销其商品,对方答复:"如我方接受 D/P 见票后 90 天付款,并通过指定的 A 银行代收则可接受。"请问:日方提出的此要求用意何在?

②承兑交单(Documents against Acceptance,D/A)

承兑交单是指出口商的交单是以进口商的承兑为条件的托收方式。即出口商将远期汇票和货运单据交给托收行办理托收时,指示银行只要进口商在远期汇票上承兑即将货运单据交给进口商,进口商在汇票到期时再行付款。承兑交单方式风险很大,在国际贸易中很少使用。

承兑交单的支付程序如图 3-13 所示。

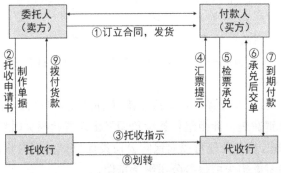

图 3-13 承兑交单的支付程序

承兑交单的具体流程说明如下。

ⅰ.买卖双方订立合同,规定采用承兑交单结算货款。

ⅱ.出口人交货后,缮制托收申请书、远期汇票,连同货运单据交托收行。

ⅲ.托收行按申请书的要求,缮制托收委托书,连同全套单据寄交代收行。

ⅳ.代收行按照托收委托书的指示,向进口人提示汇票和单据。

ⅴ.进口人在汇票上承兑。

ⅵ.代收行在收回汇票的同时,将货运单据交给进口人。

ⅶ.进口人到期付款。

ⅷ.代收行办理转账并通知托收款已收到。

ⅸ.托收行将货款付给出口人。

议一议

1.请问:对于出口商来说,远期付款交单(D/P)与承兑交单(D/A)哪个风险更大? 为什么?

2.请问:"付款交单·凭信托收据借单(D/P·T/R)"与"承兑交单(D/A)"在性质上是否相同?

4.托收的信用风险及应对措施

在托收中,银行只提供服务,不提供信用。出口商能否安全收汇,取决于进口商是否守信用。因此,托收仍然属于商业信用。托收方式对进口商较为有利,它可免去申请开立信用证的手续,不必预付银行押金,减少费用支出,可能还有预借货物的便利。但是托收方式对出口商不利,因为出口商发运货物后,付款的主动权掌握在进口商手中,如果进口商信誉不佳或经营不善,一旦在价格、汇率等方面出现不利因素,进口商就可能拒付或无力支付。

由于托收方式对进口商有利,在出口业务中采用托收,有利于调动进口商的积极性,从而有利于促成交易和扩大出口。因此,许多出口商都把托收作为增强竞争能力的重要手段。但是,托收毕竟是一种商业信用,收款没有保障。所以,尽管托收是国际贸易中常见的一种结算方式,出口商仍要对托收存在的风险进行正确的评估并采取相应的措施。具体如下。

(1)承兑交单风险最大,一般不宜采用。

(2)认真考察进口商的资信背景,掌握适当的授信额度。

(3)采用托收方式,应争取按 CIF 或 CIP 条件成交,以防进口商不付货款而货物在途中受损,可向保险公司索赔。

(4)采用托收方式,如果没有按 CIF 或 CIP 条件成交,出口商可另外加保"卖方利益险",即由保险公司负责在进口商拒绝付款赎单而又出现货物损失时给予赔偿。

(5)采用托收方式,出口商还可以向保险公司投保出口信用保险,即对商业风险或政治风险导致的出口商货款损失由保险公司给予赔偿。

(6)托收与预付部分货款相结合,如果进口商拒付,可以弥补往返运费和保险费的损失。

（7）采用付款交单方式，若进口商拒付，应立即追查货物下落，或货物已被提走，应追究代收行的责任。

（8）如遭遇拒付，出口商应及时处理货物或组织回运，以减少损失。

（9）了解进口国的贸易管制和商业惯例，以免由于当地不同的做法而影响迅速收汇。

（10）严格按照合同规定装运货物和制作单据，以免授人以柄，防止进口商以此拒付货款。

（三）信用证

1. 信用证的定义

信用证结算

根据国际商会《跟单信用证统一惯例》的解释，信用证（Letter of Credit，L/C）是指由银行依照客户的要求和指示或自己主动在符合信用证条款的条件下，凭规定单据向第三者或其指定方进行付款，或承兑和/或支付受益人开立的汇票；或授权另一银行进行该项付款，或承兑和支付汇票；或授权另一银行议付。简而言之，信用证就是一种银行开立的对受益人做出的有条件的承诺付款的书面文件。

2. 信用证方式的当事人

（1）开证申请人（Applicant）

又称"开证人"，是指向银行申请开立信用证的人，一般为进口商。

（2）开证行（Opening Bank 或 Issuing Bank）

开证行是指接受开证申请人的委托开立信用证的银行，一般为进口地的银行。

（3）受益人（Beneficiary）

受益人是指信用证中所指定的有权使用信用证、提供符合信用证规定的单据、向开证行或付款行要求支付货款的人，一般为出口商。

（4）通知行（Advising Bank 或 Notifying Bank）

通知行是指受开证行委托，将信用证的内容转递给受益人的银行，一般是出口地的银行。

（5）付款行（Paying Bank 或 Drawee Bank）

付款行是指信用证上规定的付款人，在大多数情况下，付款行就是开证行。但付款行也可以是受开证行委托代为付款的另一家银行。

（6）议付行（Negotiating Bank）

议付行是指买入受益人按信用证规定提交的单据、贴现汇票的银行。议付行一般是出口商所在地的银行。

除了以上基本当事人外，根据实际需要，信用证业务还可能涉及的当事人有保兑行、承兑行和转让行等。

3. 信用证的主要内容

用于一般国际货物买卖的信用证，在内容上大体相同，主要包括如下内容。

（1）对信用证本身的说明，如信用证号码、种类、金额、开证日期、有效期限和到期地点、当事人的名称和地址等。

（2）对汇票的说明，如汇票的出票人、付款人、付款期限和出票条款等内容。

（3）对货物的说明，如货物名称、品种规格、数量、包装、价格、运输标志等。

（4）对运输的要求，如装运期限、启运地、目的地、运输方式、可否分批装运、转船等。

（5）对单据的要求，如单据的名称、内容和份数等。

（6）开证行保证条款，开证行对受益人及汇票持有人保证付款的责任文句。

（7）特别条款，主要是根据业务的特殊需要规定的一些条款。

（8）适用的国际惯例，通常都注明"本证受国际商会的《跟单信用证统一惯例》第 600 号出版物的约束"。

4. 信用证的支付程序

关于信用证的支付程序，因信用证的类型和条款的不同而有所差别。在业务中，使用较多的是即期跟单信用证，它的支付程序如图 3－14 所示。

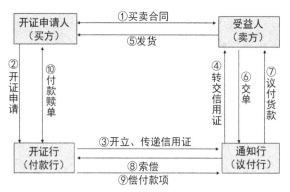

图 3－14　信用证的支付程序

即期跟单信用证具体流程说明如下。

（1）买卖双方订立买卖合同，规定采用即期跟单信用证方式支付货款。

（2）进口人向当地银行提出开证申请，并交纳押金或其他担保，要求开证行向受益人开出信用证。

（3）开证行将信用证开给通知行。

（4）通知行核对印鉴或密押无误后，将信用证转交受益人。

（5）卖方审证并认可后，即按规定条件发货。

（6）交货后买方缮制信用证规定的各种单据，并在信用证有效期内送议付行议付。

（7）议付行按信用证条件审核单据无误后，按汇票金额扣除利息后垫款付给受益人。

（8）议付行将汇票和货运单据寄付款行进行索偿。

（9）付款行审核单据无误后，偿付货款给议付行。

（10）付款行通知进口人付款赎单，进口人审单无误后付款。付款行将单据交给进口人。

5. 信用证的性质和特点

信用证业务的性质和特点可归纳为以下几点。

（1）银行承担第一性的付款责任，是一种银行信用

开证行承担第一性付款责任是指只要卖方提交符合信用证要求的单据，开证行都必须首先向卖方付款，即使将来开证申请人拒付或破产，开证行也不能索回付款。所以信用

证业务是一种银行信用。当然,买方的付款义务仍然存在,万一开证行倒闭,卖方可直接向买方要求付款。

（2）信用证以合同为基础,又独立于合同之外

信用证是以合同为依据开立的,信用证内容应与合同条款一致。如果信用证的条款与合同条款不一致,卖方在收到信用证后有权提出修改。但卖方一旦接受了信用证后,信用证就成为一份独立于合同的文件,信用证的有关当事人只受信用证条款的约束,而不受买卖合同的约束。

（3）信用证是一种纯粹的单据业务

信用证结算

信用证方式下,对开证行来说,实行的是凭单付款的原则。根据UCP 600的规定:"在信用证业务中,各有关方面处理的是单据,而不是与单据有关的货物、服务及/或其他行为。"而且UCP 600还规定,银行审单时只需确定单据"表面"是否与信用证条款相符合,而对"任何单据的形式、完整性、准确性、真伪性或法律效力,或对于单据上规定的或附加的一般性及/或特殊性条件,概不负责"。银行确定单据是否合格的标准是"单证一致"(受益人提交的单据在名称、内容和份数上与信用证条款严格一致)、"单单一致"(受益人提交的各种单据之间有关内容一致,没有冲突)。

6. 信用证的种类

在国际货物买卖中所使用的信用证种类很多,而且从不同角度可做不同的划分。在业务中使用较多的信用证有如下几种。

（1）跟单信用证(Documentary L/C)

跟单信用证是银行凭跟单汇票或仅凭货运单据付款的信用证。按照《跟单信用证统一惯例》的规定,与跟单信用证相对应的是光票信用证,是指开证行仅凭受益人开具的汇票或简单收据而无须附带货运单据付款的信用证。

（2）不可撤销信用证(Irrevocable L/C)

不可撤销信用证是指信用证一经开立,在有效期内未经受益人及有关当事人的同意,开证行不得单方面撤销或修改的信用证。只要受益人提交了符合信用证规定的单据,银行必须付款。这种信用证对受益人收款比较有保证,因此,在国际贸易中广泛使用。

（3）保兑信用证(Confirmed L/C)

保兑信用证

一家银行开出的信用证由另一家银行保证兑付,经过保兑的信用证即保兑信用证。保兑行与开证行同样承担第一性付款责任,而且付款后对受益人或其他银行无追索权。这种信用证由开证行和保兑行两家银行对受益人负责,所以对受益人的安全收汇是相对有利的。

（4）可转让信用证(Transferable L/C)

开证行授权受益人,可把信用证金额的全部或部分转让给一个或数个第三者(第二受益人)使用的信用证为可转让信用证。按照惯例的规定,只有明确注明"可转让"的信用证方可转让。转让以一次为限,但如信用证允许分批装运/支款,在累计不超过信用证金额的前提下,可以分成若干部分分别转让,即可转让给几个第二受益人。信用证只能按原证规定条款转让,但信用证的金额和单价、到期日、交单期限、装运期限等项可以减少或缩

短,而保险加成比例可以增加。第一受益人的名称可替代申请人的名称,但如原信用证特别要求在除发票外的其他单据上注明申请人的名称,该项要求必须予以满足。另外,信用证的转让并不等于合同的转让,如果第二受益人因故不能履行义务,第一受益人仍要对合同的履行负责。

议一议

我国某外贸公司向日本客商出售大豆 10 万吨。总金额 60 万美元,支付方式为可转让信用证。该外贸公司收到信用证后,将其信用证金额中的 30 万美元转让给 A 公司,20 万美元转让给 B 公司。不料,货物到达目的港后日商来电称:"A 公司所交货物部分质量不符合要求,不予接受。"我外贸公司以此货物非本公司产品予以拒绝,而要求日商直接找 A 公司索赔。请分析:该外贸公司的说法是否合理? 为什么?

(5)即期信用证(Sight L/C)

即期信用证是开证行在收到符合信用证规定的跟单汇票或单据时,立即履行付款义务的信用证。即期信用证中有时加列"电报索偿条款",这是指开证行允许议付行用电报通知开证行,说明单证相符,开证行即立刻将货款拨交议付行。

(6)远期信用证(Usance L/C)

远期信用证是开证行或付款行收到远期汇票或单据后,在规定的期限内保证付款的信用证。远期信用证中有的是由受益人开立远期汇票,先交开证行或付款行承兑,等汇票到期后再付款,称作银行承兑远期信用证。有的信用证不规定受益人开立远期汇票,只规定货物装船后若干天付款或开证行收单后若干天付款,这种称作迟期付款信用证,或无承兑远期信用证。此外,还有一种信用证,规定受益人开立远期汇票,由开证行或其他指定银行负责贴现,并规定贴现息和费用由进口人负担。这种信用证,从开立的汇票看属于远期信用证,但出口人却可以即期收回全部货款,故习惯称"假远期信用证"。

(7)付款信用证(Payment L/C)

指定某一银行付款的信用证,称为付款信用证。当受益人凭这种信用证向指定的付款银行提交规定的单据时,付款行马上付款。付款信用证一般不要求受益人出具汇票,而凭受益人提交的单据付款。信用证的保证文句中要说明:"我行保证凭提交的符合信用证条款的单据付款。"付款信用证又分为即期付款信用证(Sight Payment L/C)和迟期付款信用证(Deferred Payment L/C)

(8)承兑信用证(Acceptance L/C)

凡是指定某一家银行承兑的信用证,称为承兑信用证。当受益人向指定的银行开具远期汇票并提示时,银行即行承兑,并于汇票到期日履行付款义务。在承兑信用证中通常有类似的保证文句:"我行保证符合信用证条款的汇票被提示时及时承兑并于到期日及时付款。"

(9)议付信用证(Negotiation L/C)

开证银行允许受益人向某一指定银行或者任意银行交单议付的信用证,称为议付信用证。议付(押汇)是指在单证相符的情况下,银行买下跟单汇票,扣除利息和手续费后,将货款付给受益人。议付属于议付行对受益人的融资行为,受益人可以提前拿到货款,但是也要承担被议付行追索的风险。议付又分为公开议付(Open Negotiation)和限制议付(Restricted Negotiation)。前者又称为自由议付,它是开证行对愿意办理议付的任何银行作公开议付邀请的信用证。后者则是开证行指定某一家银行进行议付的信用证。

总之,信用证种类繁多,交易双方应根据具体交易的情况,合理选择信用证的类型,并在合同中明确规定。

📍看一看

部分信用证、部分托收的支付方式是指不可撤销信用证与跟单托收两种方式结合起来使用。其具体做法是一笔交易货款的结算,部分以信用证付款,其余部分用托收方式结算。这种做法对买方来说可以减少费用的支出和资金的垫付,而对于卖方而言,其收汇安全较有保障。在实际业务中如采用这种方式结算的话,在其买卖合同中要明确规定信用证和托收这两种支付方式在货款支付中所占的比例,此外还要注明信用证的到达期限以及在信用证中规定须于全额支付合同金额后才可交单的条款。

在国际贸易中,可供选择的支付方式特点各异,表 3 - 7 是常用的支付方式的比较。贸易合同具体采用何种支付方式,应该根据其实际的情况而定。

表 3 - 7　国际贸易合同中各种主要支付方式的比较

主要的支付方式	手续	银行收费	资金负担	买方风险	卖方风险
前电汇(T/T)方式	简单	最少	不平衡	最大	最小
后电汇(T/T)方式	简单	最少	不平衡	最小	较大
付款交单(D/P)	稍多	稍多	不平衡	较小	较大
承兑交单(D/A)	稍多	稍多	不平衡	极小	极大
跟单信用证(Documentary L/C)	烦琐	最多	较平衡	较大	较小

二、贸易合同中支付条款的拟定

(一) 贸易合同中汇付支付条款的主要内容

贸易合同汇付支付条款的内容主要包括货款收付的具体方式、付款时间和付款金额等具体内容。汇付通常用于预付货款和赊账交易,在贸易合同中应该明确规定汇付的时间、具体的汇付方式和金额等。

1. 使用前 T/T(Payment in Advance)的条款

【例 3 - 25】　买方应于×年×月×日,将全部货款用电汇方式预汇给卖方。

The Buyers shall pay the total value to the Sellers in advance by T/T not later than ×××.

【例 3 - 26】　买方应于 2015 年 5 月 1 日前将全部货款(10000 美元)以电汇的方式预

付给卖方。

The buyer shall pay the total value(US＄ 10000)to the seller in advance by T/T not later than May 1，2015.

2. 使用后 T/T(Deferred Payment)的条款

【例 3－27】 买方收到本合同所列单据后,应于 7 天内电汇付款。

Payment to be effected by the buyer shall not be later than 7 days after receipt of the documents listed in the contract.

【例 3－28】 买方应于合同订立之日起 3 天内电汇 20％货款,其余款项收到提单复印件后电汇给卖方。

The buyer shall pay 20％ of the total value to the seller by T/T within three days after signing this contract，the balance of the total value should be paid by T/T against the copy B/L.

3. 其他汇付支付条款

【例 3－29】 买方应于合同签署后 30 天内以信汇的方式将货款的 15％(计 45000 美元)付给卖方。

The buyer shall pay to the seller 15％(US＄ 45000) by M/T within 30 days after the signing of this contract.

【例 3－30】 买方应不晚于×年×月×日将全部货款用票汇的方式预付给卖方。

The buyer shall pay the total value to the seller in advance by Mail Transfer(M/T) not later than...

(二) 贸易合同中托收支付条款的主要内容

采用托收支付方式应该在贸易合同中明确规定凭出口方开立的汇票或提交的单据付款,以及交单条件和支付时间等内容。

1. 即期付款交单

【例 3－31】 进口方应凭出口方开具的即期跟单汇票于见票时立即付款,付款后交单。

Upon first presentation，the importer shall pay against documentary draft by the exporter at sight.The shipping documents are to be delivered against payment only.

2. 远期付款交单

【例 3－32】 买方对卖方开具的见票后 60 天付款的跟单汇票,于第一次提示时应给予承兑,并应于汇票到期日即予付款,付款后交单。

The buyer shall duly accept the documentary draft drawn by the seller at 60 days sight upon first presentation and make payment on its maturity. The shipping documents are to be delivered against payment only.

3.承兑交单

【例 3－33】 买方对卖方开具的见票后 90 天付款的跟单汇票,于第一次提示时应即予承兑,并应于汇票到期日即予付款,承兑后交单。

The buyer shall duly accept the documentary draft drawn by the seller at 90 days sight upon first presentation and make payment on its maturity. The shipping documents are to be delivered against payment only acceptance.

(三) 贸易合同中信用证支付条款的主要内容

采用信用证支付方式,应该在贸易合同的支付条款中就开证日期、开证银行、受益人、信用证的种类和金额、装运期、到期日等作出明确规定。

1. 即期信用证

【例 3 - 34】　买方应通过卖方所接受的银行于 2015 年 5 月前开立并送达卖方不可撤销即期信用证,有效期至装运月份后第 15 天在中国议付。

The Buyer shall open through a bank acceptable to the Seller an Irrevocable Sight Letter of Credit to reach the seller before May, 2015, valid for negotiation in China until the 15th day after the month of shipment.

2. 远期信用证

【例 3 - 35】　买方应通过卖方所接受的银行于 2015 年 5 月前开立并送达卖方不可撤销、见票后 30 天付款、有效期至装运月份后第 15 天在广州议付的信用证。

The Buyer shall open through a bank acceptable to the Seller an Irrevocable Sight Letter of Credit at 30 days' sight to reach the Seller before May, 2015, valid for negotiation in Guangzhou until the 15th day after the month of shipment.

3. 信用证与跟单托收相结合的条款

【例 3 - 36】　买方应通过卖方所接受的银行于装运期月份前××天开立并送达卖方不可撤销即期信用证,规定××％发票金额凭即期光票支付,其余的××％用托收方式即期付款交单。100％发票金额的全套装运单据随附于托收项下,于买方付清发票的全部金额后交单。如买方不付清全部发票金额,则装运单据须由开证行掌握凭卖方指示处理。所开立的信用证应清楚地包括以上条款。

The Buyers shall open through a bank acceptable to the Sellers an Irrevocable Sight Letter of Credit to reach the Sellers ××× days before the month shipment, stipulating that ××％ of the invoice value available against clean draft at sight while the remaining ××％ on Documents against Payment at sight on collection basis. The full set of the shipping documents of 100％ invoice value. If the Buyers fail to pay full invoice value, the shipping documents shall be held by the issuing bank at the Sellers' disposal. The above terms should be explicitly included in the established Letter of Credit.

三、订立结算条款的注意事项

(一) 选用适宜的支付方式

出口商可以根据不同的顾客,不同的交易次数、不同的成交数量、不同的价格条件、不同的市场环境,灵活选取不同的收汇方式或不同的收汇方式结合使用。但是,安全、及时、方便收汇是其必须坚持的重要原则。

(二) 支付方式的操作程序要规范,不能出现自相矛盾的地方

各种不同的支付方式操作程序要符合规范,熟悉《托收统一规则》和《跟单信用证统一

惯例》中的有关规定。

(三)各种支付方式中一些至关重要的项目要齐备

例如,在汇付中应明确是哪一种汇付方式,是电汇、信汇还是票汇;托收中必须注明交单条件,是付款交单还是承兑交单;信用证方式必须注明开证日期,以免进口商延期开证等。

(四)付款时间必须明确具体,避免一些技术上的错误

例如,"买方应于 6 月 25 日前将 50% 货款电汇至卖方,其余货款收到正本提单后用票汇支付"。其中"收到正本提单后",是指收到正本提单后多长时间? 这就很容易授人以柄,让对方钻空子。

总之,结算条款作为主要的交易条件,在合同中有十分重要的地位。签订结算条款一定要慎之又慎,不可掉以轻心。

实操训练

杭州万向纺织品进出口公司的业务员陈景与 Accessory Network Group LLC 经过磋商,最终确定支付方式,合同的支付条款内容具体如下。

Payment terms:30% deposit by T/T in advance and the rest payment by L/C at sight. The deposit should be paid before the end of May,2018,and the buyer shall open an irrevocable Sight L/C to reach the seller before August 1,2018,valid for negotiation in China until the 15th day after the month of shipment.

任务布置

(一)业务背景

杭州万溪进出口有限公司与美国 Libra Import And Export Co.,Ltd.经过交易磋商,确定了女式 T 恤衫的相关交易条件,具体资料如下。

1.合同资料

出口商:

杭州万溪进出口有限公司

The Seller:Hangzhou Wanxi Import & Export Co.,Ltd.

Address:No. 896 Xixi Road,Hangzhou,Zhejiang Province,China

进口商:

The Buyer:Libra Import And Export Co.,Ltd.

Address:No.6,Five Street,New York,Usa

Unit Price:US $ 4.00/PC CIF New York

Total Amount:US $ 13920.00

Shipping Mark:

LIBRA

NO.1...UP

Time Of Shipment:Before July 15,2016

Port Of Shipment：Shanghai，China

Port Of Destination：New York

2. 商品资料

商品编号：02009　　　　　海关代码：6109100022

中文名称：女式 T 恤衫　　　英文名称：Women's T-Shirt

销售单位：pc　　　　　　　成本（￥）：56 元

包装单位：Carton　　　　　单位换算：每包装单位＝20 销售单位

毛重：13 KGS/包装　　　　净重：11 kgs/包装

体积：0.14308 cbm/包装

每箱 20 件；颜色：黑色；面料成分：全棉

（20Pcs Per Carton，Color：Black，Fabric Content：100％ Cotton）

增值税率：17％；退税率：13％；海关监管条件：B

3. 支付信息

女式 T 恤衫的付款条件为：全部货款采用不可撤销即期信用证付款。要求买方于 2016 年 6 月 30 日前开出本批交易的即期、不可撤销信用证。信用证在中国议付有效期为装运期后 15 天。

（二）操作要求

请根据以上的业务背景，用英语拟定相应的支付条款。

任务六　拟定合同一般条款

情景呈现

杭州万向纺织品进出口公司的业务员陈景与 Accessory Network Group LLC 的 Bill Peril 几经磋商后，最终达成交易，因此需要拟定一份销售合同，合同中除了完成标的物条款、价格条款、运输条款、保险条款、支付条款外，还需拟定一般条款，那么陈景该如何正确地拟定合同中检验、索赔、不可抗力和仲裁条款呢？

任务目标

分析并拟定合同中的检验、索赔、不可抗力、仲裁条款。

相关知识

学习商品的检验（Commodity Inspection）、检验证书（Inspection Certificate）、不可抗力（Force Majeure）、仲裁（Arbitration）等相关内容。

拟定检验
索赔条款

一、商品检验条款的拟定

商品检验(Commodity Inspection)是指在国际贸易中,商品的检验权人对卖方所交付的货物进行品质、数(重)量和包装等方面的鉴定,以确定该货物是否符合合同规定的情况。广义的商品检验还包括根据一国法律法规的规定,对某些货物进行安全、卫生、环境保护和动植物病虫害等方面进行强制性的检验检疫。故合同的商品检验条款有时亦称为商品检验检疫条款。

国际货物买卖合同中的商品检验检疫条款一般包括下列内容:有关检验权的规定,检验或复验的时间和地点,检验机构,检验项目和检验证书等。有时候贸易合同中较详细的检验条款还可根据业务需要再增加对检验的标准和检验方法的规定。

(一)有关商品检验权的规定

关于国际贸易中的商品检验权,各国法律普遍认为买方有权对自己所购买的货物进行检验,双方另有约定的除外。一般也认为,如发现货物不符合合同的规定,且是属于卖方之责的,买方有权采取措施,要求卖方补救,甚至可以拒收货物。在实践中,应该引起注意的是,买方对货物的检验权并不是其对货物表示接受的前提条件。买方可以对卖方所交付的货物进行检验,也可以不检验。但如果买方没有利用合理的机会对货物进行检验,则意味着买方放弃了其对货物的检验权,也就丧失了拒收货物的权利。

(二)有关检验时间与地点的规定

在国际贸易中,各国一般都允许买方在接受商品前有权检验商品。但在何时何地对商品进行检验,各国法律并无统一的规定。由于商品检验时间和地点的确定直接关系到交易双方的经济利益,因此买卖双方必须在合同中予以明确的约定。在国际贸易中,有关商品检验时间与地点的主要规定方法如下。

1. 在出口国(地区)检验

该方法包括产地(工厂)检验和装运港(地)检验两种。

(1)产地(工厂)检验

产地(工厂)检验是指货物在产地出运或工厂出厂前,由产地或工厂的检验部门或买方的验收人员进行检验或验收,并由合同中规定的检验机构出具检验证书,作为卖方所交货物的品质、数量等内容的最后依据。采用这种检验方式,对于卖方来说,他必须承担货物离厂前的品质责任。而如果货物检验合格,在运输途中出现的品质、数量等方面的风险则由买方承担。

(2)装运港(地)检验

装运港(地)检验是指卖方在出口国装船前,报请买卖双方约定的商品检验机构对出口商品进行检验,以该商品检验机构出具的检验证书作为确定合同货物品质和数量的最后依据。习惯上将此方法称为"离岸品质、离岸重量(数量)"。采用这种做法,当货物运抵目的港(地)后,即使买方再对货物进行复验时发现问题,买方也无权提出异议和索赔。

当采用上述两种方法时,即使买方在货物到达目的港(地)后,自行委托检验机构对货物进行复验,也无权就货物的品质和数量等向卖方提出异议。除非有证据证明,有关的品质问题是由于卖方未履行合同规定而引起或是由于货物固有的瑕疵而引起的。可见,这两种方法实际上是否定了买方的复验权,故对买方极为不利。

2. 在进口国(地区)卸货后检验

在进口国(地区)卸货后检验是指货物在进口国(地区)卸货后,由买卖双方约定的当地检验机构对货物进行检验,以其出具的检验证书作为确定货物品质和数量的最后依据。如买方发现商品的品质、数量等与合同规定不符,可凭检验证书向卖方提出索赔。除造成上述情况是属于承运人或保险人的责任以外,卖方不得拒绝理赔。采用该做法时,实际上是规定了卖方必须承担到货品质和数量等方面的责任,这对卖方来说,风险较大。具体来说,该做法有以下两种情况。

(1)目的港(地)检验

目的港(地)检验是指货物到达目的港(地)卸货后,在约定的时间内,由双方约定的检验机构就地对货物进行检验,并以其检验结果作为卖方交货数量和质量的最后依据。习惯上称此方法为"到岸品质、到岸重量(数量)"。

(2)买方营业场所或用户所在地检验

买方营业场所或用户所在地检验主要适用于那些不便于在目的港(地)卸货时检验的货物。例如,在使用之前打开可能有损于货物质量的密封包装的货物,或者规格复杂,需要在特定条件下用精密仪器或设备才能完成检验的货物。

3. 出口国(地区)装船前检验、进口国(地区)卸货后复验

出口国(地区)装船前检验、进口国(地区)卸货后复验是指以货物在出口国(地区)装船前进行检验并取得的检验证书,作为卖方向银行议付货款的一种凭证,而买方对运到目的港(地)后的货物在一定期限内仍有权进行复验。买方在复验时如发现货物与合同规定不符,且该不符情况是属于卖方责任的话,买方可凭复验证书向卖方提出异议和索赔。这种做法既承认卖方提供的检验证书是有效的文件,又承认买方具有检验货物的权利,比较合理。这是目前国际贸易中普遍采用的做法。

议一议

某合同商品检验条款中规定以装船地商检报告为准,但在目的港交付货物时却发现品质与约定的规格不符。买方经当地商检机构检验并凭借其出具的检验证书向卖方索赔,而卖方却以合同商品检验条款的规定拒赔。请问:卖方的拒赔是否合理?为什么?

(三)商品检验机构与商品检验证书

1. 商品检验机构

在国际贸易中,商品的检验工作一般是由专门的检验检疫机构进行的。商品的检验机构从组织性质看,有官方机构、半官方机构、同业公会或民间机构;从经营的业务范围来看,有综合的检验机构和专业的检验机构。这些检验机构都是为进出口商品的检验提供服务的,与买卖双方均无利害关系。表3-8列出了部分国际知名商品检验机构。

表 3-8　国际知名检验机构一览

国际知名的官方检验机构	国际知名的民间检验机构
美国粮谷检验署	美国保险人实验室
	瑞士通用公证行
美国食物药品管理局	英国劳合氏公证行
	英国英之杰检验集团
法国国家实验室检测中心	加拿大标准协会
	法国船级社
日本通商产业检查所	日本海外货物检验株式会社
	中国香港天祥公证化验行

我国的进出口商品检验工作在 2018 年国家关检合一机构改革后统一由海关总署负责,具体实施由中国检验认证集团有限公司等具有资质的进出口商品检验鉴定机构完成。

2. 商品检验证书

检验检疫机构对进出口商品检验检疫或鉴定后,根据不同的检验结果或鉴定项目签发的各种检验证书、鉴定证书和其他证明书,统称为检验证书(Inspection Certificate)。商品检验检疫证书直接关系到贸易当事人各方的责任和经济权益,在国际贸易中,检验证书起着公证证明的作用。

(1)主要的检验证书

目前,我国签发的检验证书主要种类如下。

①检验鉴定类证书。

②食品卫生类证书。

③兽医类证书。

④动物检验检疫类证书。

⑤植物检疫类证书。

⑥运输工具检验检疫类证书。

⑦检疫处理类证书。

⑧进口货物检验检疫类证书。

在实际业务中,买卖双方应根据成交货物的种类、性质、有关国家的法律和行政法规、政府的涉外经济贸易政策和贸易习惯等来确定卖方应提供何种检验证书,并在买卖合同中予以明确。

(2)我国关于法定检验检疫的规定

①法定检验检疫的范围

法定检验检疫的目的是为了保证进出口商品动植物(或产品)及其运输设备的安全、卫生符合国家有关法律法规规定和国际上的有关规定,防止次劣有害商品、动植物(或产品)的病虫害及危害人类和环境的传染病源输入或输出,以保障生产建设安全和人类健康。法定商检的商品未经检验检疫,不准销售、使用和出口。在我国,对进出口商品实施法定检验检疫的范围如下。

a. 列入《商检机构实施检验的进出口商品种类表》的进出口商品的检验。

b. 对出口食品的卫生检验。

c. 对出口危险货物包装容器的性能鉴定和使用鉴定。

d. 对装运出口易腐烂变质食品、冷冻品的船舶、集装箱等运输工具的适载检验。

e. 对有关国际条约规定须经商检机构检验的进出口商品的检验。

f. 对其他法律、行政法规规定须经商检机构检验的进出口商品的检验。

②申请免检商品应具备的条件

另外,我国《商检法》规定,凡列入法定检验的进出口商品和其他法律、法规规定的检验检疫商品,经申请并报海关批准,可免于检验。申请人申请免检的商品,应当具备以下条件。

a. 在国际上获得质量奖的商品。

b. 经商品检验检疫机构多次检验,或经国家商品检验检疫局认可的外国有关组织实施质量认证的进出口商品。

c. 连续 3 年经商品检验检疫机构检验,合格率为 100%,并在 3 年内没有发现质量异议的出口商品。

d. 一定数量限额内的非贸易性进出口商品。

e. 进出口的样品、礼品、非销售展品和其他非贸易性物品。

议一议

某公司从国外采购一批特殊器材,该器材指定由国外某检验机构负责检验合格后才能收货。该公司采购后接到指定的检验机构的报告。报告称该批器材质量合格,但又在其报告附注中说明,此项报告的部分检验记录由制造商提供。请问:在这种情况下,买方能否认为该批器材质量合格而接受货物?

(四) 拟定贸易合同中检验条款的示例

【例 3-37】　双方同意以装运港中国检验认证集团有限公司签发的品质及数量检验证书为最后依据,并对双方具有约束力。

It is mutually agreed that the goods are subject to the Inspection Certificate of Quality and Inspection Certificate of Quantity issued by China Certification & Inspection (Group) Co., Ltd. at the port of shipment. The Certificate shall be binding on both parties.

【例 3-38】　买卖双方同意以装运港(地)中国检验认证集团有限公司签发的质量和重量(数量)检验证书作为信用证项下议付所提交的单据的一部分,买方有权对货物的质量和重量(数量)进行复验,复验费由买方承担。但若发现质量和/或重量与合同规定不符时,买方有权向卖方索赔,并提供经卖方同意的公证机构出具的检验报告。索赔期限为货物到达目的港(地)后 90 天内。

It is mutually agreed that the Certificate of Quality and Weight(Quantity)issued by the China Certification & Inspection(Group) Co.,Ltd. at the port/place of shipment shall be part of the documents to be presented for negotiation under the relevant L/C. The Buyers shall have the right to reinspect the quality and weight(quantity)be found not in conformity with that of the contract，the Buyers are entitled to lodge with the Sellers a claim which should be supported by survey reports issued by a recognized surveyor approved by the Sellers. The claim，if any，shall be lodged within 90 days after arrival of the goods at the port/place of destination.

（五）拟定贸易合同中检验条款应注意的问题

（1）应对合同中检验条款内容进行明确规定。

买卖双方应该在合同中明确有权对商品进行检验的机构，并确定需要出具检验检疫证书的名称和份数，以满足不同部门的需要。

（2）出口动植物产品或食品的卫生检验检疫，一般均按我国的标准及有关法律法规办理。

（3）应明确买方对商品复验权的内容，即应明确买方对商品质量、数量或重量等进行复验的时间、地点和复验方法。复验地点一般为目的港（地），复验时间不宜过短或过长，一般应为货物到达目的港（地）后 30～180 天。

二、贸易合同中索赔条款的拟定

违约责任

在国际贸易中，合同的一方当事人未能全部履行合同所规定的义务，或者只是部分履行合同所规定的义务，或者拒不履行合同义务的违约行为，会导致索赔和理赔现象的出现。索赔是指合同的一方违反合同规定，直接或间接地给另一方造成了损害，受损方向违约方提出损害赔偿的要求。理赔则是违约一方对于受损害一方提出的索赔要求进行处理的法律行为。由此可见，索赔和理赔是一个问题的两个方面。

在国际贸易中，最常见的提起索赔的一方往往是买方，即进口索赔。当然，买方不按期接受货物或无理拒收货物，又或者拒付货款的情况也时有发生，因此也有卖方向买方索赔的情况。为了便于处理这些问题，买卖双方一般会在合同中订有索赔条款，规定索赔的依据、索赔的期限和索赔的办法等，或直接规定罚金或违约金作为对违约方的惩罚。

（一）贸易合同中索赔条款的主要内容

1. 索赔对象

（1）向合同当事人索赔

在实际业务中，如果是合同当事人的责任造成的损失，则向责任方提出索赔。主要有向卖方索赔和向买方索赔。凡属下列情况均可向卖方索赔：原装数量不足；货物品质与合同规定不符；包装不良致使货物受损；未按期交货或拒不交货等。凡属下列情况均可向买方索赔：买方不按期接运货物或无理拒收货物和拒付货款等。

（2）向承运人索赔

在实际业务中，如果是承运人的责任所造成的损失，则应该向承运人提出索赔。凡属下列情况均可向承运人索赔：货物数量少于提单所载数量；提单是清洁提单，而货物有残损情况,并且属于船方过失所致;货物所受的损失,根据租船公约有关条款应由船方负责等。

(3) 向保险公司索赔

在实际业务中,如果是属于承保范围的货物损失,可向保险公司索赔。

2. 索赔期限

索赔期限是指受损害一方有权向违约方提出索赔的期限。按照法律和国际惯例,受损害一方只能在一定的索赔期限内提出索赔,否则即丧失索赔权。索赔期限有约定索赔期限与法定索赔期限两种。约定索赔期限是指买卖双方在合同中规定的索赔期限。如果买卖合同中没有规定索赔期限,则适用法定索赔期限的规定。法定索赔期限一般都比较长,如我国《合同法》规定,国际货物买卖合同争议提起诉讼或申请仲裁的期限为 4 年,自当事人知道或应当知道其权利受到侵犯之日起计算。而《联合国国际货物销售合同公约》则规定,买方行使索赔权的有效期限是自买方实际收到货物之日起不超过 2 年。向承运人索赔,期限为货物到达目的港交货后 1 年之内。向保险公司索赔,期限为保险货物在卸载港全部卸离海轮后 2 年内。

看一看

在索赔条款中,关于索赔期限的起算时间也要做具体规定。通常有以下几种规定方法。

(1) 货物到达目的港后×××天起算。

(2) 货物到达目的港卸离海轮后×××天起算。

(3) 货物到达营业处或用户所在地×××天起算。

(4) 货物经检验后×××天起算。

3. 索赔依据

一方当事人提出索赔时,必须要有充分的索赔依据。如果索赔时证据不足、不全或出证机构不符合要求等,都有可能遭到对方拒赔。

提出索赔时所需要的证明文件在合同中一般不做具体规定,而要根据违约情况来确定。例如,如果是交货时间不符的情况,则需要以船方签发的提单为证明;如果是交货品质不符的情况,则以合同规定的商品检验机构出具的检验证书为证明。

4. 索赔金额

关于索赔金额,如果合同中有约定损害赔偿金额的或有约定计算损害赔偿金额方法的,通常按照约定的金额或约定的计算方法来确定损害赔偿金额。如果合同没有相关约定的,根据国际惯例,受损方向违约方索赔的金额,应与违约方违约造成的损失相等。另外,有关费用也可以提出,比如,商品检验费、装卸费、银行手续费、仓租、利息等,都可以包括在索赔金额内。如果向承运人索赔,应按照提单(班轮运输方式下)或租船合约(租船方式下)的有关规定计算索赔金额;如果向保险公司索赔,则根据保险合同中规定的方法计算索赔金额。

（二）拟订贸易合同索赔条款的示例

【例 3-39】 买方对于装运货物的任何索赔,必须于货物到达提单及(或)运输单据所订目的港(地)之日起 60 天内提出,并提供卖方同意的公证机构出具的检验报告。属于保险公司、轮船公司或其他有关运输机构所应负责者,卖方不予受理。

Any claim by the Buyers regarding the goods shipped should be filed within 60 days after the arrival of the goods at the port/place of destination specified in the relative Bill of Lading and /or transport document and supported by a survey report issued by a surveyor approved by the Seller. Claims in respect of matters within responsibility of insurance company, shipping company/other transportation organization will not be considered or entertained by the Seller.

【例 3-40】 如买方提出索赔,凡属质量异议的须于货到目的港 60 天内提出,凡属数量异议的须于货到目的港 30 天内提出,对所装货物所提任何异议属于保险公司、轮船公司等其他有关运输或邮购机构,卖方不负任何责任。

In case of quality discrepancy, claim should be filed by the Buyer within 60 days after the arrival of the goods at port of destination, while for quantity discrepancy, claim should be filed by the Buyer within 30 days after the arrival of the goods at port of destination. It is understood that the Seller shall not be liable for any discrepancy of the goods shipped due to causes for which the insurance company, shipping company/other transportation organization /or post office are liable.

三、贸易合同中不可抗力条款的拟定

拟定不可抗力条款

不可抗力条款是指合同中明确约定一方当事人因不可抗力而不能履行合同的全部或部分义务的,免除其全部或部分责任,另一方当事人不得对此要求损害赔偿。可见,不可抗力条款是一种免责条款,其主要内容包括:不可抗力的范围、对不可抗力的处理、不可抗力事件的通知以及其出具证明的机构等。

不可抗力(Force Majeure)是指买卖合同签订后,不是因为合同当事人的过失或疏忽,而是由于发生了当事人既无法预见、预防,也无法避免和控制的意外事件,以致不能履行或不能如期履行合同,遭受意外事故的一方可以免除履行合同的责任或推迟履行合同。不可抗力事件的说法,各国规定并不尽统一,但一般都认为其内涵应该包括以下几点:①不可抗力事件必须发生在合同签订以后,②不是因为合同当事人任何一方的故意或过失而导致的,③不可抗力事件的发生及其后果应该是当事人无法预见、无法控制、无法避免和不可克服的。

（一）不可抗力事件的范围

不可抗力的事件范围较广,通常可分为两种情况:一种是由于"自然力量"引起的,如水灾、火灾、暴风雨、大雪、地震等;另一种是由于"社会力量"引起的,如战争、罢工、政府禁令等。在国际贸易合同中,关于不可抗力事件的范围应在合同中订明。通常来说,对于不可抗力事件范围的规定,主要有三种规定办法:概括式规定、列举式规定和综合式规定。

1. 概括式规定

概括式规定,即在合同中不具体规定哪些事件属于不可抗力事件,而只是进行笼统地规定。如:"由于公认的不可抗力原因,致使卖方不能全部或部分交货,或延期装运合同货物,卖方对此不负责任";或"由于不可抗力事件使合同不能履行,发生事件的一方可据此免除责任"。应当指出的是,采用概括式规定的方法对不可抗力事件进行界定时,由于含义模糊、解释的伸缩性大,仍然容易引起争议,故在实际业务中不宜采用。

2. 列举式规定

列举式规定,即在合同中详列不可抗力事件,凡是在合同中没有列明的,不能作为不可抗力来免除责任。采用这种一一列举的办法,虽然明确具体,但是文字烦琐,且可能出现遗漏的情况。如果发生未列入其中的不可抗力事件,则无法保护因该不可抗力事件而违约的交易方的合法权益。因此,列举式规定也不是最好的办法。

3. 综合式规定

综合式规定是指在合同条款中不仅列明经常发生的不可抗力事件(如战争、洪水、地震、水灾等),而且同时加上"以及双方同意的其他不可抗力事件"的文句。采用综合规定的方法界定不可抗力事件,既具体明确,又保持了一定灵活性。这种方法弥补了上述两种方法的不足,因而在实践中采用较多。在我国的进出口合同中,一般都采用这种规定办法。

(二) 不可抗力事件的处理办法

发生不可抗力事故后,应按约定的处理原则和办法及时进行处理。不可抗力事件的处理方法主要有:解除合同和变更合同。究竟如何处理,应视事件的原因、性质、规模及其对履行合同所产生的实际影响程度而定,或者由买卖双方在合同中加以具体规定。如果合同没有明确的规定,一般的解释是:若不可抗力致使不能实现合同目的,即不可抗力导致合同履行成为不可能(例如,特定标的物的灭失,或事件的影响比较严重,非短时期内所能复原),则可解除合同;如果不可抗力只是部分地或暂时性地阻碍了合同的履行,则发生事件的一方只能采用变更合同的方法,以减少另一方的损失。另外需要引起我们注意的是,根据我国法律,一方当事人迟延履行后发生不可抗力的,并不能免除其合同责任。

不可抗力

💡 **议一议**

我国某公司与阿根廷商人签订豆饼买卖合同,我国某公司从阿根廷进口普通豆饼20000吨,交货期为8月底,拟转售欧洲。谁料在4月份时阿根廷商人原定的收购地点发生百年一遇洪水,大豆严重歉收,其原来的收购计划落空。据此,阿根廷商人要求按不可抗力处理以免除其交货责任。问:中方公司应该如何处理?

(三) 不可抗力事件的通知和证明

不可抗力事件发生后如影响合同履行的,遭遇不可抗力事件的一方当事人应按合同约定的通知期限和通知方式,将事件情况如实通知对方,并提供必要的证明文件。除此之

外,在通知中还应提出相应的处理意见。对方在接到通知后应及时答复,如有异议也应及时提出。

遭遇不可抗力事件的一方当事人按约定办法所出具的证明文件,在我国可由中国国际贸易促进委员会(China Council for the Promotion of International Trade,CCPIT)出具作为证明发生不可抗力事故的证据。而在国外,这种证明文件一般是由当地的商会或法定公证机构出具的。

(四) 拟定贸易合同不可抗力条款的示例

【例3-41】 如由于不可抗力的原因,导致卖方不能全部或部分装运,或延迟装运合同货物,卖方对此不负有责任。但卖方应以电讯方式通知买方,并须在15天内以航空挂号信件向买方提交由中国国际贸易促进委员会出具的证明此类事件的证明书。

If the shipment of the contracted goods is prevented or delayed in whole or in part due to Force Majeure, the Seller shall not be liable. However, the Seller shall notify the Buyer by teletransmission and furnish the letter within 15 days by registered airmail with a certificate issued by the China Council for the Promotion of International Trade attesting such event or events.

【例3-42】 如由于战争、地震、水灾、暴风雨等原因,导致卖方不能全部或部分装运,或延迟装运合同货物,卖方对此不负有责任。但卖方应以电讯方式通知买方,并须在15天内以航空挂号信件向买方提交由中国国际贸易促进委员会(出具)的证明此类事件的证明书。

If the shipment of the contracted goods is prevented or delayed in whole or in part by reason of war, earthquake, flood, storm, the Seller shall not be liable. However, the Seller shall notify the Buyer by teletransmission and furnish the letter within 15 days by registered airmail with a certificate issued by the China Council for the Promotion of International Trade attesting such event or events.

【例3-43】 如由于战争、地震或其他不可抗力的原因致使卖方对本合同项下的货物不能装运或延迟装运,卖方对此不负有责任。但卖方应立即通知买方,并须在15天内以航空挂号信件向买方提交由中国国际贸易促进委员会出具的证明书,以证明该不可抗力事件的发生。

If the shipment of the contracted goods is prevented or delayed in whole or in part by reason of war, earthquake or other causes of Force Majeure, the Seller shall not be liable. However, the Seller shall notify the Buyer immediately and furnish the letter within 15 days by registered airmail with a certificate issued by the China Council for the Promotion of International Trade attesting such event or events.

四、贸易合同中仲裁条款的拟定

在国际货物买卖中,买卖双方在合同履行过程中因种种原因发生争议是难以避免的。当发生争议时,在国际上,一般均首先采用由双方当事人通过友好协商达成和解的方式解决。如协商得不到解决时,则分别视情况而采取

仲裁

通过第三者调解、提交仲裁机构仲裁或进行司法诉讼等方式进行处理。其中,提交仲裁机构仲裁是国际贸易中处理争议常用的方式。

仲裁(Arbitration)是解决对外贸易争议的一种重要方式。它是指买卖双方达成协议,自愿将有关争议交给双方所同意的仲裁机构进行裁决,而这个裁决是终局的,对双方都有约束力,双方必须遵照执行。经过长期实践,目前包括我国在内的不少国家已通过立法,规定仲裁为解决争议途径之一的制度。

看一看

较之诉讼,仲裁有以下特点:①仲裁依据当事人意思自治原则,以各方当事人自愿为基础订立仲裁条款或协议,一旦出现争议则自愿将协议交由商事仲裁机构裁决;而诉讼并非基于自愿,有管辖权的法院受理案件后,被告就得去应诉。②仲裁具有保密性,审理一般不公开进行,案情不公开,裁决也不公开。这有利于维护当事人的商业信誉,有助于提高过错方遵守裁决的自愿性;而诉讼一般按法律程序公开进行。③仲裁当事人对仲裁机构、仲裁员、仲裁程序和所适用的法律均有自由选择权;而诉讼中,诉讼当事人对受理案件的法院、法官、诉讼程序基本上无选择权,得依照法律进行。④仲裁在程序上相对简便、迅速,而诉讼一般较复杂且较花费时间。

(一)仲裁协议

1. 仲裁协议的概念与类型

仲裁协议,是指贸易合同双方当事人约定将他们之间已经发生或可能发生的争议提交仲裁解决的一种书面协议。它是仲裁机构受理争议案件的依据。从这一概念中可以看到,仲裁协议有两种类型:一种是各方当事人在争议发生前订立的,一般包括在合同中作为合同的一项条款,称为"仲裁条款";另一种是各方当事人在纠纷发生前后订立的,表示愿意将他们之间已经发生的争议提交仲裁解决的协议,称为提交仲裁的协议。

2. 仲裁协议的主要内容

贸易合同中的仲裁条款或提交仲裁的协议是争议发生后提请仲裁的先决条件,因而应该订立得明确、具体、完整。一般来说,仲裁协议的内容应包括:请求仲裁的意思表示、请求仲裁的事项、仲裁地点、仲裁机构、仲裁程序规则及仲裁裁决的效力,有的还包括仲裁员人数及指定方法、仲裁适用的法律、仲裁费用的承担及仲裁使用的语言等。下面主要介绍仲裁地点、仲裁机构、仲裁程序规则、仲裁裁决的效力等内容。

(1)仲裁地点

仲裁条款中,仲裁地点是一个很关键的内容。在商定仲裁条款时,各方当事人一般都会力争在本国仲裁。这是因为当事人对自己国家的法律和仲裁比较了解和信任,而对国外的仲裁制度往往不大了解,易于产生疑虑。而且,仲裁地点与仲裁所适用的程序及确定争议所适用的实体法都有密切关系,在哪个国家仲裁,意味着就要适用哪个国家的仲裁规则,从而可能影响仲裁结果。因此,仲裁条款争议的焦点往往是仲裁地点。在实际业务中,如何争取到对自己比较有利、比较方便的仲裁地点,取决于各方当事人的优势和谈判地位,法律并无强制性规定。一般而言,合同当事人如果争取不到在本国的仲裁地点时,可约定在第三国或被诉人所在国仲裁。

(2)仲裁机构

申请国际商事仲裁有两种做法,一种是提交常设仲裁机构进行仲裁,另一种是直接由各方当事人指定的仲裁员自行组成仲裁庭进行仲裁,又称临时性仲裁。如果约定在常设仲裁机构仲裁,则应写明仲裁机构的名称;如果约定组成临时仲裁庭仲裁,则应写明组成仲裁庭的人数、如何指定及采用的审理程序等。我国有关仲裁的法律没有规定临时仲裁庭,而在涉外经济合同中,一般规定在仲裁地点的常设仲裁机构仲裁,如中国国际经济贸易仲裁委员会或海事仲裁委员会。

📍**看一看**

在国际贸易中,著名的国际性常设仲裁机构主要如下。

(1)国际商会仲裁院。

(2)伦敦国际仲裁院。

(3)瑞典斯德哥尔摩商会仲裁院。

(4)中国国际经济贸易仲裁委员会。

(5)苏黎世商会仲裁院。

(6)美国仲裁协会。

(7)中国香港国际仲裁中心。

(8)日本商事仲裁协会。

(3)仲裁程序规则

仲裁程序主要是规定如何进行仲裁的程序和方法,包括如何提出申请、如何指定仲裁员组成仲裁庭、如何审理做出裁决,以及如何分担仲裁费用,等等。之所以要形成仲裁程序,主要是为当事人和仲裁员提供一套进行仲裁的行为规则,以便仲裁时有所遵循。为了方便仲裁,各国仲裁机构都将仲裁程序制定为仲裁规则。因此,一般来说,当事人确定在哪个常设机构仲裁,就应该按该仲裁机构制定的仲裁规则办理。如当事人同意在中国国际经济贸易仲裁委员会仲裁,就会规定按照该委员会的仲裁规则进行仲裁。但是,这并不是绝对的。有些国家的仲裁机构也允许当事人选择使用他们认为合适的仲裁规则,如其他国家或国际商事机构所制定的仲裁规则。

(4)仲裁裁决的效力

仲裁裁决的效力也是仲裁条款的重要内容,主要是指裁决是否具有终局性,对双方当事人有无拘束力,能否向法院提起上诉等问题。国际上大多数国家的法律对当事人在仲裁条款中裁决终局性的约定是尊重的,有的还明确规定了经仲裁裁决的争议,当事人不得向法院起诉。我国也做了类似的规定,《中国国际经济贸易仲裁委员会仲裁规则》第 49 条指出,"仲裁裁决是终局的,对双方当事人均有约束力。任何一方当事人均不得向法院起诉,也不得向其他任何机构提出变更仲裁裁决的请求"。

（二）国际商事仲裁的程序

1. 仲裁申请

仲裁申请是仲裁机构立案申请的前提。根据《中国国际经济贸易仲裁委员会仲裁规则》的规定,我国仲裁机构受理案件的依据是双方当事人的仲裁协议和一方当事人(申请人)的书面申请书。其主要内容包括:①申请人和被申请人的名称和住址;②申请人所依据的仲裁协议;③申请人的要求及所依据的事实和证据。申请人提交仲裁申请书时,还应附具申请人请求所依据的事实证明文件,比如合同、往来函电等正本或副本。仲裁机构经审查认为申请人申请仲裁的条件符合,应当受理并通知当事人。

2. 仲裁庭的组成

当争议提交仲裁后,是由争议双方所指定的仲裁员组成仲裁庭进行仲裁并做出裁决的。根据国际贸易的实践,一般允许双方当事人在仲裁协议中规定仲裁员的人数和指定方法。如果仲裁协议没有规定,则按有关国家的仲裁法规或仲裁机构的程序规则进行仲裁。

3. 仲裁审理

各国仲裁机构对仲裁的审理过程基本相似,主要包括:开庭、收集和审定证据、调查事实,必要时,还需采取保全措施。

4. 做出裁决

仲裁裁决是仲裁程序的最后一个环节,根据各国仲裁法和仲裁规则的规定进行仲裁裁决,并实行一裁终局的制度,裁决结果对双方当事人均有约束力。

💡 议一议

我国某外贸公司向一美国公司出口女式丝袜一批,合同规定双方在合同履行过程中一旦发生争议,经协商未能解决的,应将争议提交中国国际经济贸易仲裁委员会在北京进行仲裁。在合同履行中,双方因商品的品质问题发生争议,协商未果后,美方在美国当地法院提起诉讼。对此,我方应该如何处理?

（三）贸易合同中的仲裁条款的示例

国际货物买卖合同中的仲裁条款,一般应包括:提交仲裁的事项,即提请仲裁的争议范围、地点、机构、规则、效力等内容。实际业务中,我国外贸合同中的仲裁条款通常采取以下三种方法拟定:争取规定在我国仲裁,或者规定在被申请一方的所在国家仲裁,或者规定在双方同意的第三国仲裁。具体举例如下。

【例3-44】 凡因执行本合同所发生的或与本合同有关的一切争议,双方应首先通过友好协商解决;如协商不能解决,应提交中国国际经济贸易仲裁委员会根据其仲裁规则进行仲裁,仲裁地点在北京。仲裁裁决是终局的,对双方均有约束力。仲裁费用除仲裁庭另有规定外,由败诉一方承担。

All disputes in connection with this contract or arising from the execution of there, shall be amicable settled through negotiation in case no settlement can be reached between the two parties, the case under disputes shall be submitted to China

International Economic and Trade Arbitration Commission, Beijing, for arbitration in accordance with its Rules of Arbitration. The arbitral award is final and binding upon both parties. The arbitration fee shall be borne by the losing party unless otherwise awarded by the arbitration court.

【例 3 - 45】 凡因执行本合同所发生的或与本合同有关的一切争议,双方应通过友好协商解决;如果协商不能解决,应提交仲裁。仲裁在被申请一方所在国进行。如在中国,则由北京中国国际经济贸易仲裁委员会根据该会仲裁规则进行仲裁。如在×××(国家),则由该国×××(仲裁机构)根据该机构仲裁规则进行仲裁。仲裁裁决是终局的,对双方都有约束力。仲裁费用除仲裁庭另有规定外,由败诉一方承担。

All disputes in connection with this contract or arising from the execution of there, shall be amicable settled through negotiation. In case no settlement can be reached between the two parties, the case under disputes shall be submitted for arbitration. The location of arbitration shall be in the country of the domicile of the defendant. If in China, the arbitration shall be conducted by the China International Economic and Trade Arbitration Commission, Beijing, in accordance with its rules of arbitration. If in ××
×, the arbitration shall be conducted by × × × in accordance with its rules of arbitration. The arbitral award is final and binding upon both parties. The arbitration fee shall be borne by the losing party unless otherwise awarded by the arbitration court.

【例 3 - 46】 凡因执行本合同所发生的或与本合同有关的一切争议,双方应通过友好协商解决;如果协商不能解决,应提交×××(国)×××(地)×××(仲裁机构),根据该仲裁机构的仲裁规则进行仲裁。仲裁裁决是终局的,对双方均有约束力。仲裁费用除仲裁庭另有规定外,由败诉一方承担。

All disputes in connection with this contract or arising from the execution of there, shall be amicable settled through negotiation. In case no settlement can be reached between the two parties, the case under disputes shall be submitted to × × × for arbitration, in accordance with its rules of arbitration. The arbitral award is final and binding upon both parties. The arbitration fee shall be borne by the losing party unless otherwise awarded by the arbitration court.

实操训练

杭州万向纺织品进出口公司的业务员陈景与 Accessory Network Group LLC 达成协议的合同中检验、索赔、不可抗力、仲裁条款具体资料如下。

Inspection clause: It is mutually agreed that the goods are subject to the Inspection Certificate of Quality and Inspection Certificate of Quantity issued by China Certification & Inspection(Group) Co., Ltd. at the port of shipment. The Certificate shall be binding on both parties.

Claim clause: In case of quality discrepancy, claim should be filed by the Buyer within 60 days after the arrival of the goods at port of destination, while for quantity discrepancy, claim should be filed by the Buyer within 30 days after the arrival of the goods at port of destination. It is understood that the Seller shall not be liable for any discrepancy of the goods shipped due to causes for which the insurance company, shipping company/other transportation organization /or post office are liable.

Force majeure clause: If the shipment of the contracted goods is prevented or delayed in whole or in part due to Force Majeure, the Seller shall not be liable. However, the Seller shall notify the Buyer by teletransmission and furnish the letter within 15 days by registered airmail with a certificate issued by the China Council for the Promotion of International Trade attesting such event or events.

Arbitration clause: All disputes in connection with this contract or arising from the execution of there, shall be amicable settled through negotiation in case no settlement can be reached between the two parties, the case under disputes shall be submitted to China International Economic and Trade Arbitration Commission, Beijing, for arbitration in accordance with its Rules of Arbitration. The arbitral award is final and binding upon both parties. The arbitration fee shall be borne by the losing party unless otherwise awarded by the arbitration court.

🎁 任务布置

请各位同学根据自己产品的特点,拟定合同中检验、索赔、不可抗力、仲裁条款。销售合同样本如样例 3-5 所示。

样例 3-5　销售合同

销售合同
SALES CONTRACT

卖方 SELLER:	HANGZHOU WX TEXTILE IMPORT&EXPORT CO. LTD. Rm302, Unit 1, HD Building, Xihu District, Hangzhou, Zhejiang, China, 310023	编号 NO.:	20180088
		日期 DATE:	April, 26, 2018
		地点 SIGNED IN:	Hangzhou
买方 BUYER:	Accessory Network Group LLC 110 Tower, Lincon Avenue, New York		

买卖双方同意以下条款达成交易：

This contract is made by and agreed between the BUYER and SELLER , in accordance with the terms and conditions stipulated below.

1. 品名及规格 Commodity & Specification	2. 数量 Quantity	3. 单价及价格条款 Unit Price & Trade Terms	4. 金额 Amount
		CIFC5　New York	
Style No. S001 Men Sport Sweaters, 95% Combed Cotton 5% Spandex Silk Screen Printing, 160gsm/pc Color: Blue Color: White Color: Black	1520pcs 1520pcs 1520pcs	US$5.25/pc US$5.25/pc US$5.25/pc	US$7980.00 US$7980.00 US$7980.00
Total:	4560pcs		US$23940.00

允许 With	5%	溢短装，由卖方决定 More or less of shipment allowed at the sellers' option		
5. 总值 Total Value	Say US Dollars Twenty Three Thousand Nine Hundred and Forty Only			
6. 包装 Packing	With Single Package, 1 Piece/Opp Bag, 20pcs/Carton; Total inOne 20' Container			
7. 唛头 Shipping Marks	Shipping Mark Designed by the Seller			
8. 装运期及运输方式 Time of Shipment & means of Transportation	During August, 2018, by Sea			
9. 装运港及目的地 Port of Loading & Destination	From Ningbo, China to New York, USA, Transshipment and Partial Shipment are Allowed			
10. 保险 Insurance	To Be Effected by the Seller for 110% of Invoice Value Covering Clause ICC(A) as per ICC Dated 2009.1.1			
11. 付款方式 Terms of Payment	30% deposit by T/T in advance and the rest payment by L/C At Sight. The deposit should be paid before the end of May, 2018, and the Buyer shall open an irrevocable sight L/C to reach the Seller before August 1, 2018, valid for negotiation in China until the 15th day after the month of shipment			
12. 备注 Remarks				
The Buyer(signature)		**The Seller** (signature)		

课后练习(一)

一、单项选择题

1. 国际贸易中最常见的计重方法是（　　）。

A. 毛重　　　　　　　B. 净重　　　　　　　C. 公量　　　　　　　D. 理论重量

2. 对于羊毛、棉花在计量其重量时通常采用（　　）。

A. 毛重　　　　　　　B. 净重　　　　　　　C. 公量　　　　　　　D. 理论重量

3. 数量机动幅度的选择权一般属（　　）。

A. 卖方　　　　　　　B. 买方　　　　　　　C. 船方　　　　　　　D. 商检机构

4. 唛头即（　　）。

A. 运输标志　　　　　B. 指示性标志　　　　C. 警告性标志　　　　D. 运输包装标志

5. 提示人们在运输和保管货物过程中应注意哪些事项的标志是（　　）。

A. 指示性标志　　　　B. 警告性标志　　　　C. 运输标志　　　　　D. 运输包装标志

6. 我们所说的 FAQ 一般是指（　　）。

A. 精选货　　　　　　B. 一级品　　　　　　C. 大路货　　　　　　D. 次品

7. 包装上既无生产地名和厂商名称，又无商标、牌号，这种包装属于（　　）。

A. 无牌中性包装　　　B. 定牌中性包装　　　C. 定牌生产　　　　　D. 销售包装

8. 《联合国国际货物销售合同公约》确定货物交易"国际性"的标准是（　　）。

A. 买卖双方当事人营业地处于不同国家

B. 买卖双方当事人具有不同国籍

C. 订立合同行为完成于不同的国家

D. 货物必须由一国运往另一国

9. 大路货是指（　　）。

A. 适于商销　　　　　B. 上好可销品质　　　C. 质量劣等　　　　　D. 良好平均品质

10. 凭商标或牌号买卖，一般只适用于（　　）。

A. 一些品质稳定的工业制成品　　　　　B. 经过科学加工的初级产品

C. 机器、电器和仪表等技术密集产品　　D. 造型上有特殊要求的商品

11. 凭样品买卖时，如果合同中无其他规定，那么卖方所交货物（　　）。

A. 可以与样品大致相同　　　　　　　　B. 必须与样品完全一致

C. 允许有合理公差　　　　　　　　　　D. 允许在包装规格上有一定幅度的差异

12. 根据《跟单信用证统一惯例》规定，合同中使用"大约""近似"等约量字眼，可解释为交货数量的增减幅度为（　　）。

A. 不超过5%　　　B. 不超过10%　　　C. 不超过15%　　　D. 由卖方自行决定

13. 在国际贸易中通常采用的度量衡制度有（　　）。

A. 英制　　　　　　　B. 美制　　　　　　　C. 国际单位制　　　　D. 公制

14. "以毛作净"实际上就是（　　）。

A. 以净重替代毛重作为计价的基础　　　B. 按毛重计算重量作为计价的基础

C. 按理论重量作为计价的基础　　　　　D. 按法定重量作为计价的基础

15. 国际贸易中,大宗农副产品、矿产品以及一部分工业制成品习惯的计量方法是( )。

A. 按面积计算　　　B. 按长度计算　　　C. 按重量计算　　　D. 按容积计算

16. 在国际贸易中,木材、天然气和化学气体习惯的计量单位是( )。

A. 按重量计算　　　B. 按面积计算　　　C. 按体积计算　　　D. 按容积计算

17. 在国际贸易中,酒类、汽油等液体商品习惯的计量单位是( )。

A. 按重量计算　　　B. 按面积计算　　　C. 按体积计算　　　D. 按容积计算

18. 在国际贸易中,一些贵重金属如黄金、白银的习惯的计量单位是( )。

A. 克拉　　　　　　B. 盎司　　　　　　C. 长吨　　　　　　D. 公担

二、判断题

1. 在出口贸易中,表达品质的方法多种多样,为了明确责任,最好采用既凭样品又凭规格买卖的方法。( )

2. 在出口凭样品成交业务中,为了争取国外客户,便于达成交易,出口企业应尽量选择质量最好的样品请对方确认并签订合同。( )

3. 在约定的品质机动幅度或品质公差范围内的品质差异,除非另有规定,一般不另行增减价格。( )

4. 某外商来电要我方提供大豆,按含油量18%、含水量14%、不完善粒7%、杂质1%的规格订立合同。对此,在一般条件下,我方可以接受。( )

5. 中国A公司向《公约》缔约成员B公司出口大米,合同规定数量为50000吨,允许卖方可溢短装10%。A公司在装船时共装了58000吨,遭到买方拒收。按《公约》的规定,买方有权这样做。( )

6. 运输包装上的标志就是指运输标志,也就是通常所说的唛头。( )

7. 包装费用通常在单价以外另行计价。( )

8. 该包装条款是正确的:木箱装,然后装托盘。( )

9. 国际上通用的条形码有UPC和EAN。UPC码是目前国际公认的物品编码标识系统。( )

10. 包装由卖方决定,买方不得要求使用特殊包装。( )

11. 运输标志、指示性标志和警告性标志都是印刷在商品的外包装上的。( )

12. 对于警告性标志,各国一般都有统一规定。但我国出口危险品货物除印刷我国的危险品标志外,还应标明国际上规定的危险品标志。( )

13. 进出口商品包装上的包装标志,都要在运输单据上表明。( )

14. 采用定牌出口商品时,除非买卖双方另有规定,一般都应在商品包装上注明"中国制造"字样。( )

15. 指示性标志用图形或文字表示。( )

三、简答题

1. 在进出口贸易中,应该如何把握商品品质条款的制定?

2. 什么是合同的溢短装条款? 它有什么作用?

3. 什么是中性包装？在贸易中采用中性包装需要注意什么问题？

四、案例分析题

1. 我国某公司向美国出口一批花生，合同规定为三级花生，卖方交货时发现三级花生已经没有货源了。为了按时履行合同，我国某公司就擅自决定用二级优质花生代替原来的三级花生，并在发票上注明"二级花生，价格照旧"。货物运到买方处后，买方拒绝付款。问：买方为什么拒付？该如何解决？

2. 英国穆尔公司以 CIF 伦敦的条件，从兰陀公司购买 300 箱澳大利亚水果罐头。合同的包装条款规定："箱装，每箱 30 听。"卖方所交货物中有 150 箱为每箱 30 听，其余 150 箱为每箱 24 听，买方拒收。卖方争辩说，"每箱 30 听"字样并非合同的重要部分，不论是 24 听还是 30 听，其品质均与合同相符，因此，买方应接受。问：该案例应该如何处理？

3. 我国某生产企业向马来西亚客户出口汽车配件，品名为 YZ-8303R/L，但生产企业提供了 YZ-8301R/L，两种型号的产品在外形上非常相似，但却用在不同的车型上，因此客户不能接受，要求我方调换产品或降低价格。我方考虑到退货相当麻烦，费用很高，因此只好降低价格 15%，了结此案。问：从该案例中我们应该吸取什么样的教训？

答案

课后练习(二)

一、单项选择题

1. 出口总成本是指( )。

A. 进货成本

B. 进货成本＋出口前的一切费用

C. 进货成本＋出口前的一切费用＋出口前的一切税金

D. 对外销售价

2. 在国际贸易中，含佣价的计算公式是( )。

A. 单价×佣金率   B. 含佣价×佣金率

C. 净价×佣金率   D. 净价/(1－佣金率)

二、判断题

1. 出口报价每打 200 美元 CIF 日本。( )

2. 出口报价每箱 120 欧元 FOB 新加坡。( )

3. 出口报价每码 60 美元上海。( )

4. 出口报价 20 元 CFR Qingdao 减 2% 折扣。( )

5. 出口报价每打 100 欧元 CFR 净价含 2% 佣金。( )

三、简答题

1. 简述影响价格的主要因素。

2. 简述换汇成本的含义,指出根据换汇成本判断盈亏的方法。

答案

课后练习(三)

一、单项选择题

1. 按照货物重量、体积或价值三者中较高的一种计收运费,运价表内以( )表示。

A. M/W B. M/W or ad.val C. ad.val D. open

2. 对于成交量较小,批次较多,交接港口分散的货物( )运输比较适宜。

A. 班轮 B. 租船 C. 定期租船 D. 定程租船

3. 用班轮运输货物,在规定运输计收标准时,如果采用 W 的规定方法,则表示按货物的( )计收运费。

A. 毛重 B. 体积 C. 价值 D. 净重

4. 某商品每箱毛重 40 千克,体积 0.05 立方米,在运费表中的计费标准为 M/W,每运费吨基本运费率为 200 美元,另加收燃油附加费 10%,则每箱运费为( )美元。

A. 10 B. 11 C. 220 D. 8.8

5. 某出口商品每件净重 30 千克,毛重 34 千克,体积为每件 40 厘米×30 厘米×20 厘米,如果班轮运价计算标准为 M/W,船公司应按货物的( )计收班轮运费。

A. 净重 B. 毛重 C. 体积 D. 件数

6. 我国出口到蒙古的杂货运输选择( )。

A. 海洋运输 B. 铁路运输 C. 航空运输 D. 管道运输

7. 滞期费是( )。

A. 买方向卖方收取的因卖方延期交货而造成损失的补偿费

B. 卖方向买方收取的因买方延期付款而造成损失的补偿费

C. 租船人未按约定日期完成装运,延误了船期而付给船方的罚款

D. 船方装卸太慢而向货方支付的赔偿费

8. 签发多式联运提单的承运人的责任是对( )负责。

A. 第一程运输 B. 全程运输

C. 最后一程运输 D. 商品自身包装和质量问题

9. 国际多式联合运输是以至少两种不同的运输方式将货物从一国境内接收货物的地点运至另一国境内指定交付货物的地点的运输,它由( )。

A. 一个联运经营人负责货物的全程运输,运费按全程费率一次计收

B. 一个联运经营人负责货物的全程运输,运费按不同运输方式分别计收

C. 多个经营人负责货物的全程运输,运费按全程费率一次计收

D. 多种运输方式,分别经营,分别计费

10. 小件急需品和贵重货物,其有利的运输方式是( )。

A. 海洋运输　　　　B. 邮包运输　　　　C. 航空运输　　　　D. 公路运输

11. 被称为集装箱的标准箱位(TEU)是( )。

A. 10 英尺　　　　B. 20 英尺　　　　C. 30 英尺　　　　D. 40 英尺

12. 必须经过背书才能转让的海运提单是( )。

A. 记名提单　　　　B. 不记名提单　　　　C. 指示提单　　　　D. 不清洁提单

13. 按照承运人对货物的表面状况有无批注来划分,海运提单可分为( )。

A. 全式提单和简式提单　　　　　　B. 记名提单和不记名提单

C. 清洁提单和不清洁提单　　　　　　D. 直运提单和转船提单

14. 按 FOB 条件成交时,卖方在将货物备妥后,一般按约定向买方发出( )。

A. 装运通知　　　　B. 转运通知　　　　C. 保险通知　　　　D. 提货通知

15. 所谓"空白抬头,空白背书提单"是指( )。

A. 提单的收货人一栏什么也不填,也不背书

B. 提单的收货人一栏填上"空白"二字,在提单的背面也填上"空白"二字

C. 提单的收货人一栏填上"To Order",在提单背面由托运人签字

D. 提单的收货人一栏填上"To Order",在提单背面由承运人签字

16. 海运提单中的 Through B/L 是指( )。

A. 直达提单　　　　B. 联运提单　　　　C. 指示提单　　　　D. 转船提单

二、判断题

1. 记名提单比不记名提单风险大,故很少使用。( )

2. 清洁提单是指不载有任何批注的提单。( )

3. 船长在提单上批注"旧麻袋包装",这种提单属清洁提单。( )

4. 大陆桥运输是指利用横贯大陆的铁路(公路)作为桥梁把大陆两端的海洋运输连接起来组成"海—陆—海"运输方式的运输。( )

5. 多式联运承运人是总承运人,对全程中货物的灭失、损坏、延迟交货等承担责任。( )

6. 集装箱运输时,FCL 是指整箱运输。( )

7. 铁路运输是国际货物运输的主要方式。( )

8. 按惯例,速遣费通常为滞期费的一半。( )

9. 对于不宜经受长期运输的货物及易受气候条件影响或急需的货物,可采用海洋运输。( )

10. 重量吨和尺码吨统称为运费吨。( )

三、简答题

1. 什么叫班轮运输?班轮运输有哪些特点?

2. 班轮运费通常采用哪些计算标准?

3. 租船运输主要包括哪两种方式？它们有何区别？

4. 什么叫国际铁路联运？何谓大陆桥运输？

5. 什么叫滞期费和速遣费？为什么要规定滞期、速遣条款？

6. 简述提单的几种主要分类。

7. 什么叫多式联运单据？多式联运单据与联运提单有何区别？

四、案例分析题

1. 我国某出口公司与某外商按 CIF 某港口，即期信用证方式付款的条件达成交易，出口合同和收到的信用证均规定不准转运。我方在规定的装运期内将货物装上直驶目的地的班轮，并以直运提单办了议付。但承运船只在途经某港时，船公司为接载其他货物，擅自将我方托运的货物卸下，换装其他船只继续驶往目的港。由于中途耽搁，加上换装的船舶设备陈旧，使抵达目的港的时间比正常的直运船的抵达时间晚了两个多月，影响了买方对货物的使用。为此，买方向我出口公司提出索赔，理由是我方提交的是直运提单，而实际上是转船运输，是弄虚作假行为。我方有关业务员认为，合同用的是"到岸价"，船舶的舱位亦是我方租订的，船方擅自转船的风险理应由我方承担。因此按对方要求进行了理赔。你认为我方这样做是否妥当？为什么？

2. 我国某外贸公司向国外一新客户订购一批初级产品，按 CFR 价格条件，即期信用证付款方式达成交易。合同规定由卖方以程租船方式将货物运交我方。我开证行已凭国外议付行提交的符合信用证规定的单据付了款。但装运船只一直未到达目的港，后经多方查询，发现承运人原是一家小公司，而且在船舶起航不久已宣告倒闭，承运船舶是一条旧船，船货均告失踪。此系卖方与船方互相勾结进行诈骗，导致我方蒙受重大损失。试分析，我方应从中吸取哪些教训？

答案

课后练习（四）

一、单项选择题

1. ICC 条款中的 ICC(A)、ICC(B)、ICC(C) 三种险别，保险公司承保范围最大的是（   ）。

    A. ICC(A)　　　　B. ICC(B)　　　　C. ICC(C)　　　　D. 无法判断

2. 我公司以 CIF 条件与国外客户达成一笔出口交易，按照《2010 通则》的规定，我方应投保（   ）。

    A. 一切险加战争险　　　　　　　　B. 一切险

    C. 保险人承担责任范围最小的险别　　D. 保险人承担责任范围最大的险别

3. 为防止运输途中货物被窃，应该（   ）。

A. 投保一切险加保偷窃险

B. 投保水渍险

C. 投保平安险和水渍险的一种,加保偷窃险

D. 投保偷窃险

4. 按 FOB 条件进口一批货物,同保险公司投保了一切险,保险公司的责任起讫应是
(　　)。

　　A. 仓至仓　　　　　B. 仓至船　　　　　C. 船至仓　　　　　D. 船至船

5. 出口日用陶瓷,投保时规定相对免赔率为 5%,货物在运输途中发生损失,损失率
为 8%,那么保险公司应赔(　　)。

　　A. 5%　　　　　　B. 3%　　　　　　C. 8%　　　　　　D. 13%

6. 某公司出口货物一批,按 CIF 价值的 110% 投保了水渍险,在此基础上还可以加保
(　　)。

　　A. 平安险和渗漏险　　　　　　　　B. 破碎险和战争险

　　C. 一切险和战争险　　　　　　　　D. 平安险

7. 某公司出口 500 箱货物,FOB 合同,进口方投保了平安险,在装船时出现两次脱
钩,第一次脱钩使 20 箱货物落于码头而全部损坏,第二次脱钩又使 17 箱货物掉入海中被
水浸泡而丧失其使用价值,保险公司对此应(　　)。

　　A. 均不予赔偿　　　　　　　　　　B. 仅赔偿第二次脱钩的损失

　　C. 两次脱钩的损失均赔偿　　　　　D. 仅赔偿第一次脱钩的损失

8. 根据我国"海洋货物运输保险条款"规定,"一切险"包括(　　)。

　　A. 平安险加 11 种一般附加险

　　B. 一切险加 11 种一般附加险

　　C. 水渍险加 11 种一般附加险

　　D. 11 种一般附加险加特殊附加险

9. 按国际保险市场惯例,投保金额通常在 CIF 总值的基础上(　　)。

　　A. 加一成　　　　　B. 加二成　　　　　C. 加三成　　　　　D. 加四成

10. 我国某公司出口稻谷一批,因发生事故被海水浸泡多时而丧失其原有用途,货到
目的港后只能低价出售,这种损失属于(　　)。

　　A. 单独损失　　　B. 共同损失　　　C. 实际全损　　　D. 推定全损

二、判断题

1. 在国际贸易中,向保险公司投保一切险后,在运输途中由于任何外来原因造成的货
损,均可向保险公司索赔。(　　)

2. 托运出口玻璃制品时,被保险人在投保一切险后,还应加保破碎险。(　　)

3. 所谓"仓至仓条款"就是指船公司负责将货物从装运地发货人仓库运送到目的收货
人仓库的运输条款。(　　)

4. 按照我国保险公司现行条款规定,凡已投保战争险,若再加保罢工险不另收费。
(　　)

5. 船舶在航行途中因故搁浅,于是船长命令将部分货物抛入海中,使船舶上浮续航至

目的港,则上述搁浅造成抛货的损失属于 GA。( )

6. 共同海损是部分损失的一种。( )

7. 水渍险的责任范围除平安险外,还包括由于暴风、巨浪等自然灾害引起的部分损失。( )

8. 淡水雨淋属于平安险承保的一种风险。( )

9. 海运战争险的责任范围采用的是仓至仓条款。( )

10. 由于货物的固有瑕疵或在不适当的情况下运送而引起货物自燃,则不属于保险公司的承保责任范围。( )

三、简答题

1. 简述单独海损和共同海损的区别。

2. 简述共同海损的构成要件。

答案

课后练习(五)

一、单项选择题

1.属于顺汇方法的支付方式是( )。

A. 汇款　　　　　B. 托收　　　　　C. 信用证　　　　　D. 银行保函

2.属于银行信用的国际贸易支付方式是( )。

A. 汇付　　　　　B. 托收　　　　　C. 信用证　　　　　D. 票汇

3.用以统一解释和调解信用证各有关当事人矛盾的国际惯例是( )。

A.《托收统一规则》　　　　　　　　B.《国际商会 600 号出版物》

C.《合约保证书统一规则》　　　　　D.《国际商会 434 号出版物》

4.信用证的受益人一般为( )。

A. 出口人　　　　B. 进口人　　　　C. 交单人　　　　D. 议付行

5.信用证的开证申请人一般为( )。

A. 出口人　　　　B. 进口人　　　　C. 交单人　　　　D. 议付行

6.保兑行对保兑信用证承担的付款责任是( )。

A. 第一性的　　　B. 第二性的　　　C. 第三性的　　　D. 第四性的

7.信用证的第一付款人是( )。

A. 进口商　　　　B. 开证行　　　　C. 出口商　　　　D. 通知行

8.出票人是银行,受票人也是银行的汇票是( )。

A. 商业汇票　　　B. 银行汇票　　　C. 光票　　　　　D. 跟单汇票

9.不附任何商业单据的汇票是( )。

A. 跟单汇票　　　　B. 光票　　　　　C. 即期汇票　　　　D. 远期汇票

10. 持票人将汇票提交付款人要求承兑的行为是(　　　)。

A. 转让　　　　　　B. 出票　　　　　　C. 见票　　　　　　D. 提示

11. 按照《跟单信用证统一惯例》的规定,受益人最后向银行交单议付的期限是不迟于提单签发日的(　　　)天。

A. 11　　　　　　　B. 15　　　　　　　C. 21　　　　　　　D. 25

12. T/T 指的是(　　　)。

A. 信汇　　　　　　B. 电汇　　　　　　C. 票汇　　　　　　D. 信用证

13. "D/P at Sight"指的是(　　　)。

A. 远期付款交单　　　　　　　　　B. 即期付款交单

C. 跟单托收　　　　　　　　　　　D. 承兑交单

14. 下列几种结算方式中,对卖方而言风险最大的是(　　　)。

A. 票汇　　　　　　　　　　　　　B. 承兑交单

C. 即期付款交单　　　　　　　　　D. 远期付款交单

15. 在补偿贸易或易货贸易中经常使用的信用证是(　　　)。

A. 循环信用证　　　　　　　　　　B. 对开信用证

C. 对背信用证　　　　　　　　　　D. 红条款信用证

16. 托收的委托人通常是(　　　)。

A. 出口人　　　　　B. 进口人　　　　　C. 付款人　　　　　D. 代理人

17. 汇付的汇款人通常指的是(　　　)。

A. 出口人　　　　　B. 进口人　　　　　C. 担保人　　　　　D. 代理人

18. 托收方式下 D/P 和 D/A 的主要区别是(　　　)。

A. D/P 属于跟单托收,D/A 属于光票托收

B. D/P 是付款后交单,D/A 是承兑后交单

C. D/P 是即期付款,D/A 是远期付款

D. D/P 是承兑后交单,D/A 是付款后交单

19. 在一笔出口业务中,付款方式采用信用证和 D/P 即期各付一半金额,为了保证收汇安全,在合同中应当规定(　　　)。

A. 开立两张汇票,各随附一套等价的货运单据

B. 开立两张汇票,信用证项下采用光票,托收项下采用跟单汇票方式

C. 开立两张汇票,信用证项下采用跟单汇票,托收项下采用光票方式

D. 开立一张汇票,由同一家银行实现跟单托收后再向出口人议付货款

二、判断题

1. 银行保函属于银行信用。(　　　)

2. 在保兑信用证下,就付款责任而言,开证行和保兑行同样负第一性付款的责任。
(　　　)

3. 在承兑交单情况下,是由代收行对汇票进行承兑后,向进口商交单。(　　　)

4. 在票汇情况下,买方购买银行汇票径寄卖方,因采用的是银行汇票,故这种付款方

式属于银行信用。(　　)

5. 凡信用证上未注明可否撤销字样,即视为可撤销信用证。(　　)

6. 对于卖方而言,D/A 60 天比 D/P 60 天风险大。(　　)

7. 信用证是一种银行开立的有条件的付款承诺的书面文件。(　　)

8. 议付即付款。(　　)

9. 指示性抬头的汇票不能流通转让。(　　)

10. UCP 600 的条款不适用于备用信用证。(　　)

三、简答题

1. 简述远期付款交单的业务流程。

2. 什么是循环信用证? 它与一般信用证有何区别?

3. 什么是托收? 托收方式有何利弊?

四、案例分析题

1. 北京某出口公司向美国出口一批货,付款方式为 D/P 60 天,汇票及货运单据通过托收行寄到国外代收行后进行了承兑。货物运到目的地后,恰巧该产品市场价格上涨,进口方为了抓住有利时机便出具信托收据向银行借取单证,先行提货。但货售出后进口方倒闭。问:在此情况下我方汇票到期能否收回货款? 为什么?

2. 某外贸公司接到国外开来的信用证,证内规定"数量共 6000 箱,1~6 月份分 6 批装运,每月装运 1000 箱"。该信用证受益人在 1~3 月份每月装运 1000 箱,银行已分批议付了货款,对于第 4 批货物,原定于 4 月 25 日装船出运,但由于台风,该批货物延至 5 月 1 日才装船,当该公司凭 5 月 1 日的装船提单向银行议付时却遭银行拒付。该公司曾以"不可抗力"为由要求银行通融也遭银行拒绝。问:在上述情况下,开证行有无拒付的权利? 我方有无引用"不可抗力"条款的权利? 为什么?

答案

课后练习(六)

一、单项选择题

1. 若使买方在目的港对所收货物无权提出异议,商品检验应(　　)。

A. 以离岸品质、离岸重量为准　　　　B. 以到岸品质、到岸重量为准

C. 以离岸品质、到岸数量为准　　　　D. 以到岸品质、离岸数量为准

2. 在国际货物销售合同的商品检验条款中,关于检验时间与地点,目前使用最多的是(　　)。

A. 在出口国检验　　　　　　　　　　B. 在进口国检验

C. 在出口国检验,在进口国复验　　　D. 出口国检验,进口国复检,再到第三国检验

3. 对技术密集型产品,宜在(　　　　)。

A. 出厂前检验　　　　　　　　　　　　B. 装船前检验

C. 目的港检验　　　　　　　　　　　　D. 最终用户所在地检验

4. "离岸数量、到岸品质"多用于(　　　　)。

A. 小批量零星交易　　　　　　　　　　B. 大宗商品交易

C. 卖方承担责任较小交易　　　　　　　D. 货物的品质、数量相对稳定的交易

5. 商检部门对进出口商品的质量、规格、等级进行检验后出具的是(　　　　)。

A. 品质检验证书　　　B. 重量检验证书　　　C. 数量检验证书　　　D. 卫生检验证书

6. 采用仲裁方式解决争议具有(　　　　)特点。

A. 如一方对仲裁裁决不服可以上诉　　　B. 其结果不具有强制性

C. 可多次交由不同的仲裁机构仲裁　　　D. 其费用低廉,程序简便

7. 按一般惯例,违约金的数额不宜超过货物总金额的(　　　　)。

A. 5%　　　　　　　　B. 20%　　　　　　　C. 10%　　　　　　　D. 15%

8. 发生以下(　　　　)情况,合同当事人可以引用不可抗力条款要求免责。

A. 战争　　　　　　　　　　　　　　　B. 世界市场价格猛涨

C. 生产过程中的过失　　　　　　　　　D. 货币贬值

9. 向卖方提出索赔的最长的时效,是买方收到货物之日起不超过(　　　　)年。

A. 1　　　　　　　　　B. 2　　　　　　　　C. 3　　　　　　　　D. 4

10. 不可抗力条款是一项(　　　　)。

A. 维护卖方权益的条款　　　　　　　　B. 维护买方权益的条款

C. 免责条款　　　　　　　　　　　　　D. 惩罚性条款

二、判断题

1. 买方对货物的检验权是强制性的,是接受货物的前提条件。(　　　　)

2. 按照我国《商检法》规定,法定检验的商品仅指《商检机构实施检验的进出口商品种类表》所列的商品。(　　　　)

3. 如果合同中作为商检依据的品质条款与信用证规定不符时,则商检机构按信用证的有关规定检验。(　　　　)

4. 如果合同中未对进出口商品的检验标准做出明确确定,应首先以进口国标准作为检验依据。(　　　　)

5. 以装运港检验机构出具的证书为议付单据,以目的港检验结果为索赔依据,这种做法对买卖双方均有好处。(　　　　)

6. 遭受损害的一方向违约方要求赔偿,这是理赔。(　　　　)

7. 一方违反合同,没有违约一方所能得到的损害赔偿金额,最多不超过违约方在订立合同时所能预见的损失金额。(　　　　)

8. 一旦合同订立后出现不可抗力事故,遭受损害的一方当事人即可解除合同。(　　　　)

9. 在不可抗力范围问题上,易产生分歧的是自然力量事故。(　　　　)

10. 供货方如果生产机器发生故障,可援引不可抗力条款要求延期交货。(　　　　)

11. 如果采用概括式说明不可抗力事故范围,易因双方当事人意见不一致而影响合同

效力。(　　　)

12. 受理争议的仲裁机构是国家政权机关,对争议案件的受理具有强制管辖权。(　　　)

13. 仲裁裁决一般是终局性的,对双方当事人均有约束力。(　　　)

14. 仲裁协议须由合同当事人在争议发生之前达成,否则不能提请仲裁。(　　　)

15. 根据中国国际贸易仲裁委员会的仲裁规则,有关首席仲裁员的产生由仲裁委员会主席指定。(　　　)

三、简答题

1. 简述"装运港检验,目的港复验"在进出口贸易业务中应用较广的原因。

2. 简述我国进出口商品实施法定检验的范围。

3. 在进口索赔时应该注意哪些问题?

4. 当事人在引用不可抗力条款要求免责时,应该注意哪些问题?

5. 仲裁协议的基本内容有哪些?

四、案例分析题

1. 我国某外贸公司与一日本客户签订一份大米出口的合同,合同约定:CIF 神户,总金额为 500 万美元,交货期为当年的 10～12 月。不料当年夏天我国南方发生百年一遇的特大洪水灾害,据此我方以不可抗力为由要求免责。但对方回电拒绝,并称该大米的国际市场价格已经上涨约 6%,由于我方未能交货,已造成其损失,因而要求我方赔偿。问:我方是否应该赔偿? 为什么?

2. 某份国际货物买卖合同中,1000 箱食品以 CIF 马赛出口,卖方投了一切险,提交了清洁的已装船提单。货到目的港后,买方复验货物后发现:①整批货物实际只有 995 箱;②其中 100 箱货物中的沙门氏杆菌超过合同标准;③另有 20 箱货物的包装表面状况良好,但箱内货物有不同程度的短少,短少程度平均达到 20%。问:上述情况,买方应该分别向谁索赔?

答案

出口合同的履行

知识目标：了解备货生产过程中的原料采购、生产进度管理、产品质量监控及产品包装方面的工作内容；掌握出口货款结算的流程及在不同结算方式下的具体工作内容；掌握办理运输、保险、报关等各项出运手续的流程和工作内容，了解出口结汇单据的种类和制作要求及结汇和出口退税的操作流程、业务善后处理的方法。

技能目标：能够根据外销合同的内容与国内供应商签订内贸合同，能够根据外销合同审核信用证内容；能够熟练操作货物出运、结汇退税等业务环节。

国际买卖合同的订立，只是表达了双方当事人各自的经济愿望。只有履行了所订立的合同，才能实现双方当事人各自的经济目的。本项目主要介绍了出口商履行合同所需完成的各项任务。出口合同履行程序如图 4 - 1 所示。

FOB、TT
出口合同的履行

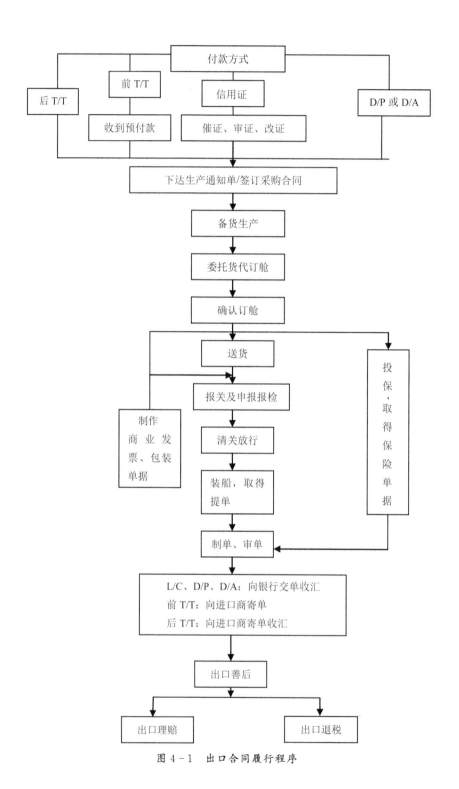

图 4-1 出口合同履行程序

任务一 备货生产

情景呈现

杭州万向纺织品进出口公司与阿联酋的 ABC Corporation 在 2016 年 4 月 15 日,签订了一笔 5000 套的男童夹克订单。最迟交货期是 2016 年 6 月底,支付方式是 100％的即期信用证付款。贸易术语是 CFR Du Bai。

合同签订后,公司着手安排备货工作。在备货生产环节公司需要做哪些工作呢?

任务目标

完成备货生产的相关工作内容,并根据货物性质决定是否安排报检。

相关知识

准备货物是卖方履行出口合同的重要环节,为了保证按时、按质、按量履行出口合同的交货义务,卖方必须根据合同规定的质量、数量、包装和交货时间的要求进行货物的准备工作。

一、备货的方式

出口企业组织出口货源的方式有企业自行生产和从其他企业购进两种方式。如果是企业自行生产,则需要按照合同和信用证的要求向生产部门下达生产通知单,通知单上必须详尽列明客户的所有要求,以便生产出的产品能够符合合同和信用证的要求;如果是向其他企业订购,则需要同供货企业签订采购合同,有关商品的要求,如品质、数量、包装等应以出口合同和信用证为依据。在下达生产通知单或签订采购合同后,要及时跟踪货物的生产、加工、收购情况,以确保顺利履行合同。采购合同样本如样例 4-1 所示。

样例 4-1 采购合同

采购合同					
供方 合同编号:					
需方 签订地点:					
签订时间: 年 月 日					
产品名称及型号	单位	数量	单价(元)	总金额(元)	备注
总价					
合计人民币金额(大写)					

一、产品质量要求、技术标准、供方对质量负责的条件和期限：产品质量按照产品描述及样品提供。

二、交（提）货地点、方式：　　　　　　交货时间为＿＿＿＿＿＿＿前。

三、包装要求：

四、货款结算方式：

五、违约责任：单方面违约必须承担对方的全部损失。

六、纠纷解决方式：由双方根据《经济合同法》友好协商解决，解决不成的，则向需方住所地有管辖权的法院提起诉讼解决。

七、结算方式及期限：本合同经双方法定代表人签字，或委托代理人签字并盖章，才能生效，变更或解除合同也必须符合上述形式，否则不发生法律效力。

供　　方　　　　　　　　　　　　需　　方

单位名称：（章）　　　　　　　　单位名称：（章）

单位地址：　　　　　　　　　　　单位地址：

法定代表人：　　　　　　　　　　法定代表人：

委托代理人：　　　　　　　　　　委托代理人：

税　　号：　　　　　　　　　　　税　　号：

电　　话：　　　　　　　　　　　电　　话：

传　　真：　　　　　　　　　　　传　　真：

开户银行：　　　　　　　　　　　开户银行：

账　　号：　　　　　　　　　　　账　　号：

邮政编码：　　　　　　　　　　　邮政编码：

有效期限：　年　月　日至　年　月　日

监制部门：　　　　　　　　　　　印制单位：

二、备货生产

（一）原材料采购跟踪

原材料等采购跟踪的目的在于满足对外合同执行中对原材料的需求，即在规定的期限，获得必需的原材料，避免企业停工待料。

1. 原材料采购跟踪要求

原材料采购跟踪的基本要求是：适当的交货时间、适当的交货质量、适当的交货地点、适当的交货数量及适当的交货价格。

（1）适当的交货时间

原材料交货时间过早或过晚都不利于采购企业的运作，都会引起企业经营成本的增加。

（2）适当的交货质量

过低的质量要求是不容许的，但过高的质量要求会导致成本提高，削弱产品的竞争力，这同样不可取。

（3）适当的交货地点

因交货地点不当，会增加原材料的运输、装卸和保管成本。应该选择那些离企业近，交通方便的供应商。

（4）适当的交货数量

适当的交货数量是指每次交来的原材料企业刚好够用，不产生过多的库存。

（5）适当的交货价格

对每种产品的采购，需保留三个以上供应商的报价，让供应商知道有竞争者。他们会努力改善合作关系，企业才会获得更好的报价和服务。

2. 原材料采购跟踪的流程

制作采购单、内部报批、采购单跟踪、原材料检验与原材料进仓。

3. 原材料（零部件）采购跟踪方法

（1）催单的方法

主要有按采购单跟催和定期跟催两种。

（2）催单的规划

包括一般监控、预定进度管理时间和生产企业实地考察。

（3）催单的工作要点

外贸业务员要进行有效的催单，必须要做好交货管理的事前规划、事中执行与事后考核。

（二）生产进度跟踪

1. 生产进度跟踪的要求

生产进度跟踪的基本要求是使生产企业能按订单及时交货。及时交货就必须使生产进度与订单交货期相吻合，尽量做到不提前交货，也不延迟交货。生产进度跟单的流程是：下达生产通知单、制订生产计划及跟踪生产进度。

（1）生产企业不能及时交货的主要原因有：企业内部管理不当，计划安排不合理或漏排，产品设计与工艺变化过多，产品质量控制不好，生产设备跟不上，产能不足。

（2）按时交货跟踪要点有：加强与生产管理人员的联系，明确生产、交货的权责，减少或消除临时、随意的变更，规范设计、技术变更要求；掌握生产进度，督促生产企业按进度生产；加强产品质量、不合格产品、外协产品的管理；妥善处理生产异常事务等。

2. 下达生产通知单

接到订单后，应将其转化为企业下达生产任务的生产通知单，在转化时应明确客户所订产品的名称、规格型号、数量、包装、出货时间等要求。跟单员需与生产企业或本企业有关负责人对订单内容逐一进行分解，转化为生产企业的生产通知单内容。

3. 制订生产计划

跟单员应协助生产管理人员将订单及时转化为生产计划，以便顺利制造产品。

4. 跟踪生产进度

生产进度控制重点是：计划落实执行情况，机器设备运行情况，原材料供应保障，不合格及报废率情况，临时任务或特急订单插入情况，各道工序进度，员工工作情绪等。

（三）产品包装跟踪

1. 出口包装的主要材料

包装材料是指用于制造包装容器和包装运输、包装装潢、包装印刷、包装辅助材料及与包装有关的材料的总称。在考虑选用包装材料时，必须兼顾经济实用和可回收再利用的原则，即通常所说的"绿色包装"。所谓"绿色包装材料"是指在生产、使用、报废及回收处理再利用过程中，能节约资源和能源，废弃后能迅速自然降解或再利用，不会破坏生态平衡，而且来源广泛、耗能低、易回收且再生循环利用率高的材料或材料制品。能用作出口包装材料的品种很多，如木材、纸、塑料、金属是主要包装材料，此外还有玻璃、陶瓷、天然纤维、化学纤维、复合材料、缓冲材料等。它们的成分、结构、性质、来源、用量及价格，决定着包装的性质、质量和用途，并对包装的生产成本和用后处理等有重要影响。

（1）木材包装材料

为了保证木质包装箱内不含任何有害昆虫，木质包装箱必须经过加热和烟熏处理。

但就目前的发展水平看，传统的木制品包装还在出口包装行业中起着举足轻重的作用。出口常用的木制品包装有木箱、木桶、夹板等。较为笨重的五金、机械和怕压、怕摔的仪器、仪表及纸张等商品大都使用这类包装。

（2）纸质包装材料

纸质包装材料是当前国际流行的"绿色包装"所使用的材料。纸质包装材料包括纸、纸板及其制品，它们在包装材料中占据着主导地位。

（3）塑料包装材料

塑料是可塑性高分子材料的简称，具有质轻、美观、耐腐蚀、机械性能高、可塑性强、易于加工和着色等特点。

（4）金属包装材料

金属包装是食品罐头、饮料、糖果、饼干、茶叶、油墨、油漆、染料、化妆品、医药和日用品等的包装容器。金属包装材料中产量和消耗量最多的是镀锡薄钢板，其次是铝合金薄板，镀铬薄钢板位居第三。

（5）包装用辅助材料

包装货物除了常用包装容器外，还需一些包装用辅助材料。常见的辅助材料有黏合剂、黏合带、捆扎材料、衬垫材料、填充材料等。

2. 出口纸盒包装

纸盒包装虽然在防冲撞、颠震、挤压和防潮等方面没有运输包装那样的要求，然而其结构要根据不同商品的特点和要求，采用适当的尺寸、适当的材料（瓦楞纸板、硬纸板、白纸板等）和美观的造型，从而安全地保护商品、美化商品、方便使用，以起到争取市场、促进销售的作用。

（1）纸盒的类型

纸盒一般分成折叠纸盒与硬纸板盒两大类。

（2）纸盒结构

瓦楞纸盒的结构类型与国际上通用的纸箱结构类型一致，有开槽型、套合型、折叠型、滑入型、硬体型、预粘型 6 种。

（3）纸盒款式及接合方式

瓦楞纸盒的款式基本上有手提式、开窗式、展示式、组合式、开孔式、叠装式、套装式和异形式 8 种类型。瓦楞纸盒的接合方式有 3 个基本类型：钉合式、粘合式和无钉无胶的插嵌式。

3. 产品包装跟踪要求

（1）出口纸箱包装要求

①外箱毛重一般不超过 25 千克。单瓦楞纸纸板箱，用于装毛重小于 7.5 千克货物；双瓦楞纸板箱，用于装毛重大于 7.5 千克货物。

②纸箱的抗压强度应能在集装箱或托盘中，以同样纸箱叠放到 2.5 米高度不塌陷为宜。

③如产品需做熏蒸，外箱的四面左下角要有 2 毫米开孔。

④出口去欧洲的外箱一般要印刷可循环回收标志，箱体上不能使用铁钉（扣）。

（2）塑胶袋包装要求

①PVC 胶袋一般是被禁用的。

②胶袋上要有表明所用塑料种类的三角形环保标志。

③胶袋上印刷警告语，胶袋上还要打孔，每侧打一个，直径 5 毫米。

（3）对木箱的要求

对于涉及机械商品出口，大多需要用木质材料作为包装。一般选用九合板包装（注：不是实木，是人工复合而成的木质材料，不用熏蒸）。如果是大型机械，不适宜装集装箱，采用无包装的形式，放在甲板或是船舱内。

木质托盘、木箱必须实施热处理或熏蒸处理，由检验检疫出具《出境货物木质包装除害处理合格凭证》并加贴黑色标识后方能报关出口。

4. 刷唛操作

（1）唛头含义

唛头，也称运输标志（Shipping Mark）。它是一种识别标志，由一个简单的几何图形和一些字母、数字及简单的文字组成。按国际标准化组织（ISO）的建议，唛头应包括以下 4 项内容。

关于备货生产的案例分析

①收、发货人名称的英文缩写（代号）或简称。

②参考号（如订单号、发票号、运单号码、信用证号码）。

③目的地（港）。

④件号。

（2）正唛与侧唛

运输标志的涂刷位置，应该在包装箱（外箱）的两个对称面上，也称为"正唛"或"主唛"（Main Mark）；而另外两个对称面则涂刷了包装的体积、毛重、净重、产地等内容，这称为"侧唛"（Side Mark）。

除了国际标准化组织（ISO）的建议外，区别主唛和侧唛并没有明确统一的标准。需要指出的是，在发票、装箱单、提单（运单）、许可证、产地证、保险单等单据中显示的是主唛而不是侧唛。

（3）刷唛的注意事项

①在实务中,侧唛一般是由出口商自行设计,除非合同或信用证中有专门规定。

②若合同或信用证中没有写明具体的主唛,则出口商可以选择"No Mark"或"N/M"来表示无主唛,或自行设计一个具体的主唛。

③若合同或信用证规定了具体主唛,并有"仅限于……"字样,则主唛中的每一个字母、数字、排列顺序、位置、图形和特殊标注等都应按合同或信用证规定的原样进行刷唛。

④若合同或信用证规定具体主唛内容,但没有"仅限于"等类似字样,则可以增加内容,但不能删减内容。

⑤若合同或信用证规定的主唛用英文表示图形,如"KKK in Diamond"或"KKK in Triangle"或"KKK in Circle"等,则应将菱形、三角形或圆形等具体图形表示出来。

（四）产品质量跟踪

1. 常规出口产品质量跟踪阶段

（1）生产前检验

包括外购原材料和技术准备的检查。

（2）生产初期检验

在完成生产工艺单和样板制定工作后,可进行小批量的生产,针对客户和工艺的要求及时修正不符点,并对工艺难点进行攻关,以便大批量流水作业顺利进行。产品经过客户确认签字后成为重要的检验依据之一。

（3）生产中期检验

一般安排在有部分批量的产品从流水作业线出来后进行的检查。

（4）生产尾期检验

一般安排在生产进度为订单总量的90％以上的成品率的时候,并且有80％以上的成箱率。

2. 常用的出口产品质量检验方式

（1）全数与抽样检验

①全数检验就是对一批待检产品100％地逐一进行检验,又称全面检验或100％检验。

这种质量检验方法虽然适用于生产批量很少的大型机电设备产品,但对大多数生产批量较大的产品,如电子元器件产品就很不适用。

②抽样检验是从一批交验的产品(总体)中,随机抽取适量的产品样本进行质量检验,然后把检验结果与判定标准进行比较,从而确定该产品是否合格或需再进行抽检后裁决的一种质量检验方法。

（2）计数与计量检验

计数检验的计数值质量数据不能连续取值,如不合格数、疵点数、缺陷数等。

计量检验的计量值质量数据可以连续取值,如长度、容积、重量、浓度、温度、强度等。

（3）理化与感官检验

①理化检验是应用物理或化学的方法，依靠量具、仪器及设备装置等对受检物进行检验。理化检验通常测得检验项目的具体数值，精度高，人为误差小。理化检验是各种检验方式的主体，特别受到人们的关注。

②感官检验就是依靠人的感觉器官对质量特性或特征做出评价和判断。如产品的形状、颜色、气味、伤痕、污损、锈蚀和老化程度等，往往要靠人的感觉器官来进行检查和评价。

因此，感官检验的结果往往依赖于检验人员的经验，并有较大的波动性。虽然如此，但由于目前理化检验技术发展的局限性及质量检验问题的多样性，感官检验在某些场合仍然是质量检验方式的一种选择或补充。

（4）固定与流动检验

①固定检验就是集中检验，是指在生产企业内设立固定的检验站，各工作现场的产品加工以后送到检验站集中检验。

②流动检验就是由检验人员直接去工作现场检验。

（5）验收与监控检验

①验收检验广泛存在于生产全过程，如原材料、外购件、外协件及配套件的进货检验，半成品的入库检验，产成品的出厂检验等。验收检验的目的是判断受检对象是否合格，从而做出接收或拒收的决定。

②监控检验也叫过程检验，目的是检定生产过程是否处于受控状态，以预防由于系统性质量因素的出现而导致的不合格品的大量出现。如生产过程质量控制中的各种抽样检验就是监控检验。

实操训练

杭州万向纺织品进出口公司与 ABC 公司签订合同后，开始着手备货，货物从杭州捷安服装厂购买，请按照销售合同（见样例 4-2、样例 4-3）拟定采购合同。

样例 4-2 销售合同

<table>
<tr><td colspan="5" align="center">销售合同
SALES CONTRACT</td></tr>
<tr><td>卖方 SELLER:</td><td colspan="2">HANGZHOU WX TEXTILE IMPORT&EXPORT Co. Ltd.
Rm302 Unit 1,HD Building,Xihu District
Hangzhou, Zhejiang,China, 310023</td><td>编号 No.:</td><td>20160003</td></tr>
<tr><td></td><td colspan="2"></td><td>日期 Date:</td><td>April, 15, 2016</td></tr>
<tr><td></td><td colspan="2"></td><td>地点 Signed IN:</td><td>Hangzhou</td></tr>
<tr><td>买方
Buyer:</td><td colspan="4">ABC Corporation
1109 Mill Tower, Du Bai, UAE</td></tr>
<tr><td colspan="5">买卖双方同意以下条款达成交易:
This contract is made by and agreed between the BUYER and SELLER , in accordance with the terms and conditions stipulated below.</td></tr>
<tr><td colspan="2" align="center">1. 品名及规格
Commodity & Specification</td><td align="center">2. 数量
Quantity</td><td align="center">3. 单价及价格条款
Unit Price & Trade Terms</td><td align="center">4. 金额
Amount</td></tr>
<tr><td colspan="2"></td><td></td><td align="center">CFR Du Bai</td><td></td></tr>
<tr><td colspan="2">Boys jacket
Style No.DJ123
Shell: woven twill 100% cotton
lining: woven 100% polyester
as per the confirmed sample of Mar. 22, 2016</td><td>5000pcs</td><td>USD10.70/pc</td><td>US$ 53500.00</td></tr>
<tr><td colspan="2">Total:</td><td>5000pcs</td><td></td><td>US$ 53500.00</td></tr>
<tr><td>允许
With</td><td>5%</td><td colspan="3">溢短装,由卖方决定
More or less of shipment allowed at the sellers' option.</td></tr>
<tr><td colspan="2">5. 总值
Total Value</td><td colspan="3">Say US Dollars fifty three thousand five hundred only.</td></tr>
<tr><td colspan="2">6. 包装
Packing</td><td colspan="3">20 pieces of boys jackets are packed in one export standard carton, solid color and solid size in the same carton.</td></tr>
<tr><td colspan="2">7. 唛头
Shipping Marks</td><td colspan="3">ABC/Order no. /Style no. /DUDAI/No.1-UP</td></tr>
<tr><td colspan="2">8. 装运期及运输方式
Time of Shipment & means of Transportation</td><td colspan="3">Before the end of June by sea.</td></tr>
<tr><td colspan="2">9. 装运港及目的地
Port of Loading & Destination</td><td colspan="3">From Shanghai to Dubai, transshipment is allowed and partial shipment is not allowed.</td></tr>
<tr><td colspan="2">10. 保险
Insurance</td><td colspan="3">To be effected by the buyer.</td></tr>
<tr><td colspan="2">11. 付款方式
Terms of Payment</td><td colspan="3">The Buyer shall open through a bank acceptable to the Seller an Irrevocable Sight Letter of Credit to reach the Seller before April.</td></tr>
</table>

样例 4 - 3 采购合同

采购合同

供方：杭州捷安服装厂   合同编号：2016012

需方：杭州万向纺织品进出口有限公司   签订地点：杭州

签订时间：2016 年 5 月 13 日

产品名称及型号	单位	数量	单价(元)	总金额(元)	备注
男童夹克 型号：DJ123 面料：100％的斜纹布 里料：100％的聚酯纤维，按照 2016 年 3 月 22 日的确认样制作	件	5000	50.00	250000.00	
总价				￥250000.00	
合计人民币金额(大写)	贰拾伍万元整				

一、产品质量要求技术标准、供方对质量负责的条件和期限：产品质量按照产品描述及样品提供。

二、交(提)货地点、方式：杭州捷安服装厂内交货。交货时间为 2016 年 6 月 10 日前。

三、包装要求：20 件衣服每箱，同色同号的衣服装在同一箱中。包装箱由买方提供。

四、货款结算方式：30％的预付，剩余的 70％交货前付款。

五、违约责任：单方面违约必须承担对方的全部损失。

六、纠纷解决方式：由双方根据《经济合同法》友好协商解决，解决不成的，则向需方住所地有管辖权的法院提起诉讼解决。

七、结算方式及期限：本合同经双方法定代表人签字，或委托代理人签字并盖章，才能生效，变更或解除合同也必须符合上述形式，否则不发生法律效力。

供方：杭州捷安服装厂   需方：杭州万向纺织品进出口有限公司

单位名称：(章)   单位名称：(章)

单位地址：杭州市长河里 33 号   单位地址：杭州市西溪路 896 号

法定代表人：王丽   法定代表人：张平

委托代理人：   委托代理人：

税号：＊＊＊＊＊＊＊＊＊＊＊＊＊＊   税号：＊＊＊＊＊＊＊＊＊＊＊＊＊＊

电 话：0571 - 85171326   电 话：0571 - 87171376

传 真：0571 - 85171328   传 真：0571 - 87171377

开户银行：杭州银行   开户银行：中国工商银行

账 号：＊＊＊＊＊＊＊＊＊＊＊＊＊   账 号：＊＊＊＊＊＊＊＊＊＊＊＊＊

📦 任务布置

请根据样例 4 - 4 的销售合同拟定一份采购合同，长城贸易有限公司拟向宁波吉瑞有限公司订货。只需拟定合同主要条款，税号、联系方式等信息可不填(可参考样例 4 - 5)。

样例 4 - 4   出口合同

SALES CONTRACT

Contract No.：GW2017X08

Date：2017.5.15

SIGNED AT：NINGBO

SELLERS：GREAT WALL TRADING CO.，LTD.

ADDRESS：RM201，HUASHENG BUILDING，NINGBO，P.R. CHINA.

FAX：0574 - 2576 ****

BUYERS：F.T.C CORP.

ADDRESS：AKEDSANTERINK AUTO P. O. BOX. 9. FINLAND

FAX：：+3589169 ****

THIS SALES CONTRACT IS MADE BY AND BETWEEN THE SELLERS AND THE BUYERS，WHEREBY THE SELLERS AGREE TO SELL AND BUYERS AGREE TO BUY THE UNDER-MENTIONED GOODS ACCORDING TO THE TERMS AND CONDITIONS STIPULATED BELOW：

NAME OF COMMODITY AND SPECIFICATIONS(1)	QUANTITY(2)	UNIT(3)	UNIT PRICE(4)	AMOUNT(5)
HALOGEN FITTING W500	5900PCS	PC	CIF HELSINKI US$ 3.80/PC	US$ 20736.00

10% MORE OR LESS BOTH IN AMOUNT AND QUANTITY ALLOWED.

TOTAL AMOUNT：US DOLLARS TWENTY THOUSAND SEVEN HUNDRED AND SIX ONLY.

(6)PACKING：PACKED IN ONE CARTON OF 100PCS EACH.

(7)DELIVERY FROM NINGBO TO HELSINKI.

(8)SHIPPING MARKS：N/M.

(9) TIME OF SHIPMENT：WITHIN 30 DAYS AFTER RECEIPT OF L/C. ALLOWING TRANSSHIPMENT AND PARTIAL SHIPMENT.

(10) TERMS OF PAYMENT：BY 100% CONFIRMED IRREVOCABLE LETTER OF CREDIT IN FAVOR OF THE SELLERS TO BE AVAILABLE BY SIGHT DRAFT TO BE OPENED AND TO REACH CHINA BEFORE MAY 1, 2016 AND TO REMAIN VALID FOR NEGOTIATION IN CHINA UNTIL THE 15TH DAYS AFTER THE FORESAID TIME OF SHIPMENT. L/C MUST MENTION THIS CONTRACT NUMBER L/C ADVISED BY BANK OF CHINA NINGBO BRANCH. ALL BANKING CHARGES OUTSIDE THE CHINESE MAINLAND ARE FOR ACCOUNT OF THE BUYER.

(11) INSURANCE：TO BE EFFECTED BY SELLERS FOR 110% OF FULL INVOICE VALUE COVERING FPA UP TO HELSINKI.

(12) ARBITRATION：ALL DISPUTE ARISING FROM THE EXECUTION OF OR IN CONNECTION WITH THIS CONTRACT SHALL BE SETTLED AMICABLE BY NEGOTIATION. IN CASE OF SETTLEMENT CAN BE REACHED THROUGH NEGOTIATION THE CASE SHALL THEN BE SUBMITTED TO CHINA INTERNATIONAL ECONOMIC &. TRADE ARBITRATION COMMISSION. IN SHENZHEN(OR IN BEIJING)FOR ARBITRATION IN ACT WITH ITS SURE OF PROCEDURES. THE ARBITRAL AWARD IS FINAL AND BINDING UPON BOTH PARTIES FOR SETTING THE DISPUTE. THE FEE, FOR ARBITRATION SHALL BE BORNE BY THE LOSING PARTY UNLESS OTHERWISE AWARDED .

THE SELLER：GREAT WALL TRADING CO.,LTD   THE BUYER：F.T.C CORP.

样例 4-5　采购合同

采购合同

供方：　　　　　　　　　　　　　　　合同编号：

需方：　　　　　　　　　　　　　　　签订地点：

签订时间：　　　　　　　　　　　　　年　月　日

产品名称及型号	单位	数量	单价(元)	总金额(元)	备注
总价					
合计人民币金额(大写)					

一、产品质量要求技术标准、供方对质量负责的条件和期限：

二、交(提)货地点、方式：

三、包装要求：

四、货款结算方式：

五、违约责任：

六、纠纷解决方式：

七、结算方式及期限：

供　方：　　　　　　　　　　　　　　　需　方：

单位名称：(章)　　　　　　　　　　　　单位名称：(章)

单位地址：　　　　　　　　　　　　　　单位地址：

法定代表人：　　　　　　　　　　　　　法定代表人：

委托代理人：　　　　　　　　　　　　　委托代理人：

税　号：　　　　　　　　　　　　　　　税　号：

电　话：　　　　　　　　　　　　　　　电　话：

传　真：　　　　　　　　　　　　　　　传　真：

开户银行：　　　　　　　　　　　　　　开户银行：

账　号：　　　　　　　　　　　　　　　账　号：

CIF、LC
出口合同的履行

任务二　落实货款

情景呈现

杭州万向纺织品进出口公司与阿联酋的 ABC Corporation 在 2016 年 4 月 15 日,签订了一笔 5000 套的男童夹克订单。最迟交货期是 2016 年 6 月底,支付方式是 100％的即期信用证付款。贸易术语是 CFR Du Bai。

合同签订后,规定在 2016 年 4 月 30 日前开到信用证,但一直到 4 月 30 日,杭州万向纺织品进出口公司仍然没收到信用证,经公司发函催促后,于 5 月 5 日收到了阿联酋的 Abu Dhabi Commercial Bank 开来的信用证,公司的单证员陈敏要审核信用证是否符合合同规定。请问她该如何来完成这一工作呢?

任务目标

能落实出口货款。能够在信用证、前 TT、后 TT、托收等多种方式下完成出口货款的落实工作。

相关知识

在国际贸易中,主要采用汇付、托收和信用证结算方式。汇付方式中电汇支付比较广泛。大多规定预付 30％货款,剩余的 70％见提单复印件付款。所以,在合同签订之后,要督促买方支付预付款,收到预付款后,可以着手安排生产。托收方式为在合同签订之后,就可以着手安排备货。

在以信用证为结算方式的出口合同中,落实信用证是履行出口合同不可缺少的重要环节。落实信用证通常包括催证、审证和改证三部分内容,实际业务中,这项工作一般在备货前进行。

买方按合同约定的时间开证是卖方履行合同的前提条件,如果信用证能够按合同约定及时开到卖方,则无须催证。但在实际业务中,由于种种原因不能按时开证的情况时有发生,因此,应以某种方式催促买方及时办理信用证开证手续,以利于合同的履行。由于信用证业务是纯单据业务,所以,收到信用证后应该根据合同、《跟单信用证统一惯例》(UCP 600)和《国际标准银行实务》(ISBP)进行审核,遇到与合同规定不一致,我方又不能接受的条款,要及时向开证申请人提出修改信用证。

一、催证

一般来说,当交易达成后,买方就有义务在合同约定的时间内通过其往来银行开立信用证。在实践中,习惯做法是在装运期前一个月开立信用证并到达卖方,以便给卖方充足的时间办理装运,如准备货物、预定舱位等。如果买方没有能够及时开立信用证,或买方开立的信用证没有能够及时到达卖方,卖方就必须和买方联系,催开信用证或弄清信用证的下落。

催开信用证并不是履行每一个出口合同的必需环节,通常在下列情况下才有必要进行。

(1) 出口合同规定的装运期限较长,而买方应在卖方装运期前的一定时间开立信用证(例如 30 天或 45 天),那么,卖方应该在通知买方预计装运日期的同时,催促买方开证。

(2) 买方未在合同规定的期限内开立信用证,卖方要催促买方开证。

(3) 如果根据备货和承运工具的情况,有可能提前装运时,可以同买方协商,要求其提前开证。

(4) 即使开证期限未到,但如果发现客户资信不佳,或者市场情况有变,也可以催促买方开证。

催证的方法,一般为直接向买方发函电通知。写催证函电的目的是要说服买方切实履行义务,因此撰写这类函电时,注意用词要得体,千万不要使用责怪和厌烦的口吻。应该有礼貌地说明实际情况,如所订货物已经备妥或合同规定的开证日期已过,但有关的信用证却没有收到。如果第一封信函没有回音,可以发第二封信函。催证函样本如样例 4-6 所示。

样例 4-6 催证函

Dear Sirs,

　　Re：Our sales Confirmation No.123

　　Regarding 1000 dozens of women's skirt under our Sales Confirmation No.123，we wish you pay attention to the date of delivery. Now, we have only several days' time to arrange shipment, however we haven't received your Letter of Credit. In order to the fulfillment of our contract, please establish L/C as soon as possible.

　　When you do it, please see to it that the L/C stipulations are in full accordance with the terms and conditions of the contract, so that there will not be amended and we can execute the contract within the prescribed date.

　　We are looking forward to your early reply.

　　Yours faithfully,

　　×××

二、审证

信用证是银行开立的付款保证文件,但银行的付款保证是以受益人提交的单据符合信用证条款为条件的,所以,开证银行的资信、信用证的各项内容,都关系着卖方能否安全收到货款。在实际业务中,许多不符点单据的产生,大多是由对收到的信用证事先审核不够造成的,一些本来可以纠正的错误由于审核不够没能加以及时地修改。因此,出口企业收到国外客户通过银行开立的信用证后,应进行认真的审查核对,以确保顺利履约和安全收汇。

（一）审核信用证的业务流程

审核信用证的业务流程如图4-2所示。

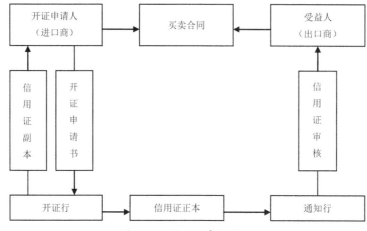

图4-2 信用证审核流程

审核信用证的具体业务流程如下。

（1）进口商按合同规定的开证时间和相关内容填写开证申请书，向开证行申请开立信用证。

（2）开证行按照开证申请书开立信用证，副本交进口商，正本寄送通知行。

（3）通知行收到信用证后，立即审核开证行的资信能力、付款责任和索汇路线，并鉴别其真伪，通知出口商。

（4）出口商收到通知行寄来的信用证后，即进行审核。

（二）审证的依据

审证的主要依据是国际贸易合同、UCP 600、ISBP 和业务实际情况。

（三）审证的内容

在我国，审核信用证是银行和出口企业共同的责任。

1. 银行审核的内容

通常情况下，信用证是开证行通过 SWIFT、电传或邮寄等方式发到国内的通知行，通知行在收到信用证后，会审核信用证的真伪，然后交给受益人。另外，通知行还会就开证行的资信、付款责任及索汇路线等进行审核，有些银行还会对信用证"软条款"做出提醒。

2. 出口企业检查和审核的内容

（1）检查信用证的付款保证是否有效

应注意有下列情况之一的，不是一项有效的付款保证或该项付款保证是存在缺陷问题的。

①应该保兑（Confirmed）的信用证未按要求由有关银行进行保兑。

②有条件生效的信用证，如"待获得进口许可证后才能生效"。

③信用证属于简电或预先通知。

④由开证申请人直接寄送的信用证。

看一看

信用证的简电通知（Brief Advice of Credit by Cable）是指进口商为了出口商早做装运准备,可要求开证行将信用证主要内容先简要地通过电报等电讯方式通知出口商。内容主要包括开证申请人、受益人、开证行、信用证证号、金额、效期、货物简述等。并注明"随寄证实书"等词语,开证行在发出简电通知后,随即将内容完整的信用证证实书寄出。简电通知只是一种预先的通知,信用证证实书才是正式有效的信用证文本。

（2）检查信用证的到期时间和地点

UCP 600规定,所有信用证必须规定一个到期日和一个付款交单、承兑交单的地点。未规定到期日的信用证是无效信用证,不能使用。信用证的到期地点涉及受益人向何地银行交单,在我国的出口业务中,原则上争取在我国某一港口或笼统规定在我国到期,以便我方在交付货物后能及时办理议付、要求付款或承兑。

（3）检查信用证受益人和开证申请人的名称地址是否完整和准确

主要审核开证申请人和受益人的名称地址是否正确无误。开证申请人和受益人的名称地址会出现在很多结汇单据中,如果出现错误而没有审核出来,就会影响出口收汇。

（4）检查装运期的有关规定是否符合要求

超过信用证规定装运期的运输单据将构成不符点,银行有权不付款。检查信用证规定的装运期应注意以下几点。

①信用证中所规定的最迟装运期是否与合同规定的一致。

②能否在信用证规定的装运期内备妥有关货物并按期出运。如来证收到时离装运期太近,无法按期装运,应及时与客户联系修改。

③信用证中规定了分批出运的时间和数量,应注意能否办到,否则,其中任何一批未按期出运,信用证对该批及以后各批均告失效。

（5）检查能否在信用证规定的交单期交单

如果过了交单期交单,银行有权拒付货款。交单期通常按下列原则处理:信用证有规定的,应按信用证规定的交单期向银行交单;信用证没有规定的,按照UCP 600的规定,向银行交单的日期不得迟于装运日期后21天。

（6）检查信用证的付款期限

信用证的付款期限必须与买卖合同的规定相一致。如迟于合同规定,必须要求改证。如系承兑信用证,买卖合同规定由买方承担利息条款者,则付款日期的确定方法和利息条款也应与买卖合同规定相符。

（7）检查信用证的金额、支付货币是否符合合同规定

主要检查内容如下。

①信用证金额是否正确。信用证的金额应该与合同相一致。

②信用证中的单价与总值是否准确,大小写是否一致。

③如信用证数量上有溢短装的规定,那么,要看信用证金额是否也有相应的溢短装的规定;否则,只能少装而不能多装。

④检查支付货币是否与合同规定一致。

（8）检查信用证的数量是否与合同规定相一致

除非信用证规定数量不得有增减，否则在付款金额不超过信用证金额的情况下，货物数量可以容许有5%的增减。

特别注意的是以上提到的货物数量可以有5%增减的规定一般适用于大宗货物，对于以包装单位或以个体为计算单位的货物不适用。如8000 pcs 100% Cotton Shirts（8000件全棉衬衫），由于数量单位是"件"，则实际交货时只能是8000件，而不能有5%的增减。

（9）检查货物描述是否符合合同规定

信用证中有关货物的描述，包括品名、规格、包装、贸易术语等，均须与买卖合同规定相符。同时，还要注意规格、数量搭配是否有矛盾，引述的买卖合同是否正确。不同的贸易术语涉及具体的费用如运费、保险费由谁分担。如合同中规定是：US$ 50.00/pc FOB Shanghai，根据此价格条款有关的运费和保险费由买方即开证申请人承担；如果信用证中的价格条款没有按合同的规定做上述表示，而是做了如下规定：US$ 50.00/pc CIF New York，如果对此条款不及时修改，那么受益人将承担有关的运费和保险费。

（10）检查货物是否允许分批装运和转运

检查分批装运（Partial Shipment）、转运（Transshipment）是否与合同规定的相一致。UCP 600规定，如果信用证没有明确规定是否允许分批、是否允许转运，则认为是允许的。

（11）检查有关的费用条款

信用证中规定的有关费用如运费或检验费等应事先协商一致，否则，对于额外的费用原则上不应承担。银行费用如事先未商定，应以双方共同承担为宜。

（12）检查信用证规定的单据能否提供或及时提供

①一些需要认证的单据特别是使领馆认证的单据等能否及时办理和提供。

②由其他机构或部门出具的有关文件如出口许可证、运费收据、检验证明等能否提供或及时提供。

③信用证中指定船龄、船籍、船公司或不准在某港口转船等条款能否办到等。

（13）检查信用证中有无陷阱条款

应特别注意下列信用证条款是有陷阱的条款。

①1/3正本提单直接寄送开证申请人的条款。如果接受此条款，将随时面临货、款两空的危险。

②由开证申请人指定的人所出具的检验报告作为议付单据的条款。接受此条款，受益人正常处理信用证业务的主动权很大程度上掌握在开证申请人手里，影响及时发运和安全收汇。

（14）检查信用证中有无矛盾之处

如运输方式是空运，却要求提供海运提单；价格条款是FOB，保险应由买方办理，而信用证中却要求提供保险单；价格条款是FOB，却要求提单上显示运费预付（Freight Prepaid）。

（15）检查信用证是否受《跟单信用证统一惯例》的约束

明确信用证受《跟单信用证统一惯例》的约束可以使我们在具体处理信用证业务中，

对于信用证的有关规定有一个公认的解释和理解,避免因对某一规定的不同理解产生的争议。

📍**议一议**

A公司与B公司签订合同,出口一批货物,合同中规定,货物在2009年5月底前装运,允许分批。合同签订后10天,A公司收到了根据此合同所开立的信用证,A公司审核信用证后发现,信用证中对是否允许分批装运未做规定。问:就这个问题,A公司是否应该要求修改信用证?

三、改证

(一)信用证修改的业务流程

信用证修改的业务流程如图4-3所示。

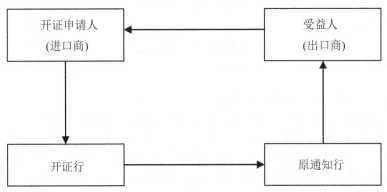

图4-3 信用证修改的流程

信用证修改的具体业务流程如下。

(1)受益人审核信用证后,将需要修改的内容通过改证函发给开证申请人。

(2)开证申请人填写改证申请书,向开证行申请改证。

(3)开证行根据开证申请书修改信用证,并将信用证修改通知书通知原通知行。

(4)原通知行将信用证修改通知书通知受益人。

(二)信用证修改的注意事项

通过对信用证的全面审核,如发现问题,应分辨情况及时处理。对于影响安全收汇,难以接受或做到的信用证条款,必须要求开证申请人进行修改。修改信用证时应注意以下几点。

信用证修改的案例

(1)对信用证中非改不可的必须修改,对可改可不该的则酌情处理。如果需要多处修改,应做到一次性向开证申请人提出,避免多次修改信用证的情况。

(2)对于不可撤销信用证中任何条款的修改,都必须取得各方当事人的同意后才能生效。

（3）对于收到的信用证修改通知书,要认真进行审核,如果发现修改的内容有误或我方不能同意的,我方有权拒绝接受,但应及时将拒绝接受修改的通知送交通知行,以免延误合同的履行。

（4）对于同一修改通知中的内容,要么全部接受,要么全部拒绝,部分接受信用证的修改是无效的。

（5）受益人应发出接受或拒绝接受修改的通知。通知行有责任将受益人接受或拒绝信用证修改的通知告知开证行。在受益人向通知修改的银行表示接受修改之前,原信用证条款对受益人仍然有效。

（6）有关信用证修改必须通过原信用证通知行转递才真实有效。通过开证申请人直接寄送的修改申请书或修改书复印件不是有效的修改。

（7）对于需经修改方能使用的信用证,应该在收到修改通知书并经审核认可后方可发运货物。

信用证的修改一般通过向开证申请人发送改证函来实现,改证函中要明确列明需修改的条款和正确的条款。改证函样本如样例4-7所示。

样例 4-7　改证函

Dear sirs,

　RE：L/C No.123 Issued by the Standard Chartered Bank

　We are informing you that we have received your L/C No.123 established by you.

　We checked the L/C carefully with the relevant contract. And we found several unreasonable points

　（1）The amount of your L/C is insufficient. The correct total value of your Letter of Credit should be US＄3150.00 instead of US＄3000.00, the difference being US＄150.00.

　（2）The Bill of Lading should be marked "Freight Collect" instead of "Freight Prepaid".

　（3）Partial shipment and Transshipment should be allowed instead of being prohibited. We shall appreciate it if you modify your L/C promptly as requested.

　Yours faithfully,

　×××

实操训练

公司单证员审核信用证后,发现信用证的下列规定与合同不符(见表4-1),告知业务员陈景,陈景撰写改证函发给 ABC 公司。改证函如样例4-8所示。

表 4-1　信用证存在的问题

序号	存在问题的条款	修改结果
1	汇票期限	信用证汇票期限由见票后30天付款,修改成即期
2	分批装运和转运	由禁止,修改成允许
3	保险条款险别	保险由买方办理,删除此要求
4	交单期	由5天,修改成15天

样例 4-8　改证函

Dear Sirs，

　　Thanks for your L/C No. RL38821. However，we are sorry to find it contains the following discrepancies：

　　1. Field 42C DRAFT AT should be modified to "AT SIGHT"，not "30 DAYS AFTER SIGHT".

　　2. PARTIAL SHIPMENTS AND TRANSHIPMENT should be "ALLOWED" instead of "PROHIBITED".

　　3. In field 46A，because we don't need effect the insurance in the CFR contract，so please delate this clause.

　　4. PRESENTATION PERIOD：Should be "15 DAYS AFTER THE DATE OF ISSURANCE OF THE SHIPPING DOCUMENTS " instead of "5 DAYS".

　　We shall appreciate it if you modify your L/C promptly as requested.

　　Yours faithfully，

　　×××

任务布置

　　请同学们根据销售合同(见样例 4-9)审核并修改信用证,列出改证结果,并填写在表 4-2的审证结果单中。

样例 4-9　销售合同

SALES CONTRACT

Contract No.：GW2016M06

Date：2016.4.22

Signed at：Ningbo

SELLERS：GREAT WALL TRADING CO.，LTD.

　　ADDRESS：RM201，HUASHENG BUILDING，NINGBO，P.R. CHINA.

　　FAX：0574-25763368

BUYERS：F.T.C CO.

　　ADDRESS：AKEDSANTERINK AUTO P. O. BOX. 9. FINLAND

　　FAX：+35891693839

THIS SALES CONTRACT IS MADE BY AND BETWEEN THE SELLERS AND THE BUYERS，WHEREBY THE SELLERS AGREE TO SELL AND BUYERS AGREE TO BUY THE UNDER-MENTIONED GOODS ACCORDING TO THE TERMS AND CONDITIONS STIPULATED BELOW：

NAME OF COMMODITY AND SPECIFICATIONS	QUANTITY	UNIT	UNIT PRICE	AMOUNT
HALOGEN FITTING W500	9600PCS	PC	CIF HELSINKI US$ 3.80/PC	US$ 36480.00

10% MORE OR LESS BOTH IN AMOUNT AND QUANTITY ALLOWED

TOTAL AMOUNT: US DOLLARS THIRTY SIX THOUSAND FOUR HUNDRED AND EIGHTY ONLY

(6) PACKING: PACKED IN ONE CARTON OF 100PCS EACH

(7) DELIVERY FROM NINGBO TO HELSINKI

(8) SHIPPING MARKS: N/M

(9) TIME OF SHIPMENT: WITHIN 30 DAYS AFTER RECEIPT OF L/C. ALLOWING TRANSSHIPMENT AND PARTIAL SHIPMENT

(10) TERMS OF PAYMENT: BY 100% CONFIRMED IRREVOCABLE LETTER OF CREDIT IN FAVOR OF THE SELLERS TO BE AVAILABLE BY SIGHT DRAFT TO BE OPENED AND TO REACH CHINA BEFORE MAY 1, 2016 AND TO REMAIN VALID FOR NEGOTIATION IN CHINA UNTIL THE 15TH DAYS AFTER THE FORESAID TIME OF SHIPMENT. L/C MUST MENTION THIS CONTRACT NUMBER L/C ADVISED BY BANK OF CHINA NINGBO BRANCH. ALL BANKING CHARGES OUTSIDE THE CHINESE MAINLAND ARE FOR ACCOUNT OF THE BUYER.

(11) INSURANCE: TO BE EFFECTED BY SELLERS FOR 110% OF FULL INVOICE VALUE COVERING F. P. A UP TO HELSINKI.

(12) ARBITRATION: ALL DISPUTE ARISING FROM THE EXECUTION OF OR IN CONNECTION WITH THIS CONTRACT SHALL BE SETTLED AMICABLE BY NEGOTIATION. IN CASE OF SETTLEMENT CAN BE REACHED THROUGH NEGOTIATION THE CASE SHALL THEN BE SUBMITTED TO CHINA INTERNATIONAL ECONOMIC & TRADE ARBITRATION COMMISSION. IN SHENZHEN(OR IN BEIJING)FOR ARBITRATION IN ACT WITH ITS SURE OF PROCEDURES. THE ARBITRAL AWARD IS FINAL AND BINDING UPON BOTH PARTIES FOR SETTING THE DISPUTE. THE FEE, FOR ARBITRATION SHALL BE BORNE BY THE LOSING PARTY UNLESS OTHERWISE AWARDED

THE SELLER: GREAT WALL TRADING CO., LTD.　　THE BUYER: F.T.C CO.

Documentary Credit

ISSUING BANK:　　　　　　METITABANK LTD., FINLAND.

DOC. CREDIT NO:　　　　　IRREVOCABLE

CREDIT NUMBER:　　　　　LRT1602457

DATE OF ISSUE:　　　　　　160428

EXPIRY:　　　　　　　　　DATE 160516 PLACE FINLAND

APPLICANT:　　　　　　　F. T. C. CO.

　　　　　　　　　　　　AKEKSANTERINK AUTO

　　　　　　　　　　　　P. O. BOX 9, FINLAND

BENEFICIARY: GREAT WALL TRADING CO., LTD.

                                 RM201,HUASHENG BUILDING,NINGBO, P. R. CHINA

AMOUNT: US$ 36480.00(SAY U.S. DOLLARS THIRTY SIX

                                 THOUSAND FOUR HUNDERD AND EIGHTY ONLY)

AVAILABLE WITH/BY: ANY BANK IN ADVISING COUNTRY

                                 BY NEGOTIATION

DRAFT AT...:   DRAFTS AT 20 DAYS' SIGHT FOR FULL INVOICE VALUE

PARTIAL SHIPMENTS: NOT ALLOWED

TRANSHIPMENT: ALLOWED

LOADING IN CHARGE: NINGBO

FOR TRANSPORT TO: HELSINKI

SHIPMENT PERIOD: AT THE LATEST MAY 30, 2016

DESCRIP. OF GOODS: 960PCS OF HALOGEN FITTING W500, US$ 6.80 PER

PC AS PER SALES CONTRACT GW2016M06 DD 22,4,2016 CIF HESINKI

    DOCUMENTS REQUIRED:

    +COMMERCIAL INVOICE 1 SIGNED ORIGINAL AND 5 COPIES

    +PACKING LIST IN 2 COPIES

    + FULL SET OF CLEAN ON BOARD MARINE BILLS OF LADING, MADE OUT TO ORDER, MARKED "FREIGHT PREPAID" AND NOTIFY APPLICANT (AS INDICATE ABOVE)

    +GSP CERTIFICATE OF ORIGIN FORM A, CERTIFYING GOODS OF ORIGIN IN CHINA, ISSUED BY COMPETENT AUTHORITIES

    +INSURANCE POLICY/CERTIFICATE COVERING ALL RISKS AND WAR RISKS OF PICC. INCLUDING WAREHOUSE TO WAREHOUSE CLAUSE UP TO FINAL DESTINATION AT HELSINKI, FOR AT LEAST 120 PCT OF CIF VALUE.

    + SHIPPING ADVICES MUST BE SENT TO APPLICANT WITH 2 DAYS AFTER SHIPMENT ADVISING NUMBER OF PACKAGES, GROSS & NET WEIGHT, VESSEL NAME, BILL OF LADING NO. AND DATE

    PRESENTATION PERIOD: WITHIN 6 DAYS AFTER ISSUANCE DATE OF SHIPPING DOCUMENT

    CONFIRMATION: WITHOUT

    INSTRUCTIONS: THE NEGOTIATION BANK MUST FORWARD THE DRAFTS AND ALL DOCUMENTS BY REGISTERED AIRMAIL DIRECT TO US IN TWO CONSECUTIVE LOTS, UPON RECEIPT OF THE DRAFTS AND DOCUMENTS IN ORDER, WE WILL REMIT THE PROCEEDS AS INSTRUCTED BY THE NEGOTIATING BANK.

    THIS CREDIT IS SUBJECT TO THE UNIFORM CUSTOMS AND PRACTICE FOR DOCUMENTARY CREDITS (2007 REVISION), INTERNATIONAL CHAMBER OF COMMERCE PUBLICATION NUMBER 600.

表 4 - 2　审证结果单

审证结果单

存在问题的条款	修改结果

Dear Sirs，

Thanks for your L/C No. LRT1602457，however，we are sorry to find it contains the following discrepancies：

_____

_____

_____

_____

_____

_____

_____

_____

_____

_____

We shall appreciate it if you modify your L/C promptly as requested.

Yours faithfully，

×××

任务三　办理出运

　　杭州万向纺织品进出口公司的单证员陈敏在货物备齐后,着手准备办理货物出运工作,包括货物的托运、保险、委托报关及检验工作。那么办理出口货物出运工作具体要包括哪些内容呢?

　　能够办理货物托运,办理投保及报关工作,以顺利出运货物。

相关知识

　　在落实信用证和备妥货物后,出口企业应按买卖合同和信用证的规定,对外履行装运货物的义务。在此过程中涉及的工作环节主要包括办理运输、保险和出口报关。

一、办理运输

　　按 CIF、CIP 或 CFR、CPT 术语成交时,出口企业应及时办理租船订舱手续,如果是大宗货物出口,则办理租船手续;如果是非大宗货物出口,则办理洽订舱位手续。一般情况下,出口企业订舱需要填写托运单,告诉货运代理公司所托运货物的基本情况及所需求的船期,货运代理公司根据出口企业的要求安排舱位,安排妥当后,发给出口企业进仓通知单,通知具体的送货截止时间和送货地点。在 FOB 或 FCA 术语成交时,由进口商安排运输,出口企业则应该与进口商保持联络,确保准时将货物送到装运港或指定承运人。

　　该工作环节所使用的单据是托运单,亦称订舱委托书。

(一)出口托运操作流程

　　国际贸易中约有 2/3 的货物是以海上运输方式承运的,下面着重介绍海运的托运操作流程。

　　(1)出口商在货、证齐备后,填制订舱委托书,委托货运代理公司代为订舱,有时还委托其代理报关,及货物储运等事宜。

　　(2)货运代理公司接受订舱委托后,根据出口商的运输要求缮制货物托运单,随同商业发票、装箱单等其他必要单证一同向船公司办理订舱。

　　(3)船公司根据具体情况,如接受订舱则在托运单的几联单据上编上与提单号码一致的编号,填上船名、航次,并签署,即表示已确认托运人的订舱,同时把配舱回单、装货单(S/O)等与托运人有关的单据退还给托运人,要求托运人将货物按规定时间送达指定的码头仓库。

　　(4)货运代理公司通知出口商订舱已订妥。出口商按规定时间将货物送至配仓回单所指定的仓库。

（5）出口商或其货代公司办理商检、报关手续，海关查验合格后，在装货单上盖放行章，并将装货单退还给出口商或其货代公司。

（6）装船。在装船前，理货人员代表承运人，收集经海关批准放行货物的装货单，按照积载计划和舱单，接货装船。装船过程中，托运人委托的货运代理应有人在现场监装，随时掌握装船进度并处理意外发生的问题。装货完毕，理货负责人要与船方大副共同签署收货单（Mates Receipt：M/R，又称大副收据），交与托运人或其货运代理人。

（7）换取提单。装船完毕后，凭理货负责人和船方大副共同签署的收货单，向承运人或其代理换取已装船提单。

（二）订舱委托书的填写

订舱委托书样本如样例 4－10 所示。

样例 4－10　订舱委托书

托运人（SHIPPER）		发票号码	贸易方式	收汇方式
		运输方式	运费支付方式（到付/预付）	
收货人（CONSIGNEE）		货物备妥时间	杂费支付方式（到付/预付）	
		可否转运	可否分批	
被通知人（NOTIFY PARTY）		装运期限	信用证有效期	
		装船方式（自送/门到门）		
装运港	卸货港	门到门装货地址		
目的地	提单份数			
标记唛头	件数及包装式样	货物规格及货号	毛重（千克）	体积（立方米）
配载要求 联系人及联系方式： 手机： 托运人签章： 托运日期：年　月　日				

订舱委托书具体内容如下。

1. 发货人(托运人)

填写出口商名称(信用证受益人)。

2. 收货人

填写信用证规定的提单收货人。

3. 通知人

填写信用证规定的提单通知人。

订舱委托书上托运人、收货人、通知人这三栏内容的填写应该按照信用证提单条款的相应规定填写,因为这三栏内容是船公司签发提单的依据。

4. 发票号码、贸易方式、收汇方式、运输方式

按实际填写。

5. 运费、杂费支付方式

一般根据贸易术语确定。

6. 货物备妥时间

按实际备妥货物的时间填写。

7. 可否转运

根据信用证条款,如允许转船,则填"YES",反之,则填"NO"。如信用证未对转船作具体的规定,则应该按照合同的有关规定填写。

8. 可否分批

根据信用证条款,如允许分批,则填"YES",反之,则填"NO"。

9. 装运期限

填写根据信用证确定的装运期。

10. 信用证有效期

填写信用证的有效期。

11. 装船方式

根据实际情况选择。如果是门到门方式,则列明具体的装货地址。

12. 装运港

填写信用证规定的装运港。如信用证未规定具体的起运港口,则填写实际装运港名称。

13. 卸货港

填写信用证规定的目的港。如信用证未规定具体的目的港口,则填写实际卸货港名称。

14. 目的地

如果最终目的地为内陆地,则填写最终内陆地。

15. 提单份数

按信用证要求填写,没有特殊说明,一般为三份。

16. 标记唛头

填写货物的运输标志。

17. 件数及包装

填写具体的包装件数及包装种类。

18. 货物规格

填写货物描述。

19. 毛重

按包装单据的内容填写。

20. 体积

按包装单据的内容填写。

21. 特殊要求

如托运人对所订舱位有特殊要求，或对提单的显示内容有特殊要求，可以填在这一栏中。

22. 联系人及联系方式

按实际情况填写。

23. 托运人签章

盖托运人公司章。

24. 托运日期

按实际托运日期填写。

二、办理保险

按 CIF 或 CIP 术语成交的合同，在货物装船前，出口商应及时向保险公司办理出口投保手续。出口货物投保一般是逐笔投保的，投保人应填制投保单，将货物的名称、保险金额、运输路线、运输工具、开航日期、投保险别等列明，保险公司据此出具保单。一般来说，在完成托运手续取得配舱回单后，出口商即可办理保险手续。

出口货物投保的程序如下。

(一) 填制投保单

投保单是进出口企业向保险公司对运输货物进行投保的申请书，也是保险公司据以出具保险单的凭证。投保单是投保人的书面要约。投保单经投保人据实填写，交付给保险人就成为投保人表示愿意与保险人订立保险合同的书面要约。投保单样本如样例 4 - 11 所示。

样例 4 - 11　货物运输保险投保单

中国人民财产保险股份有限公司

PICC Property and Casualty Company Limited

货物运输保险投保单

APPLICATION FORM FOR CARGO TRANSPORTATION INSURANCE

被保险人(INSURED)

发票号(INVOICE NO.)

合同号(CONTRACT NO.)

信用证号(L/C NO.)

发票金额(INVOICE AMOUNT) _____ 投保加成(PLUS)____ %

兹有下列物品向中国人民财产保险股份有限公司杭州分公司投保。

(INSURANCE IS REQUIRED ON THE FOLLOWING COMMODITIES：)

标　记 MARKS & NOS	包装及数量 QUANTITY	保险货物项目 DESCRIPTION OF GOODS	保险金额 AMOUNT INSURED

启运日期：_____　装载运输工具：_____

DATE OF COMMENCEMENT：_____　PER CONVEYANCE：_____

自 _____ 经 _____ 至 _____

FORM _____　TO _____

提单号：_____　赔款偿付地点：_____

B/L NO.：_____　CLAIM PAYABLE AT _____

投保险别(请说明条件和/或特殊保险项目)：

(PLEASE INDICATE THE CONDITIONS &/OR SPECIAL COVERAGES)：

(INSURANCE RISK)：

_____

备注：被保险人确认本保险合同条款和内容已经完全了解。投保人(签名盖章)：

THE ASSURED CONFIRMS HEREWITH THE TERMS AND CONDITIONS OF THESE INSURANCE CONTRACT FULLY UNDERSTOOD. APPLICAMT'S SIGNATURE

投保日期(DATE)：_____　电话(TEL)：_____

地址(ADD)：_____

经办人(BY)：_____

投保单具体内容如下。

1. 被保险人(Insured)

如信用证无特别规定,此栏一般填写信用证的受益人,即出口商的名称。

2. 发票号(Invoice No.)

填发票号码。

3. 合同号(Contract No.)

填写合同号码。

4. 信用证号(L/C No.)

填写信用证号码。

5. 发票金额(Invoice Amount)

按商业发票所列金额填写。

6. 投保加成(Plus)

按合同或信用证的规定填写。没有特别说明,则加成10%。

7. 标记(Marks & Nos)

按合同或信用证的规定填写。与商业发票保持一致。

8. 包装及数量(Quantity)

按照包装单据上的包装种类及数量填写。

9. 保险货物项目(Description of Goods)

填写货物描述,可以用货物的统称。

10. 保险金额(Amount Insured)

按合同或信用证的规定填写。没特别说明一般习惯以发票的 CIF 或 CIP 的总值再加10%,即按发票金额的110%投保。保险单中的保险金额不计小数位,小数位不论为多少,都进为 1。

11. 启运日期(Date of Commercement)

填写船舶的启航日期。

12. 装载运输工具(Per Conveyance)

填写运输工具的名称。

13. 自……经……至……(From...by Way of ... to)

分别填写起运港、转运港和目的港。

14. 提单号(Bill of Lading Number)

填写配仓回单所给定的提单号码。

15. 赔款偿付地点(Claim Payable at)

若信用证中指定赔付地点,按信用证填写,信用证中没指定,则以目的港为赔付地点。

16. 投保险别(Insurance Risk)

要严格与信用证规定相符,即使信用证没规定,也要标明该险别适用的保险条款名称及其颁布日期。

17. 投保日期及地点(Insurance Date and Place)

投保日期,不得晚于装运日期,一般适当早于装运日期,投保地点为办理投保的地址。

(二)缴纳保险费

出口商将填制的投保单随附有关单证,向当地保险公司进行投保。保险公司如接受承保,则向投保人收取保险费。保险人收取保险费,一般采取保险费率表的形式,按照既定的标准计收保险费。

（三）领取保险单

保险单据的主要种类有：保险单、保险凭证、联合保险凭证等，出口商应要求保险人出具合同或信用证要求的保险单据。

议一议

如果信用证中规定，议付时要提供保险单（Insurance Policy），问能否用保险凭证（Insurance Certificate）来代替保险单？如果信用证要求议付时提供保险凭证，能否用保险单代替？

三、办理出口报关手续

出口货物交付装运前，必须经过海关清关。清关，或称通关，通常需经四个环节：出口申报、配合查验、缴纳税费、清关后装船。在实际业务中，很多出口企业委托货运代理公司办理。

（一）出口申报

出口申报是指发货人（出口企业）或其代理（货运代理）在出口货物时，在海关规定的期限内，以书面方式报告其出口货物的情况，并随附有关货运和商业单据，申请海关审查放行，并对所报告内容的真实准确性承担法律责任的行为。出口申报，习称"出口报关"。

我国《海关法》对出口申报的有关规定如下。

1. 申报资格

必须是经海关审核准予注册的专业报关企业、代理报关企业和自理报关企业及其报关员。

2. 申报时间

出口货物的申报时限是在装货的 24 小时以前（海关特准的除外）。

3. 申报方式

（1）一般先以电子数据报关单形式申报，后提交纸质报关单。

（2）海关没有配备电子通关系统的，单独以纸质报关单向海关申报。

（3）实行无纸通关的海关，可单独以电子数据报关单形式向海关申报。

4. 申报单证

除出口货物报关单外，还需要商业发票、装箱单、装货单等。此外，还有国家有关法律、法规规定实行特殊管制的证件，如出口许可证、商品检验证等。

5. 修改申报内容或撤销申报

海关接受申报后，原则上报关单及随附单证的内容不得修改，申报也不得撤销。但如有正当理由，经海关同意，可以修改申报内容或撤销申报后重新申报。

（二）配合查验

查验出口货物，是指海关以出口货物报关单和其他报关单证为依据，在海关监管区域内对出口货物进行检查和核对。

在查验过程中,海关检查出口货物的名称、品质规格、包装状况、数量、重量、标记唛码、生产或贸易国别等事项是否与出口报关单和其他证件相符,以防止非法出口、走私及偷漏关税等。

海关查验集装箱货物,一般在集装箱堆场和港区码头堆场。在特定情况下,可经海关同意派员去发货人的仓库或工厂查验。

海关查验货物时,报关单位应派员到场提供协助,并应海关要求,随时提供有关单证、文件及必要的资料。

(三)缴纳税费

征收出口税是海关的基本业务之一。由于征收出口税必将增加出口货物成本,影响其在国际市场上的竞争力,因此,许多国家对其出口货物大部分不征收出口税。按规定应当缴纳出口税的出口货物,当海关查验货物,认为情况正常后,由海关根据我国《关税条例》和《海关税则》规定征收出口税。出口企业或其代理在向海关按规定税率缴清税款或提供适当担保后,海关方可签章放行。

(四)清关后装船

清关放行是海关对出口货物进行监管的最后一项业务程序。出口企业或其代理(货运代理)按海关规定办妥出口申报(报关),经海关审核单证、查验货物和征收出口税后,海关解除对货物的监管,准予装运出境。在放行前,海关派专人负责审查核批货物的全部报关单证及查验货物记录,并签署认可,然后在装货单(在海运情况下)上盖放行章,货方才能凭该装货单(S/O)要求船方装运出境。

四、发装船通知

关于货物
出运的案例

货物清关后,凭海关盖放行章的装货单办理装船,装船后,发货人即可向国外买方发出装船通知,以便对方准备付款、赎单、办理收货。如为 CFR 或 FOB 合同,由于保险由买方自行办理,及时发出装船通知尤为重要。

📍看一看

装船通知也叫装运通知,主要指的是出口商在货物装船后发给进口方的包括货物详细装运情况的通知,其目的在于让进口商做好筹措资金、付款和接货的准备,如成交条件为 FOB/FCA、CFR/CPT 等还需要向进口国保险公司发出该通知以便其为进口商办理货物保险手续,出口装船通知应按合同或信用证规定的时间发出,该通知副本(Copy of Telex/Fax)常作为向银行交单议付的单据之一;在进口方派船接货的交易条件下,进口商为了使船、货衔接得当也会向出口方发出有关通知;通知以英文制作,无统一格式,内容一定要符合信用证的规定,一般只提供一份。

📦实操训练

请写出杭州万向纺织品有限公司出口男童夹克这笔合同的托运办理、保险、报检和报关的具体业务安排:

杭州万向纺织品有限公司所采购的男童夹克生产已经将要完成,预计将在 2016 年 6

月 10 日完成备货,2016 年 6 月 7 日,公司单证员陈敏根据信用证制作商业发票、装箱单、订舱委托书后,向杭州金威国际货物代理有限公司办理托运手续,6 月 8 日,收到杭州金威国际货物代理有限公司发来的配舱通知,货物已办妥托运手续,船期是 6 月 15 日。经全关通网站查询,棉质男童针织夹克衫的商品编码是 6101200029,查看该商品编码的海关税则,发现监管条件一栏为空白,也就是说不需要提供监管证件,所以男童夹克不需要进行出口报检。因为合同是以 CFR 术语成交的,保险由进口商办理,出口商无须办理此项业务。6 月 10 日,将商品发票、装箱单、合同、报关委托书、盖章的报关单、申报要素送至杭州金威国际货物代理有限公司,委托其代为报关。

任务布置

杭州成森服饰有限公司出口女式风衣一批,成交条件是 CIF 纽约,货物将在 2016 年 5 月 30 日备妥,请根据货物的情况安排该批女式风衣的托运、报检、保险及报关工作。

该批女式风衣的托运、报检、保险及报关工作应如下安排:

_____

_____

_____

_____

任务四　制单结汇

出口商如何把握催款的节奏

情景呈现

杭州万向纺织品进出口公司于 2016 年 6 月 17 日从货代公司拿回了提单,单证员陈敏准备制作其他信用证要求的单据,准备到银行交单结汇。

任务目标

能够准备各种结汇单据,并掌握到银行办理交单结汇的各项手续。

相关知识

货物装运后,出口企业应立即按照合同、信用证的规定,正确缮制各种单据,在信用证规定的交单期之前,备齐单据送交指定的银行办理付款、承兑或议付手续,并向银行办理结汇。

一、出口制单

(一)出口单据制作的基本要求

在出口业务中,单据的制作对及时安全收汇有着特别重要的意义。在信用证业务中,由于是纯单据业务,所以对单据的要求就更为严格。对出口单证的制作,应该做到:"正确、完整、及时、简洁、清晰。"

1. 正确

在制单工作的各项要求中,正确是最重要的一条。正确是单证工作的前提,单证不正确就不能安全结汇。因为不管是托收还是信用证项下,单据不正确,买方都有拒付货款的权利。

"正确",至少包括两个方面的内容:一方面是要求各种单据必须做到"三相符",即单据与信用证相符、单据与单据相符、单据与合同相符。另一方面则要求各种单据必须符合有关国际惯例和进口国的有关法令和规定。通常从银行来说,他们只控制"单证相符"和"单单相符",而对外贸出口企业来说,除以上三个"相符"外,还有一个"单货相符"需要严密控制,这样单证才能真实代表出运货物,不致错发错运。

2. 完整

单证的完整是指信用证规定的各项单据的种类必须齐全,不能短缺;单证完整的另一意义是要求每一种单据的本身内容必须完备齐全。此外,单证的完整还要求出口人所提供的各种单据的份数要如数交齐,不能短缺。

3. 及时

各种单证都要有一个适当的出单日期。及时出单包括两个方面的内容:一方面是指各种单据的出单日期必须合理、可行,也就是说,每一种单据的出单日期不能超过信用证规定的有效期限或商业习惯认定的合理日期。及时出单还反映在交单议付上,这里主要是指向银行交单的日期不能超过信用证规定的交单期。

4. 简洁

单证的内容应力求简化,力戒烦琐,如果画蛇添足,反而有可能弄巧成拙。国际商会的《跟单信用证统一惯例》中指出:"为了防止混淆和误解,银行应劝阻在信用证或其任何修改书中加注过多细节的内容。"其目的就是为了避免单证的复杂化。

5. 清晰

单证的清晰要求单证格式的设计和缮制,力求标准化和规范化,单证内容的排列要行次整齐、字迹清晰,重点项目要突出醒目。清晰的单证应该尽量减少甚至不应该出现涂改差错的现象。各种单证的更改都要有一个限制点,不允许在一份单证上做多次涂改。更改处一定要盖校对章或简签。如涂改过多,最好应重新缮制。

(二)常用的出口结汇单据

1. 商业发票

商业发票是出口方向进口方开列发货价目清单及对整个交易和装运货物的总体说明,是买卖双方记账的依据,也是进出口报关的必备单据。

商业发票没有统一的格式,基本栏目大致相同,主要包括以下内容。

(1)出具人名称

发票的出具人一般为出口商。在发票的顶端,通常印有出口人的名称及详细地址。在信用证方式下,出口商的名称地址必须与信用证所规定的受益人的名称地址相一致。

（2）发票的抬头人

在信用证方式下，除非信用证另有规定，商业发票的抬头人必须是信用证的开证申请人。在托收方式下，商业发票的抬头人一般为国外的进口商。

（3）发票号码、发票日期

发票号码由出口商自行编制，发票日期理论上可以早于信用证开立日期，但不得迟于信用证规定的交单期。但在实际业务中，商业发票的日期一般在信用证开证日期后，具体的装运日期前的一段时间内。

（4）装运港或装运地和目的港和目的地

在符合信用证规定的前提下，应明确具体，不能含糊笼统。一般在港口或城市之外，应列明国家名称，以避免港口或城市重名的问题。

（5）运输标志

信用证或合同中有规定的，应按规定填写，如未规定，则由卖方自己选择，一般按标准唛头设计。

（6）货物描述

商业发票中货物的描述必须与信用证中显示的内容相符，而在其他单据中，货物的描述可使用统称，但不得与信用证中的描述抵触。

（7）数量、单价与总额

数量为合同成交数量。单价与总额必须准确计算，正确缮打。总额不能超过信用证金额，若合同要求扣除佣金，则在发票上显示扣除，如扣除 5% 佣金：Less 5% Commission。

（8）其他声明文句

主要是按照买方和信用证的要求，对一些特殊事项加以注明，一般在发票的下方注明。

（9）发票的签署

根据 UCP 600 的规定，发票无须签署。实际业务中，发票一般由出口商签章，信用证项下其名称必须与信用证的受益人名称一致。若信用证规定 Signed Invoice 或 Manually Signed 字样，则必须签署，后者还要手工签署。

2. 包装单据

包装单据是指一切记载或描述商品包装情况的单据，也是商业发票的补充单据。除散装货物外，一般均要求提供包装单据。

不同商品有不同的包装单据，常用的有以下几种。

（1）装箱单（Packing List）

装箱单又称包装单，重点说明出口商品包装的详细情况，表明货物名称、规格、数量、唛头、箱号、件数和重量，以及包装情况，尤其对不定量包装的商品要逐件列出每件包装的详细情况。对定量箱装，每件商品都是统一的重量，则只需说明总件数多少，每箱重量多少，合计重量多少，如果信用证来证条款要求提供详细包装单，则必须提供尽可能详细的装箱内容，描述每件包装的细节，包括商品的货号、色号、尺寸搭配、毛净重及包装的尺寸等内容。

（2）重量单（Weight List/Weight Note）

重量单，又称磅码单。一般列明每件包装商品的毛重和净重、整批货物的总毛重和总净重。

（3）尺码单（Measurement List）

着重记载每件货物的尺码和总尺码。供买方和承运人了解货物的尺码，以便合理运输、储存及计算运费。如果货物不是每件统一尺码的应逐件列明每件的尺码。

（4）其他单据

其他还有花色搭配单（Assortment List）、包装说明（Packing Specification）、详细装箱单（Detailed Packing List）、包装提要（Packing Summary）、重量证书（Weight Certificate/Certificate of Weight）等。

和商业发票一样，装箱单没有统一的格式，基本栏目大致相同，主要包括以下内容。

①出单日期

一般按商业发票的日期填写。

②号码

一般直接用商业发票的编号。

③ 运输详情

与商业发票的填法相同。

④唛头（运输标志）

与商业发票的唛头一致。

⑤货物描述

与发票和信用证一致。

⑥数量

不同规格的数量单独表示出来，最后累计出合计数。

⑦毛重、净重

按实际包装情况填写。

⑧注意事项

a. 包装单据的名称应与信用证内规定名称一致，信用证如何规定，就按其规定名称照打。

b. 毛净重必须与发票和运输单据、产地证、出口许可证的数字相符。

c. 信用证列明的内包装情况，必须在单据中充分表示出来。

d. 装箱单一般不显示货物的单价和总金额。

3. 运输单据

常用的运输单据有海运提单、海运单、航空运单、铁路运单、承运货物收据及多式联运单据等。在我国对外贸易中，常用的运输单据是海运提单，海运提单是船公司或其代理人根据出口商的订舱委托书出具的。

4. 保险单据

保险单据是保险人与被保险人之间订立的保险的凭证，是保险索赔和理赔的依据。保险单据是保险人根据投保单出具的。

5. 原产地证明

原产地证明(Certificate of Origin)用来证明货物原产地或制造地,是进口国海关计征税率的依据。我国出口商品所使用的产地证明主要有以下几种。

(1) 一般原产地证(Certificate of Origin)

用以证明货物的生产国别,进口国海关凭此核定应征收的税率。在我国,普通产地证可由出口商自行签发,或由出入境检验检疫局签发,或由中国国际贸易促进委员会签发。

(2) 普惠制产地证(GSP Certificate of Origin)

凡是向给惠国出口受惠商品,如果提供普惠制产地证,就能享受关税减免的优惠,所以不管来证是否要求提供这种产地证,我出口商均应主动提交。在我国,普惠制产地证由出入境检验检疫局签发。

(3) 区域性经济集团互惠原产地证书

如中国—东盟自由贸易区优惠原产地证明书(Form E)和中国—智利自由贸易区原产地证书(Form F),均由出入境检验检疫局签发。

(4) 专用原产地证书

专用原产地证书是国际组织和国家根据政策和贸易措施的特殊需要,针对某一特殊行业的特定产品规定的原产地证书。主要有输往欧盟蘑菇罐头原产地证明书、烟草真实性证书等。

⊙ 看一看

普遍优惠制(Generalized System of Preferences,GSP)简称普惠制,是指发达国家承诺对从发展中国家或地区输入的商品,特别是制成品和半制成品,给予普遍的、非歧视的和非互惠的关税优惠待遇。1968 年联合国贸易与发展会议第二届会议通过普惠制决议,1970 年为第二十五届联合国大会所采纳。但在具体实施中,各给惠国根据自身利益都对受惠国规定了一些限制。

普惠制的主要原则是普遍的、非歧视的、非互惠的。所谓普遍的,是指发达国家应对发展中国家或地区出口的制成品和半制成品给予普遍的优惠待遇。所谓非歧视的,是指应使所有发展中国家或地区都不受歧视、无例外地享受普惠制的待遇。所谓非互惠的,是指发达国家应单方面给予发展中国家或地区关税优惠,而不要求发展中国家或地区提供反向优惠待遇。

6. 汇票

(1) 汇票的必要项目

①表明"汇票"字样

用英文单词 Bill of Exchange、Draft 或 Bill 表示,目的是与其他票据,如本票和支票相区别。

②应有无条件支付命令的字句

汇票的付款必须是无条件的,不能以收款人履行某项义务或某种行为作为付款人付款的前提条件。

③确定的金额

汇票金额必须确定,如有利息条款,则必须规定利率。汇票金额通常以大小写同时表示。

④付款人名称

付款人(Drawee)通常是进口人或其指定的银行,其名称和地址应详细书写在"To"后面。

⑤收款人名称

收款人又称抬头,是受领汇票金额的人,通常是出口人或其指定的银行。我国《票据法》规定,汇票记载的收款人方式有以下几种。

第一种是指示性抬头。如"付给约翰·史密斯或其指定的人"(Pay to John Smith or Order),这种汇票可经背书转让。

第二种是限制性抬头,如"仅付给约翰·史密斯"(Pay to John Smith only),或"付给约翰·史密斯,不准转让"(Pay to John Smith not Transferable),这种汇票不能做背书转让。

第三种是持票人或来人抬头,即在汇票上不指定收款人名称,只写"付给持有人"(Pay to Holder)或"付给来人"(Pay to Bearer)字样。这种汇票可凭交付汇票进行转让,无须背书。我国《票据法》规定,凡签发持票人或来人抬头的汇票无效。

⑥出票日期

出票日期是汇票上记载的签发汇票的日期。汇票的出票日期的作用主要有:决定汇票的有效起算日,决定出票后定期付款的到期日,决定出票人的行为能力。

⑦出票人签字

出票人只有在票据上签字后,才承担付款或承兑责任。

汇票除了上述七项绝对记载的事项不可缺少外,根据我国《票据法》和《日内瓦统一法》的规定,出票地、付款地和付款日期都是相对必须记载事项,如在汇票上记载的,应清楚明确。

除了必须记载的事项外,汇票上还可以有《票据法》允许的其他"任意记载"的事项,如汇票编号、出票条款、利息条款、对价文句、付一不付二或付二不付一条款等。

(2)汇票的缮制方法

①汇票号码

汇票号码通常与商业发票号码一致,以便核对。

②汇票的出票日期与地点

信用证项下的出票日期是议付日期,出票地点是议付地或出票人所在地。值得注意的是,汇票出票不得早于其他单据日期,也不得晚于信用证有效期和信用证规定的交单期,如果信用证没有规定交单期,则不得晚于装运日后的第21天。

③汇票金额

汇票金额用数字小写和英文大写分别表明,大小写金额与币值必须相符。小写金额位于 Exchange for 后,由货币名称缩写和阿拉伯数字组成,如 US$ 1400.00;大写金额位于 The Sum of 后,句尾通常加"ONLY"。如:Say US Dollars One Thousand Four

Hundred ONLY。通常汇票金额和商业发票的金额一致,不得超过信用证金额,除非信用证另有规定。

④付款期限

付款期限必须按信用证的规定填写。即期付款在 At 与 sight 之间填上"＊"符号,变成 At ＊＊＊＊＊＊ Sight,表示见票即付。远期付款,按信用证汇票条款的规定填入相应的付款期限。例如,见票后 30 天付款(30 Days after Sight),在 At 与 sight 之间填写"30 Days after";汇票出票日后 45 天付款(45 Days after Date of Draft),在 At 与 sight 之间填写"45 Days after Date of Draft",将汇票上印就的"Sight"画掉;提单日后 60 天付款(60 Days after the B/L Date),在 At 与 sight 之间填写"60 Days after the B/L Date",将汇票上印就的"Sight"画掉。

⑤收款人

在汇票中一般用"Pay to the Order of..."来表示。通常,在信用证支付条件下收款人填信用证议付行的名称。例如,"Pay to the Order of Bank of China,Hangzhou Branch."

⑥出票条款

出票条款必须按信用证的描述填在 DRAWN UNDER 后,如果信用证没有规定出票条款,则填写信用证开证行名称、信用证号码及开证日期。

⑦付款人

汇票的付款人,即受票人(Drawee)。一般此栏在汇票中用"To"表示。汇票付款人的填写要按照信用证的要求填写,通常为开证行。

⑧出票人

出票人为信用证的受益人。通常在右下角的空白处打上出口方全称,由经办人签名,该汇票才正式生效。如果信用证规定汇票必须手签,应照办。

汇票样本如样例 4 - 12 所示。

样例 4 - 12　汇票

ORIGINAL
No._____　　　　　　　　HANGZHOU，CHINA　　　　_____
Exchange for_____
At_____ sight of this FIRST of Exchange(Second of the same tenor and date being unpaid)
pay to the order of_____
the sum of_____
_____
DRAWN UNDER_____
_____
To_____
_____

7. 检验证书

检验证书(Inspection of Certificate)是检验检疫机构对出口商品检验检疫或鉴定后,

根据不同的检验或鉴定项目签发的各种检验检疫证书、鉴定证书和其他证明书。检验证书一般由合同或信用证指定的检验机构出具,也可由出口企业或生产企业自行出具。

关于结汇的案例讨论

8. 其他单证

合同或信用证规定的其他单据,常见的有受益人证明(Beneficiary's Certificate)、装运通知(Shipping Advice)、快递收据(Courier Receipt)等。

看一看

受益人证明是一种由受益人自己出具的证明,以便证明自己履行了信用证规定的任务或证明自己按信用证的要求办事,如证明所交货物的品质、证明运输包装的处理、证明按要求寄单等。

二、结汇的业务流程

(一)汇付方式

目前,很多中小企业主要采用电汇方式付款,一般规定收到30%的预付款后生产,装运后凭提单复印件支付剩余的70%货款。在这种情况下,货物出运后,出口商将提单传真给进口商,等待进口商主动汇款给出口商,在收到进口商支付的剩余货款后,出口商将根据合同准备好单据,直接寄给国外进口商。

(二)托收方式

托收方式下,出口商在货物出运后,根据合同准备好出口单据,到银行办理委托收款手续,将全部单据交给银行,委托银行代为收款,银行收到货款后,通知出口商,办理结汇手续。

(三)信用证方式

信用证方式下,出口商(信用证受益人)在货物出运后,根据信用证的要求准备好所有单据,在信用证有效期和交单期限内,向指定银行提交符合信用证条款规定的单据。这些单据经银行审核确认无误后,根据信用证规定的付款条件,由银行办理出口结汇。

我国出口业务中,大多使用议付信用证,对这种信用证的出口结汇方法,主要有以下3种。

1. 买单结汇,又称出口押汇

这是指议付行在审核单据后确认受益人所提交的单据符合信用证条款的规定,按信用证条款买入受益人的汇票和单据,并按汇票或发票面值,扣除从议付日起到估计收到开证行或偿付行票款之日的利息,将货款先行垫付给信用证的受益人。议付是可以追索的。如开证行拒付,议付行可向出口商追还已垫付的货款。

2. 收妥结汇,又称先收后结

即议付行收到单据后不做押汇,将单据寄交开证行,待开证行将货款划给议付行后再向受益人结汇。

3. 定期结汇

即议付行根据向国外索款所需的时间,预先确定一个固定的结汇期限,到期后主动将票款转到外贸公司的账户。此项期限视不同国家或地区，根据索汇时间的长短分别确定。

议一议

国外客户开来不可撤销的即期议付信用证，规定货物的最迟装运期为 2018 年 5 月 31 日，我方于 2018 年 5 月 20 日将货物装运上船，并按信用证准备好全套单据，在 5 月 25 日向银行交单，要求议付。我方在海运提单中注明装运日期为 2018 年 5 月 20 日，而保险单的出单日期为 2018 年 5 月 22 日，试问银行能否接受此套单据？

三、开证行提出不符点时可采取的措施

"无单放货"
或"凭保提货"案例

（一）如开证行提出不符点，首先要判断开证行提出的不符点是否符合以下条件

（1）在合理的时间内提出不符点。即在开证行收到单据次日起算的 5 个工作日之内向单据的提示者提出不符点。

（2）无延迟地以电讯方式（如条件有限，须以其他快捷方式）将不符点通知提示者。

（3）不符点必须一次性提出，即如果第一次所提不符点不成立，即使单据还存在实质性不符点，开证行也无权再次提出。

（4）通知不符点的同时，必须说明单据代为保管听候处理，或径退交单者。

以上条件必须同时满足，否则，开证行便无权声称单据有不符点而拒付。

（二）如果开证行提出的不符点符合所有的条件，则出口商可采取以下措施

1. 看能否在信用证规定的时间内修改单据，重新寄单

受益人可在规定的交单期内将替代或更正后的单据补交给银行；如果信用证没有规定交单期，则可在装运日后的 21 天内，但无论如何必须在信用证的有效期内。

2. 要积极与开证行申请人洽谈，请其接受单据

开证行拒付并不意味着开证申请人拒付，如果开证申请人最终放弃不符点，尽管开证行并不受开证申请人决定的约束，但一般会配合开证申请人付款。所以开证行拒付后，如果不符点确实成立，应分析此笔交易的实际情况，以决定怎样与开证申请人交涉，说服开证申请人接受不符点并付款。只要货物质量过关，商品的市场价格较好，开证申请人一般不会以不符点为借口拒绝接受单据。

3. 降价或另寻买主

单据被拒付后，受益人仍拥有对单据的处理权，这就意味着货权并未丧失，在保留全套提单的前提下，受益人可以根据实际情况处置货物。如果市场情况好，受益人可以选择以更高的价格转卖给第三者，从中获得更大的利益。

实操训练

列出杭州万向纺织品进出口公司单证员陈敏在男童夹克这笔业务中应该准备的单据，并做出交单安排。

该合同下,所收到的信用证的相关信息如样例 4-13 所示。

样例 4-13 信用证信息

Draft at...42C:DRAFTS AT SIGHT FOR FULL INVOICE VALUE

　　Documents required 46A:

　　+FULL SET OF CLEAN ON BOARD OCEAN BILLS OF LADING MADE OUT TO ORDER OF SHIPPER AND BLANK ENDORSED AND MARKED FREIGHT PREPAID AND NOTIFY APPLICANT.

　　+SIGNED COMMERCIAL INVOICE ONE ORIGINAL AND THREE COPIES.

　　+PACKING LIST ONE ORIGINAL AND THREE COPIES.

　　+BENEFICIARY'S CERTIFICATE CERTIFYING THAT ONE SET OF NON-NEGOTIABLE DOCUMENTS HAS BEEN DISPATCHED TO APPLICANT WITHIN THREE DAYS AFTER SHIPMENT.

　　Presentation Period 48:DOCUMENTS TO BE PRESENTED WITHIN 15 DAYS AFTER THE DATE OF SHIPMENT,BUT WITHIN THE VALIDITY OF THE CREDIT.

根据信用证的要求,单证员陈敏应该准备如下单据。

即期汇票(一般一式两份),全套海运提单(一般三份),装箱单一正三副,受益人证明(一份)。因为货物的实际装运期是 2016 年 6 月 15 日,所以所有单据备齐后,应该在装运后 15 天内交单,也就是最迟在 2016 年 6 月 30 日将单据交给议付行,办理结汇手续。

任务布置

根据样例 4-14 所示的信用证条款,列出结汇时需要提交的单据。货物在 2016 年 6 月 30 日出运,并列出最迟的交单日期。

样例 4-14 信用证条款

Draft at...42C:DRAFTS AT SIGHT FOR FULL INVOICE VALUE

　　Documents required 46A:

　　+SIGNED COMMERCIAL INVOICE INTRIPLICATE.

　　+FULL SET OF CLEAN ON BOARD OCEAN BILLS OF LADING MADE OUT TO ORDER ,MARKED "FREIGHT PREPAID" AND NOTIFY APPLICANT.

　　+GSP CERTIFICATE OF ORIGIN FORM A.

　　+PACKING LIST INTRIPLICATE.

　　Presentation Period 48:DOCUMENTS TO BE PRESENTED WITHIN 15 DAYS AFTER THE DATE OF SHIPMENT,BUT WITHIN THE VALIDITY OF THE CREDIT.

　　结汇时要准备的单据如下:

_____

_____

_____

任务五　出口业务善后

情景呈现

杭州万向纺织品进出口公司的业务员陈景与阿联酋的 ABC 公司就出口 5000 套男童夹克的合同履行非常顺利,货物按时出运,货款也如期到账,接下来还需要做些什么工作呢?

任务目标

学会核销及出口退税的办理方法,掌握出口后理赔的基本要求,能根据实际业务办理相关事项。

相关知识

一、出口收汇监测管理

(一)目前关于出口收汇监测管理的有关规定

2012 年,国家外汇管理局、海关总署和国家税务总局联合颁布《关于货物贸易外汇管理制度改革的公告》(国家外汇管理局公告 2012 年第 1 号),决定自 2012 年 8 月 1 日起在全国范围内实施货物贸易外汇管理制度改革,并相应调整出口报关流程、简化出口退税凭证。内容主要包括以下几方面。

(1)全面改革货物贸易外汇管理方式,简化贸易进出口收付汇业务办理手续和程序。外汇局取消货物贸易外汇收支的逐笔核销,改为对企业货物流、资金流实施非现场总量核查,并对企业实行动态监测和分类管理。

(2)调整出口报关流程,取消出口收汇核销单,企业办理出口报关时不再提供核销单。

(3)简化出口退税手续,自 2012 年 8 月 1 日起报关出口的货物,企业申报出口退税时不再提供出口收汇核销单;税务部门参考外汇局提供的企业出口收汇信息和分类情况,依据相关规定,审核企业出口退税。

(二)具体做法

实施外汇新政以后,外汇核销已经取消,目前外汇管理局通过监测系统监管企业进出口贸易收支情况。取消了逐笔核销手续,改为总量核查,企业不需要在网上核销报审系统中进行操作。符合下列情况之一的业务,企业应当在货物进出口或收付汇业务实际发生之日起 30 天内,通过外汇监测系统向所在地外汇局报送对应的预计收付汇或进出口日期等信息:①30 天以上(不含)的预收货款、预付货款;②90 天以上(不含)的延期收款、延期付款;③90 天以上(不含)的远期信用证(含展期)、海外代付等进口贸易融资;④B、C 类企业在分类监管有效期内发生的预收货款、预付货款,以及 30 天以上(不含)的延期收款、延期付款;⑤同一合同项下转口贸易收支日期间隔超过 90 天(不含)且先收后支项下收汇金额或先支后收项下付汇金额超过等值 50 万美元(不含)的业务;⑥其他应当报告的事项。对于第①、②、④项,企业还需报送关联企业交易信息。对已报告且未到预计进出口或收付汇日期的上述业务,企业可根据实际情况调整相关报告内容。

📍 **看一看**

企业实施动态分类管理

外汇局对企业分类采取动态管理,视情况分为 A、B、C 三类,并动态调整分类结果。如果 A 类企业违反外汇管理法规将被降级为 B 类或 C 类,B、C 类企业在分类监管期内守法合规经营期满可升级为 A 类,监管有效期为一年。在管理方式上,对 A 类企业贸易外汇收支,适用便利化的管理措施,即进口付汇单证简化,可凭进口报关单、合同或发票等任何一种能够证明交易真实性的单证在银行直接办理付汇,银行办理收付汇审核手续相应简化;出口收汇无须联网核查。对 B 类企业贸易外汇收支由银行实施电子数据核查管理,金融机构通过监测系统扣减其对应的可收付汇额度;外汇局根据企业实际发生的进出口贸易类别,结合非现场核查和现场核查情况,确定相应的收付汇比率;对 C 类企业贸易外汇收支须经外汇局逐笔登记后办理,即贸易外汇收支业务及外汇局认定的其他业务,由外汇局实行事前逐笔登记管理,金融机构凭外汇局出具的登记证明为企业办理相关手续。

二、出口退税

出口退税是一个国家或地区对已报关离境的出口货物,由税务机关将其在出口前的生产和流通各环节已经缴纳的国内增值税或消费税等间接税税款退还给出口企业的一项税收制度。出口退税使出口产品以不含税成本进入国际市场,增强产品的竞争力,根据国际惯例,我国对出口产品实行退税制度。

> 计算公式:
>
> 退税额=[增值税发票金额/(1+增值税率)]×出口退税率

货物出口结关以后 3～5 个工作日,电子口岸出口退税系统中即会有报关单电子数据,企业进行数据报送,待数据报送成功、传输至国税系统后可进行退税申报,正式申报审批通过后企业即可携带材料前往税务机关办理退税手续。

(一)出口退税享受对象

(1) 对外贸易经营者,指依法办理工商登记或者其他执业手续,经商务部及其授权单位赋予出口经营资格的从事对外贸易经营活动的法人、其他组织或者个人。其中,个人(包括外国人)是指注册登记为个体工商户、个人独资企业或者合伙企业。

(2) 没有出口经营资格委托外贸公司代理出口的生产企业。

(3) 特定退(免)税的企业和人员,指按国家有关规定可以申请出口货物退(免)税的企业和人员。

(二)出口退税的货物所需具备的条件

(1)必须是属于增值税、消费税征税范围的,并取得增值税专用发票和专用缴款书的货物。

(2)必须是已报关离境的货物。所谓出口,即是输出关口。这是区分产品是否属于应退税出口产品的主要标准之一,以加盖海关验讫章的出口报关单和出口销售发票为准。

(3)必须是在财务上已做销售的货物。

(4)必须是出口已收汇的货物。

一般来说,出口产品只有在同时具备上述四个条件的情况下才予以退税。但是国家对退税的产品也做了特殊规定,特准某些产品视同出口产品予以退税。

(三)出口退税的办理程序

出口企业在取得有关部门批准其经营出口产品业务的文件市场监督管理部门核发的工商登记证明后,应于30日内办理出口企业退税登记,才能具备办理出口退税的资格。

从2015年5月开始,海关不再签发出口报关单的退税联,改由海关总署向国家税务总局传输出口报关单结关信息电子数据。2015年5月1日之后出口的报关单,企业不需要登录中国电子口岸—出口退税中报送数据,因此也进一步简化了出口退税手续。目前企业自中国电子口岸出口退税模块中选择"数据查询"—"结关状态查询"功能可以查询报关单结关状态。若该报关单查询出来状态是"结关报关单新增数据,国税局接收成功",则企业可以进行出口退税操作。主要流程如下。

1. 出口退税申报

出口企业在货物报关后,通过"中国电子口岸系统"核对报关信息,并将有关信息输入国税局的出口货物退(免)税电子申报系统,向税务机关办理申报。

2. 出口企业办理正式退税

待出口退税系统中申报数据审批通过后,携带纸质材料前往主管税务机关办理退税手续。办理出口退税前必须备齐以下资料。

(1)已经认证的出口退税增值税专用发票

从供应商处取得的用于办理出口退税的增值税防伪税控系统开具的增值税专用发票抵扣联,必须自该发票开具之日起90日内到其主管征税机关认证,未经过认证或认证未通过的一律不予办理出口退税。

(2)出口发票

货物出口后由出口商开具的商业发票。

(3)通关无纸化出口放行通知书

货物出口通关后由海关签发。

(4)备案资料

购货合同,出口货物明细单,装货单,提单,国内运费发票复印件,报关费发票复印件。

另外,实施无纸化退税的地区无须提供纸质材料。目前杭州地区已全部实行退税无纸化。

外贸型企业申请退税成功后,如是上半月申请退税成功的,月底税款即可退还到企业账户,如是下半月申请退税成功的,需等到下个月;生产型企业第一次申请出口退税需等到第 13 个月国税局下户核查后,税款方可退还到企业账户。

三、出口业务善后工作

(一)业务资料整理归档

出口业务过程中涉及很多单据资料,从订单开始到合同、报关单、发票、箱单、退单、提单、场站收据,还有货代的进仓单,货代单,以及后续的发票、水单等等。这些资料种类繁多,尤其是在业务量增大的情况下,资料的整理和归档工作就显得尤为重要。每个公司都应该根据自身的实际情况选择适当的方法进行业务资料整理归档。比如,可以按照每个客户建立一个文件夹的方法,在每个客户文件夹下再根据合同号建立子文件夹,这样方便业务资料的查找调阅。另外很多企业也尝试使用外贸管理 ERP 系统进行业务资料的整理和归档。

(二)给客户发送善后函

在业务履行结束后,业务员通常就本笔业务的相关情况与客户进行交流,这就是业务善后函。善后函一般是表示感谢和问候,希望今后举行开展业务合作,可以增进双方的友谊,有利于日后的进一步业务开展。善后函也可以总结本次业务中存在的问题,提出今后的改进建议,并借此推荐新产品等。善后函样本如样例 4-15 所示。

样例 4-15　出口善后函

Dear Bill,

　　We are very glad to have received US $ ××× against L/C No.××× under contract No.×××. You can be sure that the goods shipped will meet your needs just well. We believe the conclusion of this transaction will help further our mutual understanding and pave the way for more business cooperation in the future. Needless to say, with the development of our trade relations, there will be more and more topics of interest to be discussed between us. We are expecting your advice.

　　Since you might be aware of the new development in our product range, we are airmailing to you a copy of our latest illustrated price list. If any item interests you, please let us know. We will give you a special discount of 2% for orders exceeding US $ ××× to promote sales at your end.

　　We hope our handing of your first order will lead to further transaction between us and look forward to your favorable reply.

　　Sincerely,

　　×××

(三)出口理赔的处理

关于合同履行善后的案例讨论

理赔是指一方对于对方提出的索赔进行处理的行为。在国际贸易实践中,要本着实事求是的精神,友好协商解决,做到既维护我方的正当权益,又不影响双方持久的贸易关系。

卖方在理赔时,应注意以下几个方面。

1. 要认真研究分析对方所提索赔理由

应判断其索赔理由是否充分,情况是否属实,是否确因我方违约而使对方遭受损失,是否符合合同规定或法律规定。如属逾期才提出的索赔，我方可以不予受理。

2. 仔细审核对方所提出的索赔证件和有关文件

如出证机构是否符合要求，检验标准和检验方法是否符合双方规定，单证是否齐全、清楚，有无夸大损失等。

3. 合理确定赔付方法

如确定属己方责任，应公平合理、实事求是地研究理赔方案，与对方协商确定。赔偿办法可采取赔付部分货物、退货、换货、修整、赔付一定金额、对索赔货物给予价格折扣或按残损货物比例赔付，或对全部货物降价等办法处理。根据有关的法律和国际贸易实践，确定损害赔偿金额的原则如下。

（1）赔偿金额应与因违约而遭受的包括利润在内的损失额相等。

（2）赔偿金额应以违约方在订立合同时可预料到的合理损失为限。

（3）由买方未采取合理措施造成的有可能减轻而未减轻的损失，应在赔偿金额中扣除。

📦 案例分析

> 我国 A 公司与印度尼西亚 B 公司于××年签订了一份外贸合同，由 A 公司向 B 公司出售 T 恤衫，合同的金额为 31.21 万美元，约定支付方式为信用证付款。货物装运后，A 公司制作好全套结汇单据交给当地银行，由银行将单据寄交开证行，不久就收到了全部货款。B 公司收到货物后，发现 A 公司提供的 T 恤衫存在多处质量问题：使用了多年库存的布料，T 恤衫的长度太短（与规定的尺寸不一致），同一批货的 T 恤衫的颜色不一致。为此，B 公司提出索赔，并提供了当地检验机构出具的检验证书，但索赔未获 A 公司同意。经多次交涉无结果，B 公司根据外贸合同中的仲裁条款提起仲裁，要求 A 公司支付索赔金额 10 万美元，并承担本案的仲裁费用。
>
> 审理结果如下。
>
> 仲裁庭经审理后裁定：A 公司向申请人支付赔偿金额 10 万美元，承担本案的仲裁费。
>
> 案例点评：在处理客户索赔时，要由客户提供索赔的证明文件，根据实际情况，同客户协商实际的赔付金额，只有这样，才能保持良好的客户关系。在本案中，A 公司开始不同意 B 公司的索赔，但 B 公司有索赔证据，最终还是通过仲裁，争取到了应有的赔偿。

📍 议一议

我国某出口企业与美国某公司签订了 200 套家具的出口合同。货物于 2014 年 9 月 30 日装运，美国某公司于 2014 年 11 月 2 日收到 200 套家具。2014 年 11 月 20 日，美国公司来函电称我方所出口的家具存在质量问题，要求退还货款。问：我方公司应该如何处理？

实操训练

杭州万向纺织品进出口公司与阿联酋 ABC 公司的合同履行得非常顺利,货物按时出运,货款也如期到账,接下来还需要做的工作如下。

1. 业务资料整理归档。按照客户建立文件夹,将相关的合同、发票、往来票据、单据等各种资料按顺序整理好存入档案。

2. 在国税退税系统申请退税,报送相关数据。

3. 携带增值税专用发票、出口商业发票、海关放行通知等资料到税务局办理退税手续。

4. 给客户发送善后函,加强联系并推荐新的产品系列供客户选择。

任务布置

(一) 操作资料

卖　　方:杭州万溪进出口有限公司,杭州市西溪路 896 号

电　　话:0571 - 87171376

单位编码:70629362 - 8

货　　名:女式 T 恤衫

商品编码:61091000

规格数量:3000pcs Women'S T-shirt

单　　价:US$ 4.00/pc CIF New York

支付方式:By 100% Irrevocable Letter of Credit to be available by Draft at Sight

报关单编号:223320080838578039

报关日期:2015.11.03

出口日期:2015.11.05

收汇日期:2015.11.28

(二) 操作要求

假设你是杭州万溪进出口公司的业务员,请问接下来你要做哪些工作?

课后练习

一、单项选择题

1. 根据出入境检验检疫局的规定,出境货物最迟应于报关或装运前(　　)天报检。

A. 3　　　　　　　　B. 7　　　　　　　　C. 10　　　　　　　　D. 15

2. 对产地和报关地相一致的法定检验商品,经检验合格后,由出入境检验检疫局签发(　　)。

A. 出境货物通关单　　　　　　　　B. 出境货物换证凭单

C. 出境货物换证凭条　　　　　　　　D. 检验合格通知单

3. 受益人如果要求修改信用证,必须向( )发出修改函。

A. 开证行　　　　　　　　　　　　B. 通知行

C. 议付行　　　　　　　　　　　　D. 开证申请人

4. 如果开证申请人主动提出修改信用证,则对通过通知行转递来的信用证,受益人
( )。

A. 有权拒绝　　　　　　　　　　　B. 必须接受

C. 可以接受其中一部分　　　　　　D. 以上均不对

5. 合同中规定"Partial Shipment Allowed",但信用证对"Partial Shipment"没做任何
规定,则受益人应该( )。

A. 接受信用证　　　　　　　　　　B. 要求开证申请人修改信用证

C. 要求开证行修改信用证　　　　　D. 要求通知行修改信用证

6. 信用证的修改通知书必须由( )通知。

A. 原通知行　　　B. 开证行　　　C. 开证申请人　　　D. 保兑行

7. 信用证和货物合同的关系是( )。

A. 信用证是货物合同的一部分　　　B. 货物合同是信用证的一部分

C. 信用证从属于货物合同　　　　　D. 信用证独立于货物合同

8. 出口方对进口方开立的信用证进行全面审核后,如果发现问题,则应该( )。

A. 非改不可的必须改　　　　　　　B. 可改可不改的也要改

C. 改证内容必须一次提出　　　　　D. 得到有关当事人的全部同意

9. 投保单上的投保金额超过发票金额的( )时,需要征得保险公司同意才可以
投保。

A. 110%　　　　　B. 130%　　　　　C. 100%　　　　　D. 105%

10. 某信用证要求提单的份数为"In Duplicate",其意思为( )。

A. 一式两份　　　B. 一式三份　　　C. 一式六份　　　D. 一式十份

11. 保险单的签发日期必须( )。

A. 不迟于提单日期　　　　　　　　B. 晚于提单日期

C. 早于发票日期　　　　　　　　　D. 早于信用证日期

12. 以 CIF 术语达成的交易,如信用证没有特别规定,保险单的被保险人一栏应填写
( )。

A. 开证申请人的名称　　　　　　　B. 受益人的名称

C. To Order　　　　　　　　　　　D. To Whom It May Concern

13. 假设提单的签发日期为"March 24,2008",那么保险单的签发日期中,( )的填
写是错误的。

A. March 22,2008　　　　　　　　B. March 20,2008

C. March 30,2008　　　　　　　　D. March 23,2008

14. 保险的赔付地点一般填写( )。

A. 启运港(地)　　　　　　　　　　B. 目的港(地)

C. 投保人所在地　　　　　　　　　D. 保险公司所在地

15. 一般情况下,商业发票的金额应与(   )一致。

A. 合同金额　　　　B. 信用证金额　　　　C. 保险金额　　　　D. 汇票金额

16. 一张汇票的收款人抬头注明"Pay To The Order of ABC Co.",即表示(   )。

A. 该汇票只能由 ABC 公司收取货款

B. 该汇票不能转让

C. 该汇票可以转让,但只能转让一次

D. 该汇票可以转让,而且可以一直转让下去

17. 如果信用证未做规定,则汇票的付款人是(   )。

A. 开证申请人　　　B. 受益人　　　　　C. 开证行　　　　　D. 议付行

18. 汇票的抬头人是汇票的(   )。

A. 出票人　　　　　B. 收票人　　　　　C. 付款人　　　　　D. 收款人

19. 汇票的抬头做成指示样式,说明(   )。

A. 汇票不能通过背书转让　　　　　B. 汇票无须通过背书即可转让

C. 仅能由银行转让　　　　　　　　D. 须经过背书方能转让

20. 当信用证规定"Drawn on Us",那么汇票应该(   )。

A. 在付款人栏目处填写"US"　　　　B. 在收款人栏目处填写"US"

C. 在付款人栏目处填写开证行名称　　D. 在付款人栏目处填写开证申请人名称

二、判断题

1. 货物备妥时间,除考虑出口合同及信用证上规定的交货期限外,还要结合船期进行安排。(   )

2. 法定检验的出口商品,经检验不合格,不准出口。(   )

3. 所有信用证必须规定一个到期日和一个付款交单、承兑交单的地点。(   )

4. 信用证修改通知书的内容,受益人可根据实际情况,接受其中一部分,拒绝其中的另一部分。(   )

5. 在我国的出口业务中,原则上应争取在我国某一港口或笼统规定在我国到期。(   )

6. 如果合同规定收货人为"To Order"或"To Order of The Shipper"字样,则订舱委托书上的收货人应该显示为"To Order"或"To Order of The Shipper"。(   )

7. 无论采用何种贸易方式和运输方式运送何种货物,涉及的托运流程和托运单据都是相同的。(   )

8. 使用信用证方式时,若投保金额按 110% 发票额计算有小数点时,投保单上的投保金额必须保留小数。(   )

9. 运输标志须在有关的托运单据、装运单据、结汇单据上显示,而指示性标志、警告性标志则不需要。(   )

10. 订舱委托书中的商品名称必须符合信用证或合同规定,并与实际货物名称一致,但是可以与商品规格型号或品牌不一致。(   )

11. 保险单的签发日期应该早于海运提单的签发日期。(   )

12. 出口报关的时间为装运前 24 小时内。(   )

13. 出口报关时一般要提供出口收汇核销单。（　　　）

14. CFR 或 FOB 合同，由于保险由买方自行办理，及时发出装船通知尤为重要。
（　　　）

15. 所有货物交付装运前，必须经过报关。（　　　）

16. 出口商可以在信用证规定的交单期后交单，只要在信用证的有效期之内即可。
（　　　）

17. 正确是单证工作的前提。（　　　）

18. 普惠制产地证可以由国际商会签发。（　　　）

19. 信用证项下的汇票出票人是议付行。（　　　）

20. 保险单据是保险人与被保险人之间订立的保险凭证，是保险索赔和理赔的依据。
（　　　）

21. 一般原产地证可以由出口商自行签发。（　　　）

22. 开证行只要发现单证有不符点，就可以拒付，而没有提出拒付的时间限制。
（　　　）

23. 汇票一般有两份正本，两份正本具有同样的法律效力。（　　　）

24. 我国的对外贸易中，常用的运输单据是海运提单。（　　　）

25. 议付行的议付是无追索权的。（　　　）

三、简答题

1. 备货时应该注意什么问题？

2. 何种情况下出口商品需要报检？报检时间是怎样规定的？

3. 简述出口报检的流程。

4. 简述审核信用证的要点。

5. 简述在什么情况下需要催证。

6. 简述信用证出口结汇的主要方法。

7. 开证行提出单证不符的条件是什么？

四、案例分析题

1. 我国某出口公司收到国外开来的信用证，其中规定最迟装运期为 2016 年 5 月 31 日，交单期为提单日后 15 天，信用证的有效期为 6 月 15 日。我出口公司于 5 月 15 日将货物装运，并备齐单据，于 5 月 20 日向银行交单，要求议付。议付行审核单据后，立即将单据寄往开证行。开证行于 5 月 22 日收到议付行寄交的单据。5 月 30 日，议付行收到开证行的信息，声称商业发票未按照信用证的要求进行手工签署。问：我方应如何处理？

2. 我国某出口公司收到国外开来的信用证，其中规定最迟装运期为 2017 年 8 月 31 日，交单期为提单日后 15 天，信用证的有效期为 9 月 15 日。我出口公司于 7 月 15 日将货物装运，并备齐单据，于 7 月 20 日向银行交单，要求议付。我方提供的单据中，提单日期为 7 月 15 日，保险单的出单日期为 7 月 20 日。试分析我方的单据是否会遭到银行拒付。

3. 我方售货给加拿大的甲商，甲商又将货物转手出售给英国的乙商。货抵加拿大后，甲商已发现货物存在质量问题，但仍将原货经另一艘船运往英国乙商，乙商收到货物后，

除发现货物质量问题外,还发现有 80 包货物包装破损,货物短少严重,因而向甲商索赔,据此,甲商又向我方提出索赔。问:此案中,我方是否应负责赔偿?为什么?

4. 买卖双方以 CIF 价格术语达成一笔交易,合同规定卖方向买方出口商品 5000 件,每件 15 美元,信用证支付方式付款。商品检验条款规定:"以出口商商品检验检疫局出具的检验证书为卖方议付的依据,货到目的港,买方有权对商品进行复验,复验结果作为买方索赔的依据。"卖方在办理装运、制作整套结汇单据,并办理完结汇手续以后,收到了买方因货物质量与合同规定不符而向卖方提出索赔的电传通知及目的港检验机构出具的检验证明,但卖方认为,交易已经结束,责任应由买方自负。问:卖方的看法是否正确?为什么?

答案

项目五

进口合同的履行

🎦 进口合同履行

📦 **学习目标**

知识目标：掌握办理信用证开证申请，办理进口货物运输、保险、进口货款结算、货物报关、申报检验的操作流程和工作内容及进口货物处置的基本要求。

技能目标：能够熟悉进口业务流程，能够完成进口业务的基本操作。

进口合同依法订立后，买卖双方都必须严格按照合同规定，履行各自的合同义务（见图5-1）。本项目主要介绍进口商履行合同所需履行的各项义务。

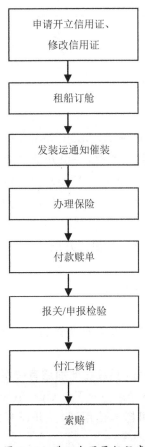

图 5-1　进口合同履行程序

进出口合同按照支付方式的不同,可分为信用证支付、电汇支付、托收支付或几种方式相结合的支付方式。电汇支付方式下,进口方需要按合同规定预先支付一定比例,合同进入履约阶段。托收支付方式如果和其他支付方式相结合,进口方按合同条款进行支付后进入履约阶段。信用证支付方式下,则以进口方申请开立信用证为始开始合同的履约。我们以信用证支付方式,FOB 贸易术语为例来讲解进口合同的履行程序。

任务一　开立信用证

情景呈现

2016 年 1 月 18 日,杭州万向纺织品进出口公司与 Goulston Technologies, Inc.签订合同,合同规定以信用证方式付款,请安排开立信用证。

任务目标

能够办理信用证开证业务。

相关知识

一、申请开立信用证的程序

(一) 填写开证申请书

进口商根据银行规定的开证申请书(Application Form)格式,填写一式三份,一份银行结算部门留存,一份银行信贷部门留存,一份开证申请人留存。填写开证申请,必须按照合同条款的具体规定,写明对信用证的各项要求,内容应明确、完整。

开证申请书是进口商作为开证申请人委托开证银行开立以出口商为受益人的信用证的法律文件。开证申请书一旦经银行承诺,即成为开证申请人与开证行的契约文件,具有法律效力。下面简单介绍开证申请书的填写方法。

1. Date(申请开证日期)

在申请书右上角填写实际申请日期。

2. To(致)

银行印制的申请书上事先都会印就开证银行的名称、地址,银行的 SWIFT Code、Telex No.等也可同时显示。

3. 如果信用证是保兑或可转让的,应在此加注有关字样

Please Issue On Our Behalf And/Or For Our Account The Following Irrevocable Letter Of Credit(请开列以下不可撤销信用证)。开证方式多为电开(By Telex),也可以是信开、快递或简电开立。

4. L/C Number(信用证号码)

此栏由银行填写。

5. Applicant(申请人)

填写申请人的全称及详细地址,有的要求注明联系电话、传真号码等。

6. Beneficiary(受益人)

填写受益人的全称及详细地址。

7. Advising Bank(通知行)

由开证行填写。

8. Amount(信用证金额)

分别用数字和文字两种形式表示,并且表明币制。如果允许有一定比率的上下浮动,要在信用证中明确表示出来。

9. Expiry Date And Place(到期日期和地点)

填写信用证的有效期及到期地点。

10. Partial Shipment(分批装运)、Transhipment(转运)

根据合同的实际规定打"×"进行选择。

11. Loading In Charge、For Transport To、Latest Date Of Shipment(装运地/港、目的地/港的名称,最迟装运日期)

按实际填写,如允许有转运地/港,也应清楚标明。

12. Credit Available With/By(付款方式)

在所提供的即期、承兑、议付和延期付款四种信用证有效兑付方式中选择与合同要求一致的类型。

13. Beneficiary'S Draft(汇票要求)

汇票金额应根据合同规定填写为发票金额的一定百分比,如发票金额的100%(全部货款都用信用证支付)。付款期限可根据实际填写即期或远期,如属后者必须填写具体的天数。信用证条件下的付款人通常是开证行,也可能是开证行指定的另外一家银行。

14. Documents Required(单据条款)

各银行提供的申请书中已印就的单据条款通常为十几条,从上至下一般为发票、运输单据(提单、空运单、铁路运输单据及运输备忘录等)、保险单、装箱单、质量证书、装运通知和受益人证明等,最后一条是 Other Documents,If Any(其他单据),如要求提交超过上述所列范围的单据就可以在此栏填写,比如有的合同要求 Certificate of No Solid Wood Packing Material(无实木包装材料证明)、Certificate of Free Sale(自由销售证明书)、Certificate of Conformity(合格证明书)等。申请人填制这部分内容时应依据合同规定,不能随意增加或减少。选中某单据后对该单据的具体要求(如一式几份、要否签字、正副本的份数、单据中应标明的内容等)也应如实填写,如申请书印制好后仍要求不完整应在其后予以补足。

15. Covering/Evidencing Shipment Of(商品描述)

商品描述中所有内容(品名、规格、包装、单价、数量、唛头)都必须与合同内容相一致,价格条款里附带"As Per Incoterms 2010"、数量条款中规定"More or Less"或"About"、使用某种特定包装物等特殊要求必须清楚列明。

16. Additional Instructions(附加指示)

该栏通常体现为以下一些印就的条款。

＋All Documents Must Indicate Contract Number(所有单据加列合同号码)。

＋All Banking Charges Outside the Opening Bank Are for Beneficiary's Account(开证行以外的所有银行费用由受益人承担)。

＋Both Quantity and Amount for Each Item ×‰ More or Less Allowed(每项数量与金额允许×‰增减)。

＋Third Party as Shipper Is not Acceptable(第三方作为托运人是不能接受的)。

＋Documents Must Be Presented Within ××× Days After the Date of Issuance of the Transport Documents but Within the Validity of This Credit(单据必须在提单日后×××天,并且在信用证有效期内提交至银行)。

＋Short Form/Blank Back/ Charter Party B/L Is Unacceptable(银行不接受略式/租船提单)。

＋All Docments to Be Forwarded in One Cover,Unless Otherwise Stated Above(除非有相反规定,所有单据应一次提交)。

＋ Prepaid Freight Drawn in Excess of L/C Amount Is Acceptable Against Presentation of Original Charges Voucher Issued by Shipping Co./Air Line or Its Agent(银行接受凭船公司/航空公司或其代理人签发的正本运费收据索要超过信用证金额的预付运费)。

＋Document Issued Prior to the Date of Issuance of Credit Not Acceptable(不接受早于开证日出具的单据)。

如需要已印就的上述条款,可在条款前打"×",对合同涉及但未印就的条款还可以做补充填写。

17. Name,Signature Of Authorised Person,Tel No.,Fax,Account No.(授权人名称、签字、电话、传真、账号等内容)

开证申请书样本如样例 5-1 所示。

样例 5-1　开证申请书
IRREVOCABLE DOCUMENTARY CREDIT APPLICATION

TO：	Date：
□Issue by airmail □With brief advice by teletransmission □Issue by express delivery □Issue by teletransmission(which shall be the operative instrument)	Credit No. Date and place of expiry

Applicant	Beneficiary(Full name and address)
Advising Bank	Amount
	Credit available with
Partial shipments □allowed □not allowed	Transhipment □allowed □not allowed	By □sight payment □acceptance
Loading on board/dispatch/taking in charge at/from NEW YORK not later than For transportation to：	□negotiation □deferred payment at against the documents detailed herein
□FOB □CFR □CIF □or other terms	□and beneficiary's draft(s) for ____ % of invoice value at ____ sight drawn on

Documents required：(marked with____)

1. ( )Signed commercial invoice in ____ copies indicating L/C No. and Contract No.

2. ( )Full set of clean on board Bills of Lading made out to order and blank endorsed, marked "freight 〔 〕 to collect / 〔 〕 prepaid 〔 〕 showing freight amount" notifying _____

3. ( )Insurance Policy/Certificate in ____ copies for ____ % of the invoice value showing claims payable in _____ in currency of the draft, blank endorsed, covering All Risks, War Risks and _____

4. ( )Packing List/Weight Memo in _____ copies indicating quantity, gross and weights of each package.

5. ( )Certificate of Quantity/Weight in _____ copies issued by _____.

6. ( )Certificate of Quality in _____ copies issued by 〔 〕 manufacturer/〔 〕 public recognized surveyor _____.

7. ( )Certificate of Origin in _____ copies.

8. ( )Beneficiary's certified copy of fax / telex dispatched to the applicant within _____ days after shipment advising L/C No., name of vessel, date of shipment, name, quantity, weight and value of goods.

Other documents, if any

Description of goods：

Additional instructions：

1. ( )All banking charges outside the opening bank are for beneficiary's account.

2. ( )Documents must be presented within ____ days after date of issuance of the transport documents but within the validity of this credit.

3. ( )Third party as shipper is not acceptable, Short Form/Blank back B/L is not acceptable.

4. ( )Both quantity and credit amount ____% more or less are allowed.

5. ( )All documents must be sent to issuing bank by courier/speed post in one lot.

( )Other terms, if any

（二）提交合同副本及附件

为了最大限度地规避风险,银行除开证申请书外,还会要求开证申请人提供其他资料,如合同(副本)、代理协议(如需)、外经贸委各类商品进口批件(如需)、外管局进口付汇备案表(如需)、购汇工作单、核销申报单,以及其他应提交的单据。

新开证客户还需提交加盖企业公章的对公单位基本情况表、企业进口付汇名录卡及协办员证(副本)、企业代码证(副本)、营业执照(区内企业还需提供外汇登记证)(副本)、贷款卡(副本)、预留印鉴等。

（三）交纳开证保证金

在向银行递交开证资料的同时,还需按事先约定的金额向银行支付开证保证金,保证金的比例从开证金额的 0～100% 不等。当保证金小于开证金额时,其差额部分实际上是银行给开证申请人提供的短期贸易融资。

📍 **看一看**

开证额度是指银行为帮助进口商融通资金而对一些资信较好、有一定清偿能力的进口商,根据其提供的质押品和担保情况核定的一个相应的开证额度。进口商在每次申请开证时可获得免收或减收开证保证金的优惠。没有开证额度的进口商申请开立信用证时要收取 100% 的保证金。

为了控制风险和支持进口商的业务发展,银行把开证额度又分为普通开证额度和一次性开证额度。

1. 普通开证额度

普通开证额度是指进口商获得额度后,在一定的期限(通常为 1 年)内,可无限次地在额度内向银行申请开立信用证,额度可循环使用。

2. 一次性开证额度

一次性开证额度是指为进口商的一个或几个贸易合同核定的一次性开证额度,不得循环使用。一般是进口商成交了一笔大额生意,普通开证额度不敷使用或普通额度的大量占用会影响其正常经营,银行可根据其资信状况和质押品情况核定一次性开证额度,供此份合同项下开证使用。

（四）支付开证手续费

银行是经营货币、资金业务的企业,除经营资产、负债业务之外,还经营一般的中间业务,如开立信用证、代办托收款项、代客买卖票据等义务,以此收取一定的服务手续费。因而进口商在申请开证时,要按规定支付一定金额的开证手续费,一般为开证金额的 1.5‰。

二、申请开证的注意事项

（一）开证申请人应根据约定按时申请开证

如合同规定了开证日期,那么开证申请人应在规定期限内向银行提出开证申请,以便银行及时开立信用证;如合同只规定了装运期的起止日,则应保证受益人在装运期开始前收到信用证;如合同只规定最迟装运日期,则应在合理时间内开证,以使卖方有足够时间备妥货物并予出运,通常掌握在交货期前一个月至一个半月左右。

(二) 填写开证申请书的注意事项

1. 开证申请书应依据合同制作

(1) 开证申请书内容应该以合同为依据,品名、数量、单价、装运期、单据等应该对照买卖合同填写。如果信用证规定存在与买卖合同不一致之处,卖方有权要求买方修改信用证。若买方不修改信用证,就意味着买方未遵守合同,构成违约,卖方有权根据买方违约的程度要求索赔或解除合同。为了避免增加额外的改证费用,耽误时间,进口企业应在贸易洽谈时,就开证申请书中的一些条款内容与卖方达成一致。

(2) 如果买卖合同中对信用证条款规定较简单,一些信用证条款在合同中并未明确规定,则可以根据产品的贸易惯例,公平、合理地进行有关信用证条款的补充,明确合同中未规定的事项。如银行费用的划分、通知行、有效期、第三者单据等条款,常常未必会在买卖合同中明确规定,需要在信用证申请书中明确。同时,这些补充条款不得与买卖合同中既有的条款有直接的矛盾或不一致。

2. 开证申请书应该依据我国进口商品的有关政策法规要求制作

我国对于部分进口产品有一定的管理要求,进口企业应事先向海关、检验检疫局等口岸机关充分了解产品进口的有关管理规定,并在信用证申请书中做相应的约定,以免影响到商品的进口验放、征税。

3. 开证申请书中的指示必须完整和明确

开证申请人应该时刻记住跟单信用证交易是一种单据交易,而不是货物交易,信用证中的相关银行并不审核贸易的具体履行情况。同时银行职员不是商人,申请人也不能希望银行人员能充分了解每一笔交易,仅能从卖方提交的单据表面上是否符合信用证的规定来判断卖方是否有权利取得货款。所以信用证中所有的指示应该明确、清晰,并且从银行角度也具有可操作性。

(1) 避免出现单人的模糊用语

当信用证中用"第一流的"First Class,"独立的"Independent,"有资格的"Competent、"当地的"Local、"官方的"Official、"合格的"Qualified,及其他类似词语规定出单人时,即使这些单据的出单人不是受益人,只要符合信用证的其他条件和条款,银行也将接受,这样就无法达到设置这类条款的初衷了。所以在制作开证申请书时,应明确出单人的具体名称。

(2) 装船前的检验证书尽量使用检验机构的,而非卖方出具的报告

由于检验机构的报告具有独立性,可信度较高,有利于确保货单相符。若以卖方自行出具的检验报告作为议付单据,容易产生卖方的道德风险。卖方为了确保单证相符,能顺利取得货款,可能会根据信用证而非货物的实际情况出具检验报告。买方可能在支付货款后,发现货物与单据有较大的出入。

(3) 避免非单据化条款

若信用证中规定的某一条件不是通过出具单据来实现,则受益人可以不理会。因而在制作开证申请书时,应将合同的有关规定转化成单据,而不能简单地照搬照抄合同条款。

🔍 **看一看**

在国际贸易中,一般各国对动植物及产品的进口报检时,往往会要求出口国提供官方检疫证书以及原产地证。如从智利进口的鱼粉信用证中,除了一般的商业单据外,信用证中还需要列明以下两份单据以供报检之用:(1) Health certificate for export in one original and two copies issued by SERVICIO NACIONAL DDE PESCA in Chile; (2) Certificate of Origin Form F China-Chile FTA in one original and two copies issued by Direcon Chile。

4. 进口商可在"附加条款"中,酌情增加自我保护性规定

附加条款的内容较灵活,可以根据具体业务、买卖双方谈判的结果,做出不同的规定。有利于保护买方的附加条款举例如下。

(1) T/T reimbursement not allowed.(不允许电索汇。)因为在电索汇条款下,出口地议付行在收到受益人提交的单据,与信用证条款核对无误后,可用电报要求开证银行立即付款。但是实际操作中,议付行和开证行可能在是否单证相符上有不同的观点,而货款已经付出,进口企业容易陷入被动。

(2) Forwarder's B/L, house B/L, short B/L, and blank B/L unacceptable.(不接受货代提单、分单、简式提单、背面空白提单。)由于货代提单、分单不是货权凭证,可能会影响到进口企业在目的港的提货,所以不宜接受。背面空白提单中没有提单背面的运输条款,缺乏对承运人的责任、托运人的责任以及索赔、诉讼等问题的详细规定,简式提单的背面运输条款则较简单,使用简式和空白提单时,若发生货损,与船公司责任不易清晰界定,容易产生纠纷。

三、申请改证的操作

关于信用证修改的案例分析

(一)改证的原因

信用证开立后,在发生以下几种情况时会被出口商要求改证。

1. 开证申请人未按合同规定开证

出口商收到信用证后,经过对信用证的严格审核,发现信用证条款与合同不符,或者在信用证条款中出现了出口商不能接受的条款,出口商立即表示反对要求改证。

2. 出口商履行合同出现困难

出口商已经接受了信用证的条款,但在合同履行过程中业务情况发生了变化,如不能按期交货,需要展期;装货数量发生变化,需要增加溢短装幅度等,造成合同履行出现困难,从而提出改证要求以避免收汇风险。

(二)申请改证

开证申请人在修改信用证条款时向开证行提交信用证修改申请书(Application for Amendment Letter of Credit)。信用证修改申请书的内容须写明原证的受益人、金额、编号等,并详列各项所需修改的内容、修改书应以什么方式发出及修改费用由哪方承担。

信用证修改的费用一般按次收取,另加电报费或邮费。如信用证需延长效期或增加金额,则按开证行费率表的开证费用追加。

信用证修改申请书样本如样例 5-2 所示。

样例 5-2　信用证修改申请书

APPLICATION FOR AMENDMENT TO LETTER OF CREDIT
信用证修改申请书

No. of Credit Facility：　　　　　　　　　　　　　　Date：

授信额度编号：　　　　　　　　　　　　　　　　　日期：

To：China Merchants Bank　　　　　Branch(Sub-Branch)

致：招商银行　　　分(支)行

L/C　No._____　　　　　　Amount：_____

信用证号码：_____　　　　　金　额：_____

Amendment No.

修改次数(银行填写)：

Please amend the above L/C by Swift/Telex as follows ＜marked with(×)＞：

请以 SWIFT/电传方式修改上述信用证如下＜注有(×)部分＞：

(　　)Shipment date is extended to

(　　)Expiry date is extended to

(　　)Increasing credit amount by　　　　to

Others：

(　　)

All other terms and conditions remain unchanged.

其余条款不变。

Charges and fees if any, are for our a/c No.

修改之手续费及电信费用请从我司——账号扣付。

Stamp and signature(s)of the applicant：

申请人签章：

银行审查意见：

经办：

复核：　　　　　　授权：

实操训练

根据样例 5-3 的销售合同,做出开证安排。

样例 5-3　销售合同

SALES　CONTRACT

Contract No.：SCKJ10Y044　　　　　　　　　　Date：Jan.18,2016

The Seller：GOULSTON TECHNOLOGIES, INC.

　　　　　700　NORTH　JOHNSON　STREET,　MONROE,　NORTH CAROLINA 28111-5025

　　　　　TEL：704-289-6464　FAX：704-296-6400

The Buyer：HANGZHOU WX TEXTILE IMPORT & EXPORT CO. LTD.

　　　　　Rm302, Unit 1, HD Building, Xihu District, Hangzhou, Zhejiang, China, 310023

　　　　　TEL：0571-8717 ****　　FAX：0571-8717 ****

This Contract is made by and between the Buyer and Seller, whereby the Buyer agrees to buy and the Seller agrees to sell the under-mentioned commodity according to the terms and conditions stipulated below：

COMMODITY AND SPECIFICATION	QUANTITY	UNIT PRICE	TOTAL VALUE
Lurol SF-14478	40800KGS	FDB WILMINGTON US$ 3.40	US$ 138720.00
TOTAL：	40800KGS		US$ 138720.00

TOTAL　AMOUNT：SAY　US　DOLLARS　ONE　HUNDRED　AND　THIRTY　EIGHT THOUSAND SEVEN HUNDRED AND TWENTY ONLY.

PACKING：Packed in Drums.

SHIPMENT：

Within 60 days upon receipt of the L/C which accord with relevant clauses of this Contract.

PORT OF LOADINGAND DESTINATION：

From ANY US MAIN PORT to SHANGHAI,CHINA with transshipment and partial shipment prohibited.

TERMS OF PAYMENT：

By irrevocable Letter of Credit at sight，reaching the seller not later than FEB. 18，2016 and remaining valid for negotiation in USA for further 15 days after the effected shipment. In case of late arrival of the L/C，the Seller shall not be liable for any delay in shipment and shall have the right to rescind the contract and /or claim for damages.

DOCUMENTS：

1. Signed commercial invoice in 4 originals.

2. Packing list in 3 originals.

3. Full set of clean on board ocean bills of lading made out to order and blank endorsed，marked "freight to collect".

4. Beneficiary's certified copy of fax/telex dispatched to the applicant within 3 days after shipment advising name of vessel，date，quantity，weight and value of shipment.

5. Certificate of origin in 1 original.

CLAIMS：

In case discrepancy on the quality or quantity(weight)of the goods is found by the buyer，after arrival of the goods at the port of destination，the Buyer may，within 30 days and 15 days respectively after arrival of the goods at the port of destination，lodge with the Seller a claim which should be supported by an Inspection Certificate issued by a public surveyor approved by the Seller. The Seller shall，on the merits of the claim，either make good the loss sustained by the Buyer or reject their claim，it being agreed that the Seller shall not be held responsible for any loss or losses due to natural cause failing within the responsibility of Ship-owners of the Underwriters.

The Seller shall reply to the Buyer within 30 days after receipt of the claim.

FORCE MAJEURE：

The Seller shall not held responsible if they，owing to Force Majeure cause or causes，fail to make delivery within the time stipulated in the Contract or cannot deliver the goods. However，in such a case，the Seller shall inform the Buyer immediately by cable and if it is requested by the Buyer，the Seller shall also deliver to Buyer by registered letter，a certificate attesting the existence of such a cause or causes.

ARBITRATION：

All disputes in connection with this contract or the execution thereof shall be settled amicably by negotiation. In case no settlement can be reached，the case shall then be submitted to the China International Economic Trade Arbitration Commission for settlement by arbitration in accordance with the Commission's arbitration rules. The award rendered by the commission shall be final and binding on both parties. The fees for arbitration shall be borne by the losing party unless otherwise awarded.

This contract is made in two original copies and becomes valid after signature，one copy to be held by each party.

Signed by：

THE SELLER：

LTD.

THE BUYER：

HANGZHOU WX TEXTILE IMPORT & EXPORT CO.

信用证开证业务具体过程如下。

合同在 2016 年 1 月 18 日签订后，杭州万向纺织品进出口公司的单证员带着合同，及填制好的开证申请书，到中国银行杭州市分行国际业务部，申请开证。中国银行国际业务部接受申请后，按要求让公司缴纳了开证保证金，开出信用证，传真给杭州万向纺织品进出口公司确认，公司确认无误后，缴纳开证手续费，中国银行杭州分行将信用证传递给国外的通知行。

🎁 任务布置

请根据样例 5-4 的销售合同，安排开立信用证，列出时间安排和需准备的单证。

样例 5 - 4　销售合同

SALES　CONTRACT

NO.SJ - 63579

DATE：DEC.20，2015

SELLER：LPG INTERNATION CORPORATION

5888 S. ELLIS AVENUE CHICAGO，

ROAD(E.1)

IL 60637，USA

BUYER：EAST AGENT COMPANY.

EAST TOWER，NO.68 ZHONGSHAN

DALIAN 116011 CHINA

COMMODITY：ALUMINUM CASES　　　ART.NO.SP568912

QUANTITY：2365PCS G.W.5912.5KG/N.W.5439.5 KG

　　　　PACKING：473CTNS

　　　　CONTALNER(40'FCL)

UNIT PRLCE：US＄6.5//PC CIF DALIAN

AMOUNT：US＄15372.50

PAYMENT：BY IRREVOCABLE L/C AT SIGHT

DELIVERY：SHIPMENT TO BE EFFECTED BEFORE OCT.28，2016 REMARK.

1. PARTIAL SHIPMENTS AND TRANSSHIPMENT NOT ALLOWED

2. THIRD PARTY DOCUMENTS ARE NOT ACCEPTABLE

3. ALL DOCUMENTS MUST BE PRESENTED IN SELLER'S COUNTRY WITHIN 15 DAYS AFTER DATE OF B/L BUT WITHIN VALIDITY OF L/C

4. L/C IS ONLY AVAILABLE WITH THE ADVISING BANK BY NEGOTIATLON

5. ADVISING BANK CITY NATIONAL BANK，NEW YORK 400 PARK AVE，NEW YORK，NY 10022，USA -＋1917 - 322 - 5200

SWIFT BIC ：CITIUS33

SELLER：LPG INTERNATION CORPORATION

Richard Vogel

BUYER：EAST AGENT COMPANY

Li Ming

时间安排和需准备的单证如下：

_____

_____

_____

_____

_____

_____

_____

_____

任务二　办理运输和保险

情景呈现

2016 年 2 月 17 日,杭州万向纺织品进出口公司的业务员陈景收到 Goulston Technologies,Inc.发来的邮件,货物已经备妥待运,要求提供具体的装船日期及船名航次及货运代理人联系方式。

任务目标

能够办理进口货物的运输与保险。

相关知识

一、办理运输

在进口业务中,货物大多通过海洋运输,凡以 FOB 或 FCA 贸易术语成立的合同,由进口商负责租船或订舱工作。

(一)进口货物的托运流程

进口货物的托运流程如下。

(1) 进口商就买卖合同标的的运输事宜向承运人咨询运价、船期等。

(2) 承运人回复进口商的询价,进口商通过向不同承运人询问同类信息来比较各承运人的运价高低及船期安排,从中选取适当承运人承运此批货物。

(3) 进口商向选定的承运人提出订舱申请,确定海运运费等费用,同时提交国外供货人的详细资料;承运人接受进口商订舱,在配舱回单上加注订舱船名、航次等信息,将配舱回单等单据返还进口商。

(4) 承运人接受进口商订舱后,通知其在出口国装货港的海外代理有关订舱情况及出口商的详细资料。

(5) 进口商在订舱完成后,向出口商发出装运通知书,通知出口商货物订舱情况,以便出口商按照贸易合同的规定,在指定装运期内将符合合同规定的货物装运至指定船上,完成交货。

(6) 承运人的海外代理在得到承运人发送的订舱的有关资料后,与出口商取得联系、沟通,完成货物装船。

(二)缮制进口订舱委托书

在 FOB 或 FCA 贸易条件下的进口合同,租船或订舱事宜应由进口商负责。出口商应在交货前的一定时期内,将预计装运日期通知进口商。进口商在接到通知后,在综合考虑装运要求、承运人的公司规模、服务质量、海外网络、运价、船期等因素后,选择合适的承运人,填制进口订舱委托书,进行订舱。

进口订舱委托书是收货人委托外运公司向船公司或其代理人统一租船、订舱、组织运输的重要依据。进口订舱委托书有固定格式,由收货人依据买卖合同填写。进口订舱委托书的缮制要点如下。

1. 货名

须以中英文两种文字填写货物全名,以避免出现差错。

2. 重量

填该批货物的毛重。

3. 尺码

填该批货物的尺码合计数,计量单位一般为立方米。若系长大件的货物须填长、宽、高,以便准确计算舱位和运费。

4. 合同号

填该批货物进口合同号码。

5. 包装

填货物包装的类型,如箱、桶、袋等。

6. 装卸港

按信用证和买卖合同载明的装运港、卸货港填写、重名港口应加注国名。

7. 交货期

填写具体装运时间。一般可根据信用证或买卖合同有关条款的规定填写。

8. 装运条款

要与贸易合同相一致;对装运条件另有规定者,要在联系单上写明,以便划分责任、风险和费用。

9. 发货人名称地址

填写出口商的名称、地址。

10. 发货人电挂

填写发货人的联系方式。

11. 订妥船名

由外运公司填写。

12. 预抵港口

由外运公司填写。

13. 备注

若有其他说明事项,在此填写。

14. 委托单位

填制进口商的名称。

进口订舱样本如样例5-5所示。

样例 5-5 进口订舱委托书

进口订舱委托书

日期： 年 月 日

编 号：

货 名（英 文）

重 量	尺 码
合 同 号	包 装
装 运 港	交 货 期

装 货 条 款

发 货 人

名称地址

发 货 人

电 挂

订妥船名	预抵港口
备 注	委托单位

①危险品须注明性能，重大物件注明每件重量及尺码。

②装货条款须详细注明。

（三）向出口商发出装船通知

进口商备妥船后，应做好催装工作，随时掌握出口商备货情况和船舶动态，催促出口商做好装船准备工作，对于数量大或重要的进口货物，必要时，可请我驻外机构就地协助了解和督促对方履约，或派员前往出口地点检验监督，以利接运工作的顺利进行。

装船通知样本如样例 5-6 所示。

样例 5-6 装船通知

HANGZHOU WX TEXTILE IMPORT & EXPORT. CO.LTD

SHIPPING ADVICE

Date：FEB.22，2016

To：

GOULSTON TECHNOLOGIES，INC.

Re：Shipment of Contract No. ：SCKJ10Y044

Letterof Credit No. ：LC001

　　We wish to advise that the following stipulated vessel will arrive at NEW YORK port，on/about MAR.30，2016 Vessel/s name COSCO Voy NO. V.032.

　　We will appreciate to see that the covering goods would be shipped on the above vessel on the date of L/C called.

HANGZHOU WX TEXTILE IMPORT & EXPORT CO. LTD.

议一议

杭州万向进出口公司与美国客户以 FOB 签订了一份进口玉米的合同,并按合同约定在 2016 年 4 月 20 日前办好了租船手续,但未向美国客户及时发出装船通知。船到达装运港后,由于卖方没做好装船准备,导致玉米未能如期装完船,需支付滞港费用。问:根据国际惯例,该费用应由谁承担?

二、办理保险

关于进口
办理保险的
案例分析

采用 FOB、FCA、CFR 和 CPT 等贸易术语成交时,进口商要按合同规定办理保险手续。我国进口货物最好在国内办理保险,这样不仅为国家减少外汇支出、促进我国保险业的发展,同时我国保险公司对进口货物收取的保险费费率低于国际市场,而且对多数商品的保险责任扩展到全国,从而减少了进口商的成本。如果发生保险事故,对货损的检验、理赔都在国内,可便捷迅速地处理。如果在国外投保,则需向国外保险公司交涉,十分不便。

(一)进口货物的保险操作流程

进口货物的保险操作流程如下。

(1)进口商在预订航次到达装运港完成装货前,向保险公司申请投保,填写投保单;在投保人和保险公司之间存在预约保险合同,进口商在确定货物起运日期后,将船名、开航日期及航线、货物品名及数量、保险金额等内容,及时通知保险公司,即视为向保险公司办理了投保手续,保险公司就应对此批货物负自动承保责任。

(2)保险公司业务人员审核投保单各要素填写是否准备、完整。

(3)保险公司业务人员根据投保单缮制保险单。

(4)保险公司对该笔业务核保,并收取保险费。

(5)保险公司向进口商发放保单,保险合同成立。

(二)我国进口货物保险的常见做法

1. 预约保险

预约保险的方式适用于经常有货物进口的外贸公司或企业。按此种方式办理保险,可简化投保手续,免去逐笔投保的麻烦,还可防止漏保。具体做法是:外贸公司或企业与中国的保险公司签订预约保险合同(Open Policy),作为办理预约保险的依据。

2. 逐笔投保

在没有与保险公司签订预约保险合同的情况下,对进口货物就须逐笔投保。进口企业在接到卖方的发货通知后,应当立即向保险公司办理保险手续。一般情况下,外贸企业填制"装货通知"代投保单交保险公司,装货通知中必须注明合同号、起运地、运输工具、起运日期、目的地、估计到达日期、货物名称、数量、包装、保险金额等内容,保险公司接受承保后给公司签发一份正式保单。如企业不及时向保险公司投保,货物在投保之前的运输途中发生损失,保险公司不负赔偿责任。

进口货物运输预约保险合同样本如样例 5-7 所示。

样例 5-7 进口货物运输预约保险合同

进口货物运输预约保险合同

合同号：   日期： 年 月 日

甲方：

乙方：×××保险公司

双方就进口货物的运输预约保险，议定下列各条以资共同遵守：

一、保险范围

甲方从国外进口的全部货物，不论运输方式，凡贸易条件规定由买方办理保险的，都属于合同范围之内。甲方应根据本合同规定，向乙方办理投保手续并支付保险费。

乙方对上述保险范围内的货物，负有自动承保的责任，在发生本合同规定范围内的损失时均按本合同的规定负责赔偿。

二、保险金额

保险金额以进口货物的CIF价为准。如果交易不是以CIF价成交，则折算成CIF价，计算时，运费可用实际运费，亦可由双方协定一个平均运费率计算。

三、保险险别和费率

各种货物需要投保的险别由甲方选定并在投保单中填明。乙方根据不同的险别，规定不同的费率。现暂定如下：

货物种类	运输方式	保险险别	保险费率

四、保险责任

各种险别的责任范围，按照所属乙方制定的"海洋货物运输保险条款""海洋货物运输战争险条款""航空运输综合险条款"和其他有关条款的规定为准。

五、投保手续

甲方一经掌握货物发运情况，即应向乙方发出起运通知书，办理投保。通知书一式五份，由保险公司签订、确认后，退回一份。如果不办理投保，货物发生损失，乙方不予理赔。

六、保险费

乙方按甲方寄送的起运通知书照前列相应的费率逐笔计收保险费，甲方应及时付费。

七、索赔手续和期限

本合同所保货物发生保险范围以内的损失时，乙方应按制定的"关于海运进口保险货物残损检验和赔款给付办法"迅速处理。甲方应尽力采取防止货物扩大受损的措施，对已遭受损失的货物必须积极抢救，尽量减少货物的损失。向乙方办理索赔的有效限期，以保险货物卸离海轮之日起满一年终止。如有特殊需要可向乙方提出延长索赔期。

八、合同期限

本合同自 年 月 日开始生效。

甲方：   乙方：

看一看

我国保险公司进口货物的保险费率有"特约费率表"和"进口货物保险费率表"两种。"特约费率表"目前仅适用于同中国人民保险公司签订有预约保险合同的各专业进出口公司,它不分国别和地区,对某一大类商品只订一个费率,有的甚至不分货物和险别,实际上是一种优惠的平均费率。"进口货物保险费率表"分一般货物费率和特价费率两项。一般货物费率按照不同运输方式,分险别和地区制定,但不分商品,除特价费率中列出的商品以外,适用于其他一切货物。至于特价费率,是对一些指定的商品投保一切险时采用的费率。

(三)进口货物保险操作的注意事项

1. 投保时间

在 FOB 或 FCA 术语下,由于货物运输与保险均由进口商负责,则货物运输与保险之间的衔接就不存在过多的障碍;而在 CFR 或 CPT 术语下,货物运输由出口商负责,货物保险则由进口商负责,在不使用预约保险合同的情况下,进口商必须密切关注货物起运时间,保证其保险合同自货物风险转移至进口商前生效。

2. 保险金额

在国际货物运输保险实务中,保险金额通常按买卖货物的 CIF 价格加成一定比例来投保,这主要是为了弥补进口商可能存在的利润空间。所以,进口商办理货物运输保险应合理确定保险金额,一般来讲,按 CIF 价格的 110%确定保险金额。

3. 保险责任范围的利用

对于进口货物,买卖双方的风险责任以装运港货物装上船为界。在货物装船前,物权和风险责任都属于出口商,货物装船后,进口方承担货物的风险责任。因此在货物装船前,进口商不具有保险利益,即使进口商在此之前已向保险公司投保,保险公司也不承担保险责任。一般情况下,保险公司对于由进口商投保货物的保险责任是从货物装上船开始,一直到货物运抵目的地仓库,或卸离海轮后 60 天终止。必要时,还可由投保人申请延长保险期限 60 天,但散装货、活牲畜和新鲜果蔬等商品的保险责任,在目的港卸离海轮时终止。进口商应学会利用保险责任实现对自身利益的最大保护,在货物在目的港卸货后至进口商仓库这一区段的运输中,货险事故依然在保险责任范围之内。

4. 保险公司的选择

进口商选择保险公司投保,或要求出口商选择某保险公司投保,主要原则是选择规模较大、信誉良好、网络覆盖面广的保险公司,这样可以使得货物保险理赔的安全性得到保障。

实操训练

2016 年 2 月 17 日,杭州万向纺织品进出口公司的业务员陈景收到 Goulston Technologies,Inc.发来的邮件,货物已经备妥待运,请安排运输及保险工作。

运输及保险业务办理过程如下。

2016 年 2 月 18 日,公司单证员根据卖方提供的货物的有关信息,填制好订舱委托书,连同商业发票、装箱单发送给杭州金威国际货代有限公司,进行订舱。收到杭州金威国际货代有限公司发来的配舱通知后,传真给卖方,告知船名、航次及货运代理人联系方式。卖方装船后,公司单证员准备好商业发票,连同卖方发送的装船通知,向杭州平安保险公司办理保险。

📦 任务布置

2016 年 2 月 20 日,我国 East Agent 公司收到美国 Lpg Internation 公司发来的货物已经备妥待运的通知,请做出运输安排。根据样例 5-4 提供的销售合同列出时间安排及所需单证。

任务三　审单付汇

情景呈现

2016 年 4 月 2 日,杭州万向纺织品进出口公司的单证员陈敏收到中国银行杭州分行发来的 Goulston Technologies,Inc.递交的相关单证,需要审核单证是否正确完整。

任务目标

能够审核所收到的进口单证是否正确,并做出决定是否付款。

📦 相关知识

审核单据是核对出口商所提供的货物是否符合合同的过程。在进口业务中,若采用托收和汇款结算方式,就要由进口商对货物单据进行全面审核,若采用信用证结算方式,则要开证行和进口商共同对货物单据进行审核。

一、审单付汇的程序

1. 开证行审单

在信用证方式下,开证行承担第一性付款责任,在收到出口地银行转来的全套单据后,开证行即应按照审单原则,依据信用证条款对单据进行审核。

2. 进口商审单

开证银行收到国外寄来的单据并审核无误后,开证行会将全套单据送交进口商。进口商亦按照审单原则与审单要点对单据进行核对。

3. 付款或拒付

开证行审单无误后,应予以即期付款或承兑或于信用证规定的到期日付款。向外付款的同时,开证行通知进口企业按照国家规定的外汇牌价,向开证行买汇赎单,进口企业凭银行的付款通知书结算。

如开证行审单后发现单证或单单之间存在矛盾,银行可以拒付,并应于收到单据次日

起 5 个工作日内,以电讯方式通知寄单银行,说明单据有不符处,并说明是否保留单据,等待交单人处理或退还交单人。

二、UCP 600审单原则

1. 相符交单

UCP 600第 2 条(定义)规定:"相符交单是指与信用证条款、本惯例的相关适用条款以及国际标准银行实务一致的交单。"(Complying presentation means a presentation that is in accordance with the terms and conditions of the credit, the applicable provisions of these rules and international standard banking practice UCP 600 Art.2.)

根据这一条规定,受益人提交的单据不但要"单证相符、单单一致",而且要与UCP 600中的相关规定、国际标准银行实务(International Standard Practice, ISBP)相一致,只有同时符合以上三个方面的要求,受益人所提交的单据才是相符单据。

2. 审单标准

UCP 600审单标准可以用"不得矛盾"四个字来概括。UCP 600第 14 条 d 款规定:"单据中的数据,在与信用证、单据本身以及国际标准银行实务参照解读时,无须与该单据本身中的数据、其他要求的单据或信用证中的数据等同一致,但不得矛盾。"(Data in a document, when read in context with the credit, the document itself and international standard banking practice, need not be identical to, but must not conflict with, data in that document, any other stipulated document or the credit.)UCP 600与老版本相比,审单标准更宽松,由以前的单单之间"不得互不一致"(not inconsistent with)变成了在单证之间不要求"等同"(identical),仅要求"不得矛盾"(must not conflict with)。

而与此同时,ISBP 第 24 条规定:"信用证项下提交的单据在表面上不得互相矛盾。该原则并不要求数据内容完全相同,而仅仅要求单据不得互相矛盾。"(Documents presented under a credit must not appear to be inconsistent with each other. The requirement is not that the data content be identical, merely that the documents not be inconsistent.)这样银行在审单时,可以更灵活地处理单证、单据。

三、主要单据审核要点

在信用证项下,所提交的单据必须进行单证、单单的逐一审核。下面就主要单据的审核要点进行说明。

1. 汇票(Bill of Exchange)

(1)出票条款

信用证名下汇票,应加列出票条款(Drawn Clause),其中开证行,信用证号码及开证日期应与信用证相符。

(2)汇票金额

货币名称符合信用证规定,金额应与信用证规定相符,且大小写一致。汇票金额一般应为 100%的发票金额,且不超过信用证金额。如单据内含有佣金或货款部分托收,则按信用证规定的发票金额的百分比开列。国外开来汇票,也可以只有小写。

（3）付款人

汇票付款人应为开证行或指定的付款行。若信用证未规定，应为开证行，不应以申请人为付款人。

（4）出票人

汇票出票人应为信用证受益人，通常为出口商，且应与信用证受益人名称、地点相符合。

（5）付款期限

汇票付款期限应与信用证规定相符。

（6）出票日期

汇票出票日期必须在信用证有效期内，不应早于发票日期。

（7）收款人

汇票收款人通常为议付银行。

（8）汇票的签章

汇票的出票人必须签字盖章，无出票人签字盖章的汇票视为无效汇票。

（9）背书

必要时汇票应被正确背书。

2. 提单（Bill of Lading）

（1）提单的份数

提单必须按信用证规定的份数全套提交，如信用证未规定份数，则一份也可算全套。

（2）提单抬头

提单的抬头人应按证要求进行填写，如是"To Order"或"To Order of Shipper"的，出口（发货）人是否有效背书。

（3）提单被通知人

被通知人的名称、地址应与信用证规定相符。

（4）发货人

提单上的发货人应与信用证受益人一致。

（5）承运人

提单应注明承运人名称，并经承运人或其代理人签名或船长或其代理人签名。

（6）提单上的批注

除非信用证特别规定，提单应为清洁已装船提单。若为备运提单，则必须加上装船注记（Shipped on Board），并由船方签署。如有货装舱面（On Deck）字样，则不应接受。

（7）运费

价格条件为"CFR"或"CIF"时，运费栏是否注明的是"Freight Prepaid"；如价格条件为"FOB"，运费栏应注明"Freight to Collect"。

（8）提单的日期

不得迟于信用证所规定的最迟装运日期。

（9）提单的交单日期

不得迟于装船日期后21天（信用证有其他规定者按其规定）。

（10）提单信息与发票一致

提单上所载件数、唛头、数量、船名、航次等应和发票相一致，货物描述可用总称，但不得与发票货名相抵触。

（11）装运港与卸货港

应正确填写装运港与卸货港名称。

（12）提单文字更改

提单上的文字如有更改，提单上应有提单签署人的签字或签发提单公司的签章。

3. 商业发票（Commercial Invoice）

（1）开立人

发票应由信用证受益人开立，即开立人应与受益人名称、地址一致。

（2）货物描述

商品的名称、数量、单价、包装、价格条件、合同号码等描述，必须与信用证严格一致。

（3）抬头人

发票抬头应为开证申请人，即抬头人应与信用证开证申请人名称、地址一致。

（4）发票日期

可以早于开证日期，不得迟于最迟交单期和信用证到期日。

（5）发票金额

应与汇票金额相同，发票单价、贸易条件应与信用证相符，银行不负责核对详细核算过程或算术计算出的结果。

（6）发票的签字

商业发票一般不需要签字，除非信用证另有规定。

（7）发票信息与其他单据一致

发票上的装运港、卸货港、唛头、数量、重量、尺码应与其他单据所列一致。

（8）要求发票张数通常比其他单据张数多些，交来多张发票，应是一份正本，其余为副本

以手写或大字方法制作单据就是正本，不须加注"Original"字样；以影印、自动或电脑处理、复写方法制作单据，当作正本时，应注明"Original"字样，如必要时，加签字。

4. 保险单据

（1）保险人（Insurer）

必须是保险公司或保险商（Under Writer）或其代理人方可有权签发保险单据。

（2）被保险人（Insured）

在CIF、CIP贸易条件下，被保险人是卖方或受益人，应做成空白背书，使保险单据成为可流通形式（In Negotiable Form）。

（3）银行接受的保险单据是保险单（Insurance Policy）、保险凭证（Insurance Certificate）、保险声明（Insurance Declaration）

保险单可以代替保险凭证，但保险凭证不能代替保险单。银行对于保单签发日期迟于海运提单装运日期的保险单据不予接受。银行不接受由保险经纪人签发的暂保单（Cover Note）。

（4）保险金额

保险单据必须使用与信用证相同的货币开立，最低保险金额应为CIF或CIP价格的金额加10%，或者信用证要求付款、承兑、议付金额的110%与发票金额的110%，两者中

取金额较大者。如信用证要求保险单据注明保险费已支付（Marked Premium Paid），保险单据必须表明"Premium Paid"。

（5）保险单据份数

保险单正本份数应符合信用证要求。

（6）保险单的日期

不应晚于提单签发日。

（7）承保险别

承保险别应符合信用证规定。

（8）赔偿地点

应符合信用证规定，一般是在进口国家地点。

（9）运输条款

保险单上所列船名、航线、港口、起运日期应与提单一致。

（10）货物描述

应列明货物名称、数量、唛头等，并应与发票、提单及其他货运单据一致。

5. 产地证（Certificate of Origin）

（1）签署机构

应由信用证指定机构签署，如果没有规定，则受益人出具的单据也可以接受。

（2）货物信息

货物名称、唛头、品质、数量及价格等有关商品的记载应与信用证、发票以及其他单据一致。

（3）产地国家

确保产地证记载的产地国家符合信用证要求。

（4）签发日期

签发日期不迟于装船日期。

6. 检验证书（Inspection Certificate）

（1）签发机构

应由信用证指定机构签发。

（2）检验内容

检验项目及内容应符合信用证的要求，检验结果如与信用证要求不符，可拒付。

（3）检验日期

不得迟于装运日期，但也不得距装运日期过早，否则会导致检验失效。

四、对不符点单据的处理

（一）开证行对不符点单据的处理

UCP 600规定，当按照指定行事的被指定银行、保兑行（如有的话）或开证行确定交单不符时，可以拒绝承付或议付。指定银行、保兑行（如有的话）或开证行可按以下几种方式处理不符点单据。

（1）银行留存单据听候交单人的进一步指示。

（2）开证行保留单据，直至它从申请人处接到放弃不符点的通知并同意接受该放弃，或在同意接受放弃之前从交单人处收到其进一步指示。

(3) 银行退回单据。

(4) 银行将按以前从交单人处获得的指示处理。

指定银行、保兑行(如有的话)或开证行决定拒绝承付或议付时,它必须给交单人一份单独的关于拒付的通知。这份拒付通知必须以电讯方式,在不迟于交单之次日起第5个银行工作日结束前发出。指定银行、保兑行(如有的话)或开证行发了通知之后,可以在任何时候将单据退还给交单人。

(二)进口商对不符点单据的处理

在实际业务中,如开证行发现单据表面上不符合信用证条款,一般先与进口企业联系,征求进口企业意见是否同意接受不符点。对此,进口企业如表示可以接受,即可指示开证行对外付款;也可表示拒绝,即指示开证行对外提出异议,或通过寄单行通知受益人更正单据或由国外银行书面担保后付款;或改为货到检验认可后付款。按我国习惯,如进口企业在3个工作日内没有提出异议,银行即按信用证规定的付款期限对外承付或承兑或向指定银行偿付。

实操训练

杭州万向纺织品进出口公司的单证员陈敏根据下列信用证的条款,审核所收到的中国银行杭州分行发来的 Goulston Technologies,Inc.递交的相关单证,请根据信用证的相关内容列出相关单证的要求及份数。

一、DOCUMENTS REQUIRED

1. Signed commercial invoice in 4 originals.

2. Packing list in 3 originals.

3. Full set of clean on board ocean bills of lading made out to order and blank endorsed,marked "freight to collect".

4. Beneficiary's certified copy of fax/telex dispatched to the applicant within 3 days after shipment advising name of vessel,date,quantity,weight and value of shipment.

5. Certificate of origin in 1 original.

二、相关单证的要求及份数如下。

1.商业发票4份正本。

2.装箱单3份正本。

3.全套清洁提单已装船海运,空白指示抬头,空白背书,标注运费到付。

4.在装运后3天之内发给申请人的受益人证明的传真件副本、通知船名、日期、数量、重量和装运货物的价值。

5.原产地证证书正本1份。

任务布置

上海对外贸易公司从泰国 Moun No.,Ltd.进口男式羽绒夹克。2015年11月上海对外贸易公司如约开出相关信用证,Moun No.,Ltd.出运货物后缮制了相关单据,请根据样例5-8至样例5-12的信用证审核单据。

样例 5－8　信用证

LETTER OF CREDIT

FIN/Session/OSN：	F01	4304	29526
Own Address：	COMMCNSELXXXX	BANGKOK BANK PUBLIC COMPANY LIMITED BANGKOK （HEAD OFFICE）	

Output Message Type：　700　　ISSUE OF A DOCUMENTARY CREDIT

Input Time：　1322

MIR：　001115BKKBTHBKB×××51958227342

Send by：　BKKBTHBKBXXX　BANK OF COMMUNICATIONS SHANGHAI

Output Date/Time：　161115/1422

Priority：　Normal

27A/SEQUENCE OF TOTAL

　　1/1

40A/FORM OF DOCUMENTARY CREDIT

　　IRREVOCABLE

20/DOCUMENTARY CREDIT NUMBER

　　329898871232

31C/DATE OF ISSUE

　　20161115

31D/DATE AND PLACE OF EXPIRY

　　20161230 BENEFICIARIES' COUNTRY

50/APPLICANT

　　SHANGHAI FOREIGN TRADE CORP.

　　1288 ZHONG SHAN ROAD, SHANGHAI, CHINA

59/BENEFICIARY

　　MOUN NO., LTD.

　　NO.443，249，ROAD，

　　BANGKOK，THAILAND

32/CURRENCY CODE AMOUNT

　　US＄37800.00

41D/AVAILABLE WITH...BY...－NAME/ADDR

　　ANY BANK IN THAILAND BY NEGOTIATION

42C/DRAFTS AT...

　　SIGHT

42D/DRAWEE－NAME AND ADDRESS

　　ISSUING BANK

43P/PARITIAL SHIPMENTS

　　NOT ALLOWED

43T/TRANSSHIPMENT
   ALLOWED
44A/ON BOARD/DISP/TAKING CHARGE
   BANGKOK，THAILAND
44B/FOR TRANSPORTATION TO
   SHANGHAI，CHINA
44C/LATEST DATE OF SHIPMENT
   20161210   DEC－10－2016
45A/DESC OF GOODS AND/OR SERVICES
   1800 PCS OF MENS NYLON DOWN JACKETS
   HS NO．6201.9310
   AT US＄21.00 PER PC.CFRBANGKOK，THAILAND
   PACKING IN 150 CARTONS
   G.W.：16200KGS，N.W.：14400KGS，MEASUREMENT：25M^3
   SHIPPING MARK：SFTC /SHANGHAI/C/NO.1－150/MADE INTHAILAND
   (DETAILS AS PER SALES CONFIRMATION NO.33745)
46A/DOCUMENTS REQUIRED
   ＋ORIGINAL SIGNED COMMERCIAL INVOICE IN DUPLICATE
   ＋ORIGINAL PAKCING LIST IN DUPLICATE
   ＋FULL SET CLEAN ON BOARD MARINE BILL OF LADING CONSIGNED TO
   THE ORDER OF SHANGHAI FOREIGN TRADE CORP.，SHANGHAI
   MARKED PREPAID AND NOTIFY APPLICANT
   NAME OF SHIPPING AGENT IN SHANGHAI WITH FULL ADDRESS AND
   TELEPHONE NUMBER，INDICATING THIS L/C NUMBER.
47A/ADDITIONAL CONDITIONS
   /DRAFTS IN DUPLICATE AT 120 DAYS AFTER SHIPMENT DATE，INTEREST/
   DISCOUNT AND INDICATING THIS L/C NUMBER
   A DISCREPANCY FEE OF US＄50.00 WILL BE IMPOSED ON EACH SET OF
   DOCUMENTS PRESENTED FOR NEGOTIATION UNDER THIS L/C WITH
   DISCREPANCY. THE FEE WILL BE DEDUCTED FROM THE BILL AMOUNT.
47B/CHARGES
   ALL BANK CHARGES OUTSIDE CHINA INCLUDING REIMBURSING BANK
COMMISSION AND DISCREPANCY FEE(IF ANY)ARE FOR BENEFICIARIES' ACCOUNT.
49/CONFIREMATION INSTRUCTIONS
   WITHOUT
53D/REIMBURSING BANK-NAME/ADDRESS
   WITHOUT
78/INSTRUCS TO PAY/ACCPT/NEGOT BANK
   DOCUMENTS TO BE DISPATCHED IN ONE SET BY COURIER
   ALL CORRESPONDENCE TO BE SENT TO SHANGHAI FOREIGN TRADE CORP.
   HEAD OFFICE，1288 ZHONG SHAN ROAD，SHANGHAI，CHINA
   ATTN：L/C MP/1011027792163 IMPORT L/C SECTION 6.

样例 5-9　汇票

相关单据

BILL OF EXCHANGE

凭　　　　BANK OF COMMUNICATIONS, SHANGHAI, CHINA　　不可撤销信用证
Drawn Under　　　　　　　　　　　　　　　　　Irrevocable　　L/C329898871232
　　　　　　　　　　　　　　　　　　　　　　　　　　　　　No.

日期　　　　　　　　　　　　支取　Payable　With
Date　　　　　　　　　　　　interest　　　　@　　% 按息付款

　　　　　　　汇票金额
号码　　9005　Exchange　　US$37810.00　　曼谷　　　DEC. 15, 2016
No.　　　　　for　　　　　　　　　　　　　BANGKOK

　　　见票　日后（本汇票之副本未付）付交
　　　　　at sight of this FIRST of Exchange (Second of Exchange Being unpaid)
Pay to the BANGKOK BANK PUBLIC COMPANY LIMITED, BANGKOK order of

金额　　**U. S. DOLLARS THIRTY SEVEN THOUSAND EIGHT HUNDRED ONLY.**
the sum of

此致 SHANGHAI FOREIGN TRADE CORP.　　　　　　　MOUN NO., LTD.
To　　1288 ZHONG SHAN ROAD, SHANGHAI, CHINA

样例 5-10　发票

MOUN NO., LTD.
NO. 443, 249, ROAD, BANGKOK, THAILAND
COMMERCIAL INVOICE

Invoice
No. :　　2016FT011　　　　　　　　　Date: DEC. 3, 2016
Seller:　MOUN NO., LTD.
　　　　NO. 443, 249, ROAD, BANGKOK, THAILAND
Buyer:　SHANGHAI FOREIGN TRADE CORP.
　　　　1288 ZHONG SHAN ROAD, SHANGHAI, CHINA
From　　BANGKOK, THAILAND　　　　　to　SHANGHAI, CHINA

Marks and No.	Description of goods	Quantity	Package	Unit Price	Total Amount
SFTC SHANGHAI C/NO. 1-150 MADE IN HAILAND	MENS NYLON DOWN JACKETS	1800PCS	150CARTONS	USD21/PC CFR BANGKOK	US$ 31800.00
	TOTAL:	1800PCS	150CARTONS		US$ 31800.00

SAY TOTAL: US DOLLARS THIRTY ONE THOUSAND EIGHT HUNDRED ONLY

样例 5-11 装销单

<table>
<tr><td colspan="6" align="center">MOUN NO., LTD.
NO. 443, 249, ROAD, BANGKOK, THAILAND
PANCKING LIST</td></tr>
<tr><td>Invoice
No. :</td><td colspan="3">2016FT011</td><td colspan="2">Date: DEC. 3, 2016</td></tr>
<tr><td>Seller:</td><td colspan="5">MOUN NO., LTD.</td></tr>
<tr><td></td><td colspan="5">NO. 443, 249, ROAD, BANGKOK, THAILAND</td></tr>
<tr><td>Buyer:</td><td colspan="5">SHANGHAI FOREIGN TRADE CORP.</td></tr>
<tr><td></td><td colspan="5">1288 ZHONG SHAN ROAD, SHANGHAI, CHINA</td></tr>
<tr><td>From</td><td colspan="2">BANGKOK, THAILAND</td><td>to</td><td colspan="2">SHANGHAI, CHINA</td></tr>
</table>

Marks and No.	Description of goods	Quantity	Package	G.W	N.W	Meas.
SFTC SHANGHAI C/NO. 1-150 MADE IN HAILAND	MENS NYLON DOWN JACKETS	1800PCS	150CARTONS	16100KGS	14400KGS	25M³

TOTAL: 1800PCS   150CARTONS   16200KGS   14400KGS   25M³

SAY TOTAL: U.S. DOLLARS THIRTY SEVEN THOUSAND EIGHT HUNDRED ONLY

样例 5-12 海运提单

<table>
<tr>
<td colspan="2">1. Shipper Insert Name, Address and Phone

MOUN NO., LTD.
NO. 443, 249, ROAD, BANGKOK, THAILAND</td>
<td colspan="2">B/L No.
STBLN003328

COSCO CONTAINER LINES
TLX: 33057 COSCO CN
FAX: +86(021) 6545 8984
ORIGINAL
Port-to-Port or Combined Transport</td>
</tr>
<tr>
<td colspan="2">2. Consignee Insert Name, Address and Phone

TO ORDER OF SHIPPER</td>
</tr>
<tr>
<td colspan="2">3. Notify Party Insert Name, Address and Phone
(It is agreed that no responsibility shall attach to the Carrier or his agents for failure to notify)
SHANGHAI FOREIGN TRADE CORP.
1288 ZHONG SHAN ROAD, SHANGHAI, CHINA</td>
<td colspan="2" rowspan="5">BILL OF LADING
RECEIVED in external apparent good order and condition except as other-Wise noted. The total number of packages or unites stuffed in the container, the description of the goods and the weights shown in this Bill of Lading are furnished by the Merchants, and which the carrier has no reasonable means of checking and is not a part of this Bill of Lading contract. The carrier has Issued the number of Bills of Lading stated below, all of this tenor and date, one of the original Bills of Lading must be surrendered and endorsed or signed against the delivery of the shipment and whereupon any other original Bills of Lading shall be void. The Merchants agree to be bound by the terms and conditions of this Bill of Lading as if each had personally signed this Bill of Lading.
SEE clause 4 on the back of this Bill of Lading (Terms continued on the back hereof, please read carefully).
*Applicable Only When Document Used as a Combined Transport Bill of Lading.</td>
</tr>
<tr>
<td>4. Combined Transport *
Pre-carriage by</td>
<td>5. Combined Transport*
Place of Receipt</td>
</tr>
<tr>
<td>6. Ocean Vessel Voy. No.

Ryndam DY100-06</td>
<td>7. Port of Loading

BANGKOK, THAILAND</td>
</tr>
<tr>
<td>8. Port of Discharge

SHANGHAI, CHINA</td>
<td>9. Combined Transport *
Place of Delivery</td>
</tr>
</table>

Marks & Nos. Container / Seal No.	No. of Containers or Packages	Description of Goods (If Dangerous Goods, See Clause 20)	Gross Weight Kgs	Measurement
SFTC SHANGHAI C/NO. 1-150 MADE IN THAILAND	15 CARTON	MENS NYLON DOWN JACKETS HS NO. 6201.9300	16100 KGS	25 CBM
		Description of Contents for Shipper's Use Only (Not part of This B/L Contract)		

10. Total Number of containers and/or packages (in words) Subject to Clause 7 Limitation		SAY FIFTEEN CARTONS ONLY			
11. Freight & Charges FREIGHT PREPAID Declared Value Charge	Revenue Tons	Rate	Per	Prepaid √	Collect
Ex. Rate:	Prepaid at BANGKOK	Payable at		Place and date of issue BANGKOK, 2016-12-25	
	Total Prepaid	No. of Original B(s)/L THREE		Signed for the Carrier, COSCO CONTAINER LINES	
LADEN ON BOARD THE VESSEL DATE 2016-12-25 BY					

任务四 进口报关及货物处置

情景呈现

2016 年 4 月 12 日,杭州万向纺织品进出口公司的单证员陈敏收到船公司打来的到货通知电话,货物已经到目的港,可以换单提货了,请安排进口提货手续。

任务目标

能够做出进口提货安排及进口业务后续处理。

相关知识

进口企业付款赎单后,便应着手准备接货。当货物抵达目的港后,进口企业应根据《中华人民共和国海关法》的有关规定,在设有海关的地方办理货物进境手续。

一、进口报关及检验申报

(一) 进口报关及检验申报程序

进口报关及检验申报指进口货物的收货人或其代理人向海关交验有关单证、办理进口货物申报手续,完成报关及检验事宜。根据 2018 年国务院机构改革方案,将国家质量监督检验检疫总局的出入境检验检疫管理职责和队伍划入海关总署,因此进口报关及检验申报合并办理,由海关统一完成进口监管事项。报关单也做了相应的调整。

通常情况下,进口货物的报关由五个环节组成:进口申报、配合查验、缴纳税费、通关放行和结关。

1. 进口申报

进口货物申报时,应填写一式两份进口货物报关单,并随附相关单证,如许可证、提货单、发票、装箱单、减免税或免验的证明文件。根据规定,进口货物应当由收货人在货物的进境地海关办理海关手续。海关在接受报关后,首先要对各项单证予以签收,对报关单进行编号登记,并批注接受申报的日期;其次对单证要认真细致地进行审核,如发现不合格时,应通知申报单位及时补充和更正。

2. 配合查验

查验即验关,是指海关接受申报后,对进口货物进行实际的核对和检查,以确定货物的性质、原产地、货物状况、数量和价格是否与报关单所列一致。查验一般在海关监管区内的进口口岸码头、车站、机场、邮局或海关的其他监管场所进行。海关查验后,应由执行查验任务的海关关员填写海关进口货物查验记录,并与陪同查验的报关员一起签具全名。海关查验进口货物造成损失的,进口货物的收货人或其代理人可以要求海关予以赔偿。

📍 **议一议**

某企业向当地海关申报进口一批咖啡壶,货物已运抵海关监管区内的仓库,海关根据情报得知该批货物有问题,于是在没有通知该公司的情况下,由仓库管理人员陪同对这批货物进行了查验,发现该批货物是高档音响器材。该企业以海关查验时报关员不在场为由,拒绝承认查验结果。

请问当地海关的查验结果是否有效?是否可以以此查验结果对进口商进行处罚?

3. 缴纳税费

审核单证和查验货物后,根据《中华人民共和国关税条例》规定和《中华人民共和国海关进出口税则》规定的税费,对进口商品征收进口关税、消费税、海关代征增值税等。海关计征税费的一般程序是:核准商品编码,确定适用税率,确定完税价格,计算税额,缴纳税款。

进口货物的收货人或其代理人收到海关的税款缴纳证书后,应在规定的期限内缴纳进口税款。我国《海关法》对进口货物纳税期限的规定与出口货物相同。进口货物以海关审定的正常到岸价格为完税价格。到岸价格不能确定时,完税价格由海关估定。

进口货物以外币计价成交的,由海关按照填发税款缴纳凭证之日中国人民银行公布的人民币对外币交易的中间价折合成人民币。完税价格计算到元为止,元以下四舍五入。

计算公式:

应纳进口关税额＝进口商品完税价格×进口关税税率

进口商品完税价格＝进口商品 CIF 价格(原币)×市场汇率(中间价)

4. 通关放行

放行是口岸海关监管现场作业的最后环节。海关在接收进口货物申报后,经审核报关单据、查验实际货物,并依法办理进出口税费计征手续和缴纳税款后,在有关单据上签盖放行章,货物的所有人或其代理人才能提取或装运货物。通常情况下,海关对进出口货物的监管到此结束。另外,进口货物因各种原因需海关特殊处理的,可向海关申请担保放行。

5. 结关

结关是指经口岸放行后仍需继续实施后续管理的货物,海关在规定的期限内进行核查,对需补证、补税的货物做出处理,直至完全结束海关监管程序。

图5-2为进口报关流程图。

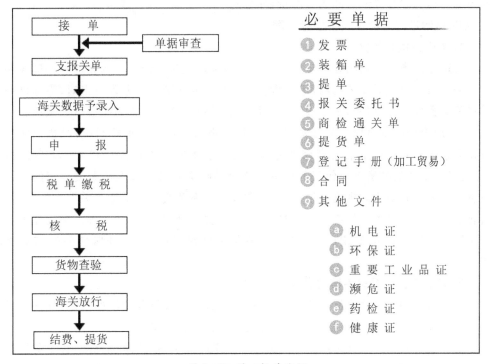

图 5-2 进口报关流程

(二) 进口报关单证

我国海关规定,通常情况下,进口货物报关时除了填制进口货物报关单外,还应交纳如下单据、证件,主要包括:合同,发票,装箱清单,商品检验证书,动植物检疫证书,食品卫生检验证书,提货单,代理报关授权委托协议(代理报关需要),进口许可证件,海关要求的加工贸易手册(纸质或电子数据的)及其他进出口有关单证。随附单证应当真实、有效、相互对应。海关留存进口许可证件的正本,其余单证留存副本或复印件。

（三）进口报关期限

报关期限是指货物运到口岸后，法律规定收货人或其代理人向海关报关的时间。根据我国海关法的规定，进口货物的报关期限为从运输工具申报进境之日起 14 天内，由收货人或其代理人向海关报关，超过这个期限报关，由海关征收滞报金。

滞报金的征收对象是进口货物的收货人或其代理人。日征金额为进口货物到岸价格的 0.5‰，起征点为人民币 50 元，不足者不征。需注意，这里指的进口货物的到岸价格是由海关审定的正常的到岸价格，它是以外币计价的。海关按应征收滞报金之日国家外汇牌价的买卖中间价折合人民币。进口货物自运输工具申报进境之日起超过 3 个月仍无人申报时，其进口货物由海关提取变卖处理。所得价款在扣除运输、装卸、存储等费用和税款后，尚有余款的，自货物变卖之日起一年内经收货人申请，予以发还；逾期无人申请的，上缴国库。确属误卸或者溢卸的进境货物除外。

（四）其他进口货物报关手续的办理

1. 转关进口货物的报关

转关运输是指海关依法允许监管货物由一设关地点转运到另一设关地点办理通关手续的行为。对于转关运输的货物，进口货物的收货人或代理人在办理申报时，除提供一般进口报关单据外，还应填制《中华人民共和国海关进口转关运输货物申报单》，须申领进口许可证的，应事先向指运地海关交验进口许可证，由指运地海关审核后核发《进口转关运输货物联系单》，并封交申请人带交进境地海关。进境地海关在核对有关单证后制作关封，交给进口货物的收货人或代理人。进口货物的收货人或代理人按海关指定的路线将进口货物在规定时限内运到指运地海关后，向指运地海关交验进境地海关签发的关封，并在货物运至指运地海关之日起 14 日内向指运地海关办理报关、纳税手续。指运地海关在办理了转关运输的进口手续后，应向进境地海关退回回执，终结进口转关运输货物的监管。

2. 临时进口货物报关手续的办理

临时进口货物也叫暂准进口货物，是指按照本国立法和国际公约的规定，准许暂时免纳关税及其他税费进口，并保证在限期内复运出口的特定货物。

暂准进境货物有这样几个特征：货物进口须向海关申报，经海关批准，暂予免纳进口关税及其他税费；货物所有权不发生转移；期满后要按原状复出口。暂准进境货物按货物实际使用情况办结海关手续。

暂准进境货物办理通关手续时应注意以下几点。

（1）暂准进口货物的收货人或代理人必须填写进口货物报关单一式三份，并注明"暂准进口货物"部分货物（如无线电器材、动植物、药品、食品等）申报暂时进口，还应交验有关管理部门的证明。

（2）对于经过申报和海关核准的暂时进口货物，申报人应向海关交纳相当于应付税款的保证金，或提供海关认可的书面担保后，准予暂时免领进口货物许可证和暂时免纳税款。

（3）准予暂时进口货物是海关监管货物，自进境之日起到办结海关手续复运出境时止，应当接受海关监管。暂准进口货物应当在 6 个月内复运出境（或复运进境），在特殊情况下,经海关同意,可以延期。

3. 保税仓库货物进口报关手续

保税货物在保税仓库所在地海关入境时,货主或其代理人应当填写进口货物报关单一式三份,加盖"保税仓库货物"印章并注明此货系存入某保税仓库,向海关申报。经海关查验放行后,一份由海关留存,两份随货带交保税仓库。保税仓库经理人应于货物入仓库后即在上述报关单上签收,一份留存,一份交回海关存查。

货主在保税仓库所在地以外的其他口岸进口货物,应按海关对转关运输货物的规定办理转关运输手续,转关运输应持有"海关转关运输货物准单",货物运抵后再按上述办法办理入库手续。

4. 减免税商品的进口清关手续

特定减免税是我国关税优惠政策的重要组成部分,是国家无偿向符合条件的进口货物使用企业提供的关税优惠,这种关税优惠具有鲜明的特定性,只能在国家行政法规规定的特定条件下使用。因此按照国家有关进出境管理的法律法规,凡属于进口需要交验许可证件的货物,收货人或其代理人都应当在进口申报时向海关提交进口许可证件(法律、行政法规另有规定的除外)。

进口货物享受特定减免税的条件之一就是在规定的期限,使用于规定的地区、企业和用途,并接受海关的监管。对于减免税货物,入境地海关于货物申报进口之日起,按一定比例计征海关监管手续费。手续费一律以人民币计征。货物到岸价格如用外币计价,由海关按照填发手续缴纳之日,国家外汇管理部门公布的人民币外汇牌价的买卖中间价折合人民币后计征。特殊情况除外。特定减免税进口货物的海关监管期限按照货物的种类各有不同。

二、提货

关于代理进口的案例分析

海关放行后,报关员应及时通知进出口货物的收发货人提货,或者代办相关的提货手续,将货物送抵进口企业指定地点,进口清关的工作基本结束。

无论是企业自提货物也好,还是报关公司或货代公司送货上门,货主在货物交接时都应检查货物的状况是否完好,并根据运单、发票或装箱单核对实际货物的数量、重量,最好能够拆箱验货以确保货物没有受到任何损失,再在送货单上签字确认。

三、进口付汇网上申报

从 2011 年开始,大多数的企业进口付汇实行的是总量核对,而不是逐笔申报。进口付汇后,企业去银行付汇,外管局根据企业付汇的数据和报关数据进行总量比对。简单地说,企业无须每票业务都到外汇局进行核销,可以进行批量申报。

(一)贸易外汇收支企业名录登记

企业依法取得对外贸易经营权后,须持《货物贸易外汇收支企业名录登记申请书》、法定代表人签字并加盖企业公章的《货物贸易外汇收支业务办理确认书》及下列资料有效原件及加盖企业公章的复印件,到所在地外汇局办理"贸易外汇收支企业名录"(以下简称名录)登记手续。

(1) 企业法人营业执照或企业营业执照副本。

(2) 中华人民共和国组织机构代码证。

(3) 对外贸易经营者备案登记表,依法不需要办理备案登记的可提交中华人民共和国外商投资企业批准证书或中华人民共和国台港澳侨投资企业批准证书等。

外汇局对进口单位列入名录后自发生进口付汇业务之日起 3 个月内的进口付汇业务进行辅导管理。进口单位辅导期内的进口付汇业务须向外汇局进行事后逐笔报告。进口单位应在进口货物报关单进口日期后 30 日内向外汇局逐笔报告。

(二)对进口企业进行分类管理

外汇局根据非现场或现场核查结果,结合企业遵守外汇管理规定等情况,将企业分成 A、B、C 三类。

外汇局发布 B、C 类企业名单前,应当将分类结果告知相关企业。企业可在收到外汇局分类结论告知书之日起 7 个工作日内向外汇局提出异议。外汇局应当对提出异议企业的分类情况进行复核。

对在规定期限内未提出异议或提出异议后经外汇局复核确定分类结果的企业,外汇局将向金融机构发布企业分类管理信息。外汇局可将企业分类管理信息向相关管理部门通报,必要时可向社会公开披露。

外汇局对分类结果进行动态调整,并对 B、C 类企业设立分类管理有效期。

在分类管理有效期内,对 A 类企业贸易外汇收支,适用便利化的管理措施。对 B、C 类企业的贸易外汇收支,在单证审核、业务类型及办理程序、结算方式等方面实施审慎监管。

外汇局建立贸易外汇收支电子数据核查机制,对 B 类企业贸易外汇收支实施电子数据核查管理。

对 C 类企业贸易外汇收支业务及外汇局认定的其他业务,由外汇局实行事前逐笔登记管理,金融机构凭外汇局出具的登记证明为企业办理相关手续。

(三)企业报告和登记管理

符合下列情况之一的业务,企业应当在货物进出口或收付汇业务实际发生之日起 30 天内,通过监测系统向所在地外汇局报送对应的预计收付汇或进出口日期等信息。

(1) 30 天以上(不含 30 天)的预收货款、预付货款。

(2) 90 天以上(不含 90 天)的延期收款、延期付款。

(3) 90 天以上(不含 90 天)的远期信用证(含展期)、海外代付等进口贸易融资。

B、C 类企业在分类监管有效期内发生的预收货款、预付货款,以及 30 天以上(不含 30 天)的延期收款、延期付款。

同一合同项下转口贸易收支日期间隔超过 90 天(不含 90 天)且先收后支项下收汇金额或先支后收项下付汇金额超过等值 50 万美元(不含)的业务。

四、进口索赔

在国际货物买卖合同中,卖方对于其合同义务的履行或不能按合同规定履行给买方造成损害时,买方有权根据约定向卖方提出异议,要求损害赔偿,这种站在买方的立场的行为称为进口索赔。

(一) 进口索赔的应用

1. 向卖方索赔

在国际贸易中,买方能够向卖方提起索赔,主要是基于卖方在合同履行中出现的违约行为。卖方的违约通常表现在对其交货义务的不能履行或不能完全履行。例如,卖方不交货、迟延交货、所交货物的数量或质量不符合合同规定以及其他的没有符合合同要求的其他违约形式。当出现卖方的违约行为,买方可以根据具体的情况采取不同的救济措施来补救。

当卖方不交货或迟延交货时,按照《联合国国际货物销售合同公约》的规定,买方可以宣告合同无效并主张损害赔偿。但在很多情况下,当出现卖方不交货或迟延交货时,买方不仅已经履行了支付部分货款(订金)的义务,而且也已经为进口货物的接收、使用或销售投入了一定的成本。在这种情况下若撤销合同可能对买方的损失也比较大。所以,在实际业务中,面对卖方的不交货或迟延交货,买方并不是绝对地宣告合同无效并主张损害赔偿,而是根据具体的情况采取不同的措施来处理。通常,如果进口的是一般的商品,在买方没有支付订金或其支付的订金很少的情况下,出现卖方不交货或迟延交货的情况时,买方可以采用撤销合同并要求损害赔偿的处理方法。但如果所进口的商品是机电产品,买方已经支付较大数额的订金或其支付方式是分期付款的,则当卖方不交货或迟延交货时,买方要求卖方在合理期限内履行交货并提出损害赔偿的做法应该是比较合适的处理方法。需要注意的是,在出现卖方不交货或迟延交货的情况时,无论是否撤销合同,买方都应在发出通知时保留索赔权。

当卖方所提交的货物品质不符合规定,买方可以采取的补救方式如下。

(1) 调换有瑕疵货物

若卖方所交付货物与合同不符,但还没有根本性违约时,买方有权要求出口方调换有瑕疵的货物,换货必须是全新的并符合本合同规定的规格、质量和性能,且卖方负担因此而产生的一切费用和买方遭受的一切直接损失。

(2) 要求退货处理

如果货物的残损达到根本性违反合同时,买方可要求向卖方退货,卖方须将退货金额以成交原币偿还买方,并负担因退货而发生的一切直接损失和费用,包括利息、银行费用、保险费、商检费、仓租、码头装卸费以及为保管退货而发生的一切其他必要费用。

(3) 要求减低价格

《联合国国际货物销售合同公约》规定,如果货物不符合合同,无论价款是否已付,买方都可以要求减低价格。减价按实际交付的货物在交货时的价值与符合合同的货物在当时的价值两者之间的比例计算。

2. 向承运人索赔

国际货物的运输是由卖方或买方委托专门的运输经营者来承担的。由于承运人的责任造成货物损坏、破坏而给托运人带来损害时,托运人有权向承运人提出索赔。

向承运人索赔的依据是承托双方的委托运输合同及相关的国际惯例,如适用于海洋运输的《汉堡规则》,适用于铁路运输的《国际铁路货物运输公约》等。

承运人造成货物损失的形式与原因有:货物装卸不当,货物置放、固定不当,装运工具不适合运输等。

承运人造成货物损失的情况中多有包装受损的特征,故买方在提取货物中一旦发现外包装受损,有污渍等不良情况,而提单又是清洁提单时,应立即会同相关当事人,取得现场勘察记录,由承托双方(或其代理人)签署意见以备用。

向承运人索赔的期限,若运输合同有约定,按合同执行;委托运输合同未做约定时,按国际惯例规定为货物到达目的港、卸离海轮后 1 年内。

3. 向保险公司索赔

当被保险人的货物遭受承保责任范围内的风险损失时,具有保险利益的人应在分清责任的基础上确定索赔对象,备好必要的索赔证据,并在索赔时效内向保险人提出索赔要求。按《2010 年国际贸易术语解释通则》中的解释,一般应由买方办理索赔。采用 DAT/DAP/DDP 术语成交的则视情况由买方或卖方办理索赔。被保险人或其代理人向保险人索赔时,应做好下列几项工作。

(1)在发现货物损害的第一时间报告事故,当被保险人发现货物已遭受保险责任范围内的损失,应及时通知保险公司,并保持货物在发现事故场所的现状,等待保险公司人员到现场勘察,与公司人员现场勘察结束,签发联合检验报告、做好理赔的前期工作后,再将货物运离,然后根据货物的受损情况及保险金额向保险公司索赔。

(2)当货物到港后,发现有明显的受损痕迹、短量或散装货物已经残缺,应立即向理货部门索取残损或短量证明。如货物涉及第三方责任,则根据"保险利益原则"和"代位追偿原则",首先应向有关责任方提出索赔或声明保留索赔权。在保留向第三者索赔权的条件下,可向保险公司索赔。

(3)备妥索赔证据,在规定的时效内提出索赔。保险索赔时,通常应提供的证据有:保险单或保险凭证正本,运输单据,商业票和重量单、装箱单,保险报告单,残损、短量证明,向承运人等第三者责任方请求赔偿的函电或其证明文件,必要时还需要提供海事报告。另外还须附带索赔清单,索赔清单主要列明索赔的金额及其计算依据,以及有关费用项目的用途等。

根据国际保险业的惯例,保险索赔或诉讼的时效为自货物在最后卸货地卸离运输工具时起算,最多不超过两年。

保险货物常规货物运输保险的投保金额为合同总价的 110%,是买方索赔的最大金额。

意外事故造成的损失,除非是完全灭失,往往发现在货物已经被接收,结算海关手续之后开箱验货时,即使按全损赔偿,买方的损失也可能无法得到完全补偿。这是因为关税、增值税往往不在投保金额中,而有些货物的进口关税及环节税可能高达货值的 40%以上。要想避免此项损失,则可在投保时加投关税、增值税金额。

议一议

某企业以 CIF 条件出口 1000 吨大米,合同规定为一级大米,每吨 300 美元,共 30 万美元。卖方交货时,实际交货的品质为二级大米。按订约时的市场价格,二级大米每吨 250 美元。

请问:(1)根据《公约》的规定,此案中,买方可以主张何种权力?

(2)若买方索赔,其提出的索赔要求可包括哪些损失?

(二)进口索赔应注意的问题

无论是何种原因造成的货物损失,进口商在索赔时都应根据注重实际,公平合理,实事求是的原则查明责任。在清楚地确认了责任方后,则可向对方提出索赔。提出索赔时,要认真做好索赔方案。

1. 遵守索赔期限

索赔必须在合同规定的期限内提出,合同若未规定索赔期限,则按有关法律规定的期限办理。《联合国国际货物销售合同公约》规定:"如果进口商不在实际收到货物之日起两年内将货物不符合合同的情形通知出口商,他就丧失声称货物不符合合同的权利。"

2. 正确确定索赔项目和金额

进口商在提出索赔金额时一定要有根据,如合同预先规定有约定的损害赔偿的金额,应按约定的金额提出索赔;如预先未约定损害赔偿的金额,则应根据实际损失情况确定适当的金额,做到有理有据。

3. 备齐索赔所需单证

如果索赔单证不齐,对方是可以拒赔的。索赔单证一般包括:提单、发票、保险单、装箱单、磅码单及商检机构出具的货损检验证书或由船长签署的短缺残损证明,以及索赔清单,并列明索赔的依据和索赔金额。索赔函样本如样例 5 - 13 所示。

样例 5 - 13 索赔函

索赔函

Dear Sirs,

We are writing to inform you that the toys covered by our order No.555 arrived in such an unsatisfactory condition that we have to lodge a claim against you. It was found upon examination that 10% of them are broken and some are badly scratched, obviously due to the improper packing. Therefore, we cannot offer it for sale at the normal price and suggest that you make us an allowance of 20% on the invoiced cost. This is the amount by which we propose to reduce our selling price. If you cannot accept, I am afraid we shall have to return them for replacement.

Sincerely yours,

×××

实操训练

2016 年 4 月 12 日,杭州万向纺织品进出口公司的单证员陈敏收到船公司打来的到货通知电话,货物已经到目的港,可以换单提货了,请安排进口提货手续。

进口提货方案如下。

公司的进口商品 Lurol SF - 14478 是纺织品整理剂,查询商品编码是 38099100,经查询该商品的监管条件不是法定检验商品,所以不用进行进口报检。2016 年 4 月 13 日,单证员陈敏携带海运提单到船公司换取了提货单。然后将提货单、进口货物报关单、报关单委托书,连同发票、装箱单等单据交给杭州金威国际货运有限公司,委托其办理进口报关手续,2016 年 4 月 18 日,缴纳进口关税增值税后,报关手续完成,办理了提货手续。

任务布置

2016 年 10 月 8 日,East Agent 公司收到船公司的通知,货物已经到港,请做出提货方案安排(见样例 5 - 4)。

进口提货方案安排如下:

_____

_____

_____

_____

课后练习

一、单项选择题

1. 信用证的基础是买卖合同,当信用证与买卖合同规定不一致时,受益人应要求( )。

A. 开证行修改   B. 开证申请人修改

C. 通知行修改   D. 出口商修改

2. 在合同规定的有效期,( )负有开立信用证的义务。

A. 卖方   B. 买方   C. 开证行   D. 议付行

3. 信用证的开证银行是( )。

A. 第一付款人   B. 第二付款人

C. 最后付款人   D. 担保付款人

4. 在进口业务中,下列哪种贸易术语由进口商负责租船订舱?( )

A. FOB   B. CIF   C. CFR   D. CIP

5. 进口保险,一般按 CIF 价格的( )确定保险金额。

A. 110%   B. 100%   C. 105%   D. 120%

6. 一般情况下,发票金额应与( )一致。

A. 合同金额   B. 信用证金额   C. 保险金额   D. 汇票金额

7. 如信用证未做规定,则汇票的付款人是( )

A. 开证申请人   B. 受益人   C. 开证行   D. 议付行

8. 实施强制性产品认证的进口商品,报检时应提供(　　)颁发的认证证书。

A. 国家质检总局

B. 国家认证认可监督管理委员会

C. 国家质检总局指定的认证机构

D. 国家认证认可监督管理委员会指定的认证机构

9. 某公司从法国进口一批瓶装葡萄酒,用小木箱包装,(　　)不是报检时应当提供的单据。

A. 进口食品标签审核证书 　　　　　　B. 官方的植物检疫证书

C. 进境动植物检疫许可证 　　　　　　D. 原产地证书

10. 进口货物报关的流程(　　)。

A. 申报—报检—查验—征税—放行 　　B. 报检—申报—查验—征税—放行

C. 申报—查验—征税—放行—报检 　　D. 申报—查验—征税—放行

11. 清洁提单的进口货物在复验时发生数量减少现象,进口方应当向(　　)提出索赔。

A. 卖方 　　　　B. 保险公司 　　　　C. 承运人 　　　　D. 信用证开证行

12. 在解决国际贸易争议的途径中对双方相对不利的方式是(　　)。

A. 诉讼 　　　　B. 协商 　　　　　　C. 仲裁 　　　　　D. 调解

二、判断题

1. 向银行申请开立信用证时,一般要缴纳0~100%不等的开证保证金。(　　)

2. 当出口商出现履行合同的困难,可以申请更改信用证。(　　)

3. 预约保险可以免去逐笔投保的麻烦,还可防止漏保。(　　)

4. 进口商备妥船后,应催促出口商做好装船准备工作。(　　)

5. 进口商在付款赎单前如果发现不符点有权拒绝赎单。(　　)

6. 不符点交单的出现只要征得议付行同意并议付完毕,受益人即可不受追偿地取得货款。(　　)

7. 一批由上海出口到纽约的货物,信用证规定不准转船,我方提交银行的提单为直达提单,而船方因故在中途转船,进口商闻悉后通知开证行拒付货款,按照规定开证行无权拒付。(　　)

8. 所有进口货物在报关时都需要提交入境货物通关单。(　　)

9. 海关监管条件为A的商品,即为法定检验的商品。(　　)

10. 进口货物的报关期限为从运输工具申报进境之日起14天内。(　　)

三、简答题

1. 信用证的开证需要注意哪些问题?

2. 开证申请人如何在"附加条款"中,酌情增加自我保护性规定?

3. 简述进口货物的托运流程。

4. 简述汇票的审核要点。

5. 简述提单的审核要点。

6. 简述商业发票的审核要点。

7. 进口货物报关的一般流程是什么?

8. 在进口贸易中,进口方应该如何区别索赔对象?

答案

跨境电商操作

学习目标

知识目标：掌握跨境电商的定义、特点，跨境电商的经营模式及跨境进口和跨境出口的工作流程，了解跨境电商平台的运行模式和运行规则。

技能目标：能够完成选择合适的跨境电商平台进行店铺注册。

任务一　了解跨境电商

**跨境电商
基础知识**

情景呈现

杭州万向纺织品进出口公司的业务员陈景负责开拓跨境业务。目前主要的跨境电商第三方平台有全球速卖通（AliExpress）、Wish、敦煌网（DHgate）、易贝（eBay）和亚马逊（Amazon）等，陈景应该如何选择合适的平台呢？

任务目标

选择合适的跨境电商平台并注册店铺。

相关知识

一、跨境电商的定义

跨境电商全称为跨境电子商务，即 Cross-border Electronic Commerce。它是指电子商务应用过程中一种较为高级的形式，是指分属不同关境的交易主体，通过互联网及相关信息平台进行交易，把传统进出口业务中的展示磋商和成交等环节电子化，并通过跨境物流送达商品，完成交易的一种国际商业活动。实际上就是把传统国际贸易加以网络化、电子化的新型贸易方式。

从狭义上看，跨境电商即指跨境网络零售，指分属不同关境的交易主体，通过互联网及相关信息平台达成交易，进行支付结算，并采用快件或邮政包裹等方式通过跨境物流将商品送达消费者手中的交易过程。

二、跨境电商的特点

跨境电商具有全球性、即时性、便捷性、无形性等特点。

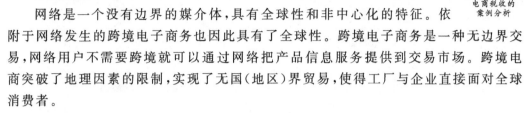

关于跨境
电商税收的
案例分析

1. 全球性

网络是一个没有边界的媒介体,具有全球性和非中心化的特征。依附于网络发生的跨境电子商务也因此具有了全球性。跨境电子商务是一种无边界交易,网络用户不需要跨境就可以通过网络把产品信息服务提供到交易市场。跨境电商突破了地理因素的限制,实现了无国(地区)界贸易,使得工厂与企业直接面对全球消费者。

2. 即时性

对于网络而言,传输的速度与地理上的跨境无关。在跨境电商交易过程中,贸易双方通过网络平台即时进行信息交流,无论实际空间跨境远近,双方的信息交流几乎是同时进行的。交易双方下单付款等都可以瞬间完成。某些服务交易或者数字化产品(如软件、音像制品、游戏虚拟商品等)的交易,还可以即时清结。订货、付款交货都可能在瞬间完成。

3. 便捷性

跨境电商缩短了供应商与消费者之间的距离,使得消费者直接购买产品成为可能。在传统外贸模式下,境内商品到境外消费者手上,要经历多个环节,货物由境内的工厂通过外贸企业出口到境外进口商手中,然后境外的分销商通过其零售商传递到消费者手中。而通过跨境电商平台,整个供应链发生了变化,省去了传统外贸中的部分环节。工厂或外贸企业可以直接与消费者通过网络平台进行交易,由跨境物流公司将物品送达消费者手中。这大大地方便了交易双方,使得产品的生产者与最终消费者可以直接联系进行交易。

4. 无形性

网络的发展使数字化产品和服务的传输盛行。而数字化传输是通过不同类型的媒介,例如数据、声音和图像在全球化网络环境中集中而进行的,这些媒介在网络中是以计算机数据代码的形式出现的,因而是无形的。

三、跨境电商业务流程

跨境电商出口业务流程中,生产商或者制造商直接在跨境电商平台开展业务或者通过搭建自营跨境平台开展业务。一部分跨境电商企业通过品牌授权的方式利用跨境平台参与跨境电商业务。在整个业务过程中,消费者或者企业消费者在跨境电商平台下单并支付货款,订单货款通过第三方支付企业支付,产品则通过物流企业从供应商运输到客户手中。而跨境进口的流程则正好相反。跨境电商业务流程如图 6-1 所示。

图6-1　跨境电商业务流程

C2C 模式下,商户在第三方跨境电商平台上开设店铺,通过这些平台以在线零售的方式销售商品到境外的终端消费者,具体的交易流程如图6-2所示。

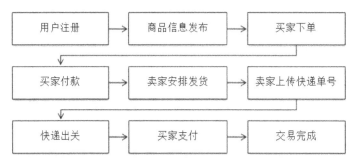

图6-2　C2C 模式下跨境电商交易流程

跨境电商需要解决三个流程问题。

一是信息流。厂家在网上发布所提供的产品或服务信息,消费者通过互联网搜寻需要的产品或服务信息。

二是产品流(物流)。消费者在网上下单,厂家委托跨境物流服务公司将产品运送到境外消费者手里。

三是资金流。消费者通过第三方支付方式及时、安全地付款,厂家收汇结汇。

四、主要的跨境电商第三方平台

目前,主要的跨境电商第三方平台有全球速卖通、Wish、敦煌网、eBay 和亚马逊等。

(一)全球速卖通(AliExpress)

关于跨境电商市场的案例

全球速卖通是阿里巴巴旗下唯一面向全球市场打造的在线交易平台,致力于跨境电商业务,被广大卖家称为国际版"淘宝"。全球速卖通于 2010 年 4 月上线,经过 5 年多的迅猛发展,覆盖多个国家和地区,拥有近 20 个语言分站,已经成为全球最大的跨境交易平台。全球速卖通的业务覆盖 3C、服装、家居、饰品等 20 个经营大类,其中优势行业主要有服装服饰、手机通信、鞋包、美容健康、珠宝手表、消费电子、电脑网络、家居、汽车摩托车配件、灯具等。

全球速卖通近年来在致力于提升产品品质的同时,也注重产品品牌。同时,全球速卖通非常重视营销推广。该平台免费为卖家提供四大营销工具，即"限时限量折扣"、"店铺优惠券"、"全店铺满立减"和"全店铺打折"。此外，卖家也可付费参加平台的直通车活动，在短时间内获得大量的曝光和流量。买家按照有效点击数来付费，费用高低与推广评价及出价相关。

（二）Wish

Wish 公司于 2011 年 12 月创立于美国旧金山硅谷，起初只是一个类似于国内蘑菇街和美丽说的导购平台。2013 年 3 月，Wish 在线交易平台正式上线，移动 APP 于同年 6 月推出，当年年经营收益即超过 1 亿美元。Wish 目前拥有超过 4700 万注册用户，日活跃用户为 80 万～100 万，重复购买率达到 50.3%。90% 的用户来自欧洲和美国，80% 的用户为女性，并且集中在 15～35 岁。平台上目前有超过 1 万名商家，其中 60%～70% 来自中国，占总交易额的 80%～90%。Wish 平台专注于移动端购物。Wish 秉持"让手机购物更加高效和愉悦"的原则，每屏只推送 4～6 件商品，并且以"瀑布流"的方式展示。

（三）敦煌网（DHgate）

敦煌网 B2B 在线交易平台于 2005 年正式上线，是全球领先的在线外贸交易平台，致力于帮助中国中小企业通过跨境电商平台走向全球市场。目前拥有 120 多万家中国供应商，1000 万买家，遍布全球 224 个国家和地区。平台每 3 秒产生一张订单，敦煌网采取佣金制，免费注册，只在买卖双方交易成功后收取一定比例的费用（一般为 7%～15%）。

（四）易贝（eBay）

eBay 是一个可让全球民众上网买卖物品的线上拍卖及购物网站，目前 eBay 的业务覆盖 190 多个国家和地区，日均成交量超过数百万单。与全球速卖通相比，eBay 对卖家的要求更严格，对产品质量要求较高，但同样要求价格具有优势，即产品质量要过得去，价格也要有优势。除了有和其他平台类似的常规产品出售，二手货的交易也是 eBay 业务的重要组成部分。在 eBay，交易方式分为拍卖和一口价两种。eBay 对每笔拍卖向卖家收取 0.25～800 美元不等的刊登费，在交易成功后再收取一笔 7%～13% 不等的成交费。在合并了 PayPal 后，eBay 的支付方式默认为 PayPal，商户在注册开店时必须绑定有效的 PayPal 账户。

（五）亚马逊（Amazon）

亚马逊成立于 1995 年，最初是一个销售书籍和音像制品的"网上书店"。2000 年，亚马逊开始通过品类扩张和国际扩张，致力于成为全球最大的网络零售商。用户多为国外中高端消费群体。2015 年，在全球市值最高的 20 家互联网公司排名中位列第四位。在所有的跨境电商第三方平台中，对卖家要求最高的是亚马逊，它不仅要求卖家的产品质量必须要有优势，而且必须要有品牌才行。亚马逊鼓励用户自助购物，将用户对于售前客服的需求降到最低，这要求卖家提供非常详细、准确的产品详情和图片。

五、出口跨境电商主要类型

跨境电商包含了较多的要素，主要有交易对象、货物流通、监管方式、资金交付、信息和单据往来等多个方面，按照这些要素的不同，可以将跨境电子商务分为不同的类型。

按照交易对象的不同，可以分为 B2B、B2C、C2C、M2C 几类。B2B 是 Business to

Business 的缩写,即企业与企业之间的跨境电子商务,主要应用于企业之间的采购与进出口贸易等;B2C 是 Business to Customer 的缩写,即企业与消费者个人之间的跨境电子商务,主要应用于企业直接销售或消费者全球购活动;C2C 是 Customer to Customer 的缩写,即消费者之间的跨境电子商务,主要应用于消费者之间的个人拍卖等行为;M2C 是 Manufacturer to Customer 的缩写,是生产厂家直接对消费者提供自己生产的产品或服务的一种商业模式。

按照货物流通方向的不同,跨境电商可以分为进口跨境电商和出口跨境电商;按照海关监管方式的不同,又可主要分为一般跨境电商和保税跨境电商。而一般跨境电商主要用于一般进出口货物,大多是小额进出口货物,保税跨境电商主要是用于保税进出口货物,二者在通关手续等方面有明显不同。

(一) B2B 跨境电商

B2B 是 Business to Business 的缩写,是商家(泛指企业)对商家的电子商务,即企业与企业之间通过互联网进行产品、服务及信息的交换。通俗的说法,是指进行电子商务交易的供需双方都是商家(企业),它们使用互联网技术或各种商务网络平台,完成商务交易的过程。这些过程包括发布供求信息,订货及确认订货,支付及票据的签发、传送和接收,确定配送方案并监控配送过程等。

(二) B2C

关于跨境电商知识产权的案例

B2C 是通常所说的商业零售,直接面向消费者销售产品和服务。这种形式的电子商务一般以网络零售业为主,主要借助于互联网开展在线销售活动。B2C 即企业通过互联网为消费者提供一个新型的购物环境——网上商店,消费者通过网络在网上购物、在网上支付。

B2C 电子商务实际上是企业和消费者在网络虚拟市场上开展的买卖活动。它最大的特点是速度快、信息量大、费用低。它以互联网为主要服务手段,实现公众消费和提供服务,并保证与其相关的付款方式的电子化,它是随着互联网技术的出现而迅速发展的,可以被视作一种电子化的零售。

(三) C2C

C2C 是个人与个人之间的电子商务,即一个消费者通过网络交易,把商品出售给另一个消费者的交易模式。C2C 模式下的购物流程为搜索商品、联系卖家、购买商品和服务评价。C2C 模式的特点就是大众化交易,因其涉及个人之间的交易。C2C 是我国电子商务的最早期模式。

(四) M2C

M2C 是生产厂家直接对消费者提供自己生产的产品或服务的一种商业模式,特点是流通环节减少至一对一,销售成本降低,从而保障了产品品质和售后服务质量。同样的产品在 M2C 运营模式下能够给消费者带来更实惠的价格。没有商家与厂家交易的差价,消费者所购买的产品的提供者就是生产厂家,故购买商品的价格更低。

六、进口跨境电商模式

目前,根据不同的业务形态可将进口零售类电商运营模式分为海外代购模式、直发或直运平台模式、自营 B2C 模式、导购或返利平台模式。

(一)海外代购模式

境外代购即身在境外的人或商户为有需求的中国消费者在当地购买所需要的商品并且通过跨境物流将商品送到消费者手中的模式。代购平台通过向入驻卖家收取入场费、交易费、增值服务费等获取利润。

境外代购平台的运营重点在于尽可能多地吸引符合要求的第三方卖家入驻,不会深度涉入采购、销售及跨境物流环节。入驻平台的卖家一般都是有境外采购能力或者跨境贸易能力的小商家或个人,他们会定期或根据消费者订单集中采购特定商品,在收到消费者订单后再通过转运或直邮模式将商品发往中国。

(二)直发或直运平台模式

直发或直运平台模式又被称为 drop shipping 模式,即电商平台将接收到的消费订单信息发给批发商或者厂商,后者则按照订单信息以零售的形式对消费者发送货物。由于供货商是品牌商、批发商或厂商,因此直发或直运模式是一种典型的 B2C 模式。直发或直运平台的部分利润来源于商品零售价和批发价之间的差额。

直发或直运模式在寻找供货商时是与可靠的境外供应商直接谈判且签订跨境零售供货协议的。平台为了解决跨境物流环节的问题,一般会选择自建国际物流系统(如洋码头)或者和特定国家的邮政、物流系统达成战略合作关系(如天猫国际)。直发直运平台的劣势是招商缓慢,其前期流量相对不足同时前期所需资金体量较大。

代表平台:天猫国际(综合)、洋码头(北美)、跨境通(上海自贸区)、苏宁全球购(意向中)、海豚村(欧洲)、一帆海购网(日本)、走秀网(全球时尚百货)。

(三)自营 B2C 模式

在自营 B2C 模式下,大多数商品都需要平台自行备货,自建物流或与第三方物流公司合作。

自营 B2C 模式分为综合型自营和垂直型自营两类。

1. 综合型自营跨境 B2C 平台

综合型自营跨境 B2C 平台商品品种较多,品类相对丰富。综合性自营跨境平台的优势为跨境供应链管理能力强,并且具有较为完善的跨境物流解决方案,同时此类平台后备资金充裕,但是平台的业务发展会受到行业政策变动的显著影响。

代表平台:亚马逊。

2. 垂直型自营跨境 B2C 平台

垂直型自营跨境 B2C 平台是指,平台在选择自营品类时会集中于某个特定的范畴,如食品、奢侈品、化妆品、服饰等。其优势为供应商管理能力相对较强,而劣势则为前期需要较大的资金支持。

代表平台:中粮我买网(食品)、蜜芽(母婴)、寺库网(奢侈品)、莎莎网(化妆品)、草莓网(化妆品)。

(四)导购或返利平台模式

导购或返利模式包括引流部分和商品交易部分。引流部分是指通过导购资讯、商品比价、海购社区论坛及用户返利来吸引用户流量;商品交易部分是指消费者通过站内链接向境外 B2C 电商或者境外代购者提交订单实现跨境购物。

为了提升商品品类的丰富度和货源的充裕度,这类平台通常会搭配境外 C2C 代购模式。因此,从交易关系来看,这种模式可以理解为海淘 B2C 模式＋代购 C2C 模式的综合体。在典型的情况下,导购或返利平台会把自己的页面与境外 B2C 电商的商品销售页面进行对接,一旦产生销售,B2C 电商就会给予导购平台 5%～15% 的返点,导购平台则把其所获返点中的一部分作为返利回馈给消费者。

代表平台:55 海淘、一淘网(阿里旗下)、极客海淘网、海淘橙、海淘居、悠悠海淘、什么值得买、买个便宜货。

七、跨境电商物流

对于出口跨境电商的卖家来说,在接到第一笔业务之后,首先需要考虑的问题是,我应该选择什么样的物流方式将产品递送给境外客户呢?对于小卖家来说,通过平台发货,2 千克以下用中邮小包,超过 2 千克用中邮大包,客户时效性要求高则用国际快件,物流基本还算是一个简单问题。然而对于大卖家,特别是那些拥有独立网站的卖家,他们需要优化物流成本,需要考虑客户体验,需要整合物流资源并探索新的物流形式.因此物流便成了一个复杂甚至令人头疼的问题。

(一)邮政包裹

邮政网络基本覆盖全球,比其他任何物流渠道都要广。邮政覆盖范围广,但送达时间较长,随着近年来跨境电商业务的快速发展,邮政也及时调整运价同时推出各种服务以便提高配送时效,提升服务。由于邮政一般为国营,有国家税收补贴,因此价格非常便宜。据不完全统计,中国出口跨境电商 70% 的包裹都是通过邮政系统投递,其中中国邮政占据 50% 左右。中国卖家还会使用的其他邮政有新加坡邮政等。

(二)国际快递

国际快递主要有四大商业快递巨头,即 DHL、TNT、FedEx 和 UPS,这些国际快递商通过自建的全球网络,利用强大的 IT 系统和遍布世界各地的本地化服务,为网购中国产品的境外用户带来良好的购物体验。国际快递送达速度快,但费用也高,这会提升跨境电商卖家的运营成本。一般中国商户只有在客户时效性要求很高的情况下,才使用国际商业快递来派送商品。

(三)专线物流

跨境专线物流一般是通过航空包舱方式运输到境外,再通过合作公司进行目的国的派送。专线物流的优势在于其能够集中大批量到某一特定国家或地区的货物,通过规模效应降低成本。因此,其价格一般比商业快递低。在时效上,专线物流介于商业快递和邮政包裹之间。市面上最普遍的专线物流产品是美国专线、欧洲专线、澳洲专线、俄罗斯专线等,也有不少物流公司推出了中东专线、南美专线、南非专线等。

(四)境外仓储

境外仓储服务指为卖家在销售目的地进行货物仓储、分拣、包装和派送的一站式控制与管理服务。确切来说,境外仓储应该包括头程运输、仓储管理和本地配送三个部分,如图 6 - 3 所示。

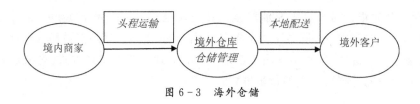

图 6-3 海外仓储

1. 头程运输

境内商家通过海运、空运、陆运或者联运将商品运送至境外仓库。

2. 仓储管理

境内商家通过物流信息系统,远程操作境外仓储货物,实时管理库存。

3. 本地配送

境外仓储中心根据订单信息,通过当地邮政或快递将商品配送给客户。

对于跨境电商的卖家来说,首先应该根据自身所售产品的特点(尺寸、安全性、通关便利性等)来选择合适的物流模式,比如小件物品适合走邮政或者商业快递。同时,也可根据不同地区的销售情况,灵活选择合适的物流方式组合以节省成本。如销售量大的目标市场,也可以采取境外仓储方式。此外,有时某些地区的专线物流价格实惠,时效更快。卖家可根据实际情况选择合适的物流方式。其次,跨境电商专家在淡旺季要灵活使用不同物流方式,例如在淡季时使用中邮小包降低物流成本,在旺季或者大型促销活动时期采用 E 邮宝、专线物流、商业快递等来保证时效。最后,建议商家在售前要明确向买家说明不同物流方式的特点,让买家根据实际需求来选择物流方式。

八、跨境电商支付方式

目前在跨境电商领域,根据业务类型不同,各种支付手段并存,主要的支付手段有信用卡,银行转账,第三方支付如 Paypal、国际支付宝、WebMoney、Qiwi wallet、Cash U 等。信用卡和 Paypal,在全球范围使用比较广泛,而 WebMoney、Qiwi wallet、Cash U 等支付方式对于俄罗斯、中东、北非等地区的跨境电子商务交易的成功起着不可或缺的作用。以下简要介绍几种跨境支付方式。

(一)信用卡收款

欧美最流行的付款方式便是信用卡,在欧美,信用卡的用户群非常庞大。信用卡也是美国著名的跨境平台亚马逊的主要支付手段之一。

(二)Paypal

著名跨境电商平台 eBay 旗下的支付平台,与阿里巴巴旗下的支付宝类似,在国际上具有较高的知名度,是很多国家客户常用的支付手段之一。Paypal 在全球 190 个国家和地区有超过 2.2 亿用户,在网站首页可进行 24 种外币间的交易。Paypal 在欧美普及率极高,具有强大的品牌优势。Paypal 资金周转快,具有即时支付,即时到账的特点。同时,其安全保障体系也相对完善。

(三)WebMoney

简称 WM,是由 WebMoney Transfer Technology 公司开发的一种在线电子商务支付系统,该系统可以在包括中国在内的全球 70 个国家使用,是俄罗斯主流的电子支付方式,俄罗斯的各大银行均可自主充值取款。在速卖通网站,用 WebMoney 支付方式的客户可消费 0.01~5000 美元,同时不同买家在使用 WebMoney 时的支付额度也有限制。

在跨境电子商务交易中,不同国家或地区都有当地主流的支付方式,卖家需要根据目标市场的实际情况选择可接受的付款方式。

实操训练

杭州万向纺织品进出口公司的业务员陈景在速卖通平台上注册并开通公司店铺。

一、注册入口及注册方式

登录全球速卖通卖家频道,点击"免费注册",进入速卖通普通会员免费注册页面。在注册页面,可以看到通过邮箱进行注册或通过支付宝账户注册两种方法。

进入卖家频道,点击右上方"免费开店"或右边"免费开店"进入注册页面,如图 6-4 所示,通过邮箱注册。依次填写个人信息和公司信息即可创建账户,完成注册。成功免费注册之后,如果你需要发布产品,还需要完成身份实名认证以及收款账户的设置。

图 6-4　全球速卖通网站卖家首页

(一)准确完整地填写表单信息

填写操作步骤,详见图 6-5 所示。

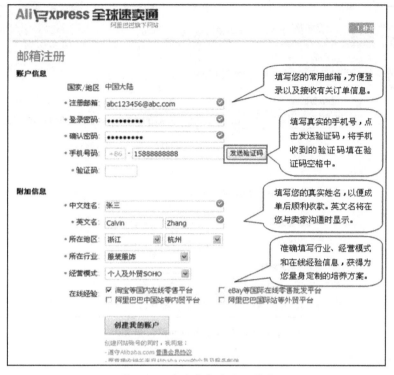

图 6-5　全球速卖通注册页面

注册表单时注意事项如下。

1. 填写准确的邮箱地址及手机号码

速卖通平台的订单等信息都将会以邮件的形式发送到注册用的邮箱,所以注册时要填写常用且准确的邮箱地址。填写真实有效的手机号,能保证收到验证码。

2. 填写真实姓名

在注册时务必保证你所填写的个人信息准确和真实,以便于在成单以后你可以顺利收款。

3. 准确填写行业背景和经验信息

请你准确地填写行业、经验模式和在线经验信息,这样你将获得速卖通为你量身定制的培养方案,更加有利于你的成长。

(二) 验证邮箱

填写注册表单后,需要完成邮箱认证。

1. 在你填写好表单提交后,会弹出邮箱验证的页面

如果确认无误,可以直接到邮箱里查收邮件,如果邮箱有误或者没有收到邮件,你可以按照提示的方法修改邮箱,如图 6-6 所示。

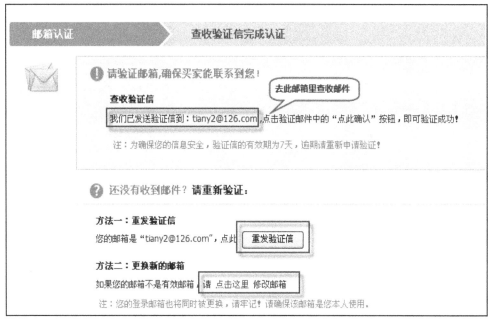

图 6-6 全球速卖通邮箱认证页面

2. 查收验证邮件

打开邮箱,查收验证邮件。

3. 查看邮件正文

点击"点此确认"按钮,如该按钮无显示或者不可点,你可以将邮件中的链接复制到浏览器地址栏,如图 6-7 所示。

图 6-7 全球速卖通验证邮件

4. 邮箱验证成功

邮箱验证成功提示页面,如图6-8所示。

图6-8 邮箱验证成功页面

完成邮箱验证之后,你需要继续完成身份实名认证。

二、实名认证

为了确保交易安全,普通会员需要进行身份认证,只有通过了该认证,发布的产品才能在前台展示。

如果你是通过支付宝账户进行快速注册的,那你无须再进行身份认证。如果你是通过邮箱进行的普通注册,请你按照以下步骤进行认证。

(一)第一步:请确认你是否有支付宝账户

1. 情况1:无支付宝账户

如果没有支付宝账户,那么无法进行身份实名认证,此外,你的收款也要通过支付宝账户完成,因此支付宝账户对于速卖通的交易非常重要,请你先注册一个支付宝账户。

2. 情况2:有支付宝账户

请确认一下你的支付宝账户是否通过了支付宝实名认证,如未通过支付宝实名认证,请你先完成支宝实名认证。

身份实名认证操作流程如图6-9所示。

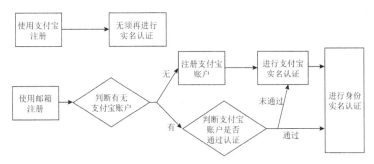

图 6-9 身份证实名认证操作流程

如未完成支付宝的注册或认证,请你先完成支付宝的注册或认证。

(二)第二步:完成速卖通账号实名认证

如果你已经注册过支付宝账户并且通过了支付宝实名认证,按以下步骤完成速卖通账号的实名认证。

登录你的账号,会进入你的个人中心页面,如果你的账号未认证,系统会提示你"马上开始认证",点击之后进入身份实名认证页面,如图 6-10 所示。如果你的账号已认证,则会显示"支付宝认证成功"。

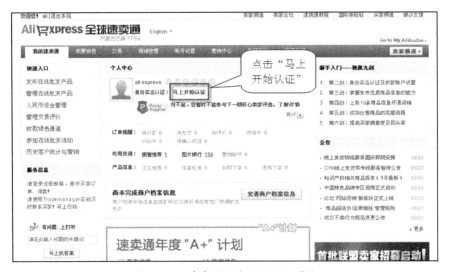

图 6-10 速卖通后台开始认证页面

此外,在登录速卖通之后,你也可以通过点击"个人信息管理"——"个人认证",进入普通会员个人信息认证页面,如图 6-11 所示。

图 6-11 支付宝方式认证页面

点击"马上认证",页面会跳转到支付宝登录页面,如果你拥有一个已通过支宝认证的支付宝账户,你可以选择用该账号进行实名认证,如图 6-12 所示。

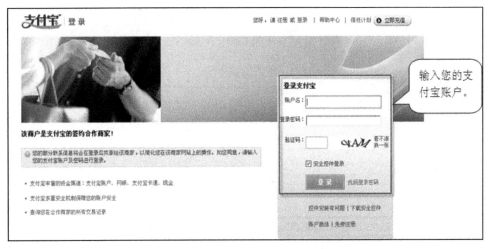

图 6-12 支付宝认证方式登录页面

如果你的支付宝未经过认证,那么系统会提示以下信息,如图 6-13 所示。

图6-13　支付宝账号未通过实名认证页面

请你先去支付宝页面完成支付宝认证,或者使用其他的支付宝账户进行实名认证。

如果你提交了已经通过支付宝实名认证的支付宝账户,请核对你的认证信息是否有误,如图6-14所示。

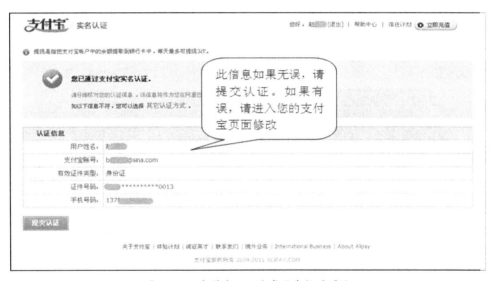

图6-14　支付宝认证方式信息核对页面

如果此信息确认无误,请提交认证。如果有误,请登录你的支付宝账户管理页面修改。如果确认信息无误,提交了认证,系统将会提示你认证成功。如图6-15所示。

图 6-15 通过身份实名认证页面

同时,你的个人中心会显示"支付宝认证成功",表示你已经通过"身份实名认证"。

(三) 第三步: 收款账户设置和商户档案信息填写

在全球速卖通平台,你需要设置两个收款账户:人民币收款账户和美元收款账户。平台根据买家不同的支付方式,由不同的收款账户接收交易款项。

买家通过信用卡(人民币通道)进行支付时,国际支付宝(Escrow)会按照买家支付当天的汇率将美金转换成人民币支付到你的国内支付宝或银行账户中。

买家通过信用卡(美元通道)、西联、MoneyBookers、Bank Transfer(T/T 银行转账)等方式进行支付时,国际支付宝(Escrow)将支付美元到你的美金收款账户中。

也就是说,买家采用不同的支付方式,其货款将打入你不同的收款账户,因此,你需要设置人民币和美元两个收款账户。

🎁 任务布置

杭州万向纺织品进出口公司的业务员陈景负责开拓跨境业务。目前公司已经在全球速卖通(AliExpress)上开设了店铺,接下来公司决定开设敦煌网(DHgate)店铺,请查看敦煌网规则并注册店铺。

任务二　跨境电商工作流程

情景呈现

杭州万向纺织品进出口公司已开通全球速卖通店铺,业务员陈景要经营管理速卖通店铺,那么陈景需要了解速卖通店铺运营管理的工作流程。陈景如何得知速卖通平台的规则,如何去管理店铺,上传产品? 买家下单后,陈景又如何安排发货,同时做好售后服务

工作呢？

任务目标

学会发布产品,学会设置关键词,能够进行店铺推广促销,能够选择物流方式、设置运费模版。

相关知识

在跨境电商平台上开设店铺就好比在实体店租门面或摊位,企业开设店铺后就需要在其中摆设商品,向客户或消费者展示商品。在跨境电商平台上发布产品信息就好比在实体店陈列商品,进行商品展示一样。不过跨境电商平台上展示的仅仅是商品信息,并且店铺的展示及排名受到一定因素影响。产品展示之后,商家需要进行产品营销推广。客户或消费者看中商品后进行下单支付,然后选择物流方式,等待卖家发货。而商家则需要安排物流发货,同时进行售后服务。

接下来,我们以速卖通平台为例来学习跨境电商平台工作流程。

一、认知平台规则

跨境电商卖家如果要在跨境平台进行交易,则需要遵守平台规则。每个跨境电商平台都有相应的规则。商家在上传产品之前必须认真了解跨境电商平台的产品发布规则。不同的平台对产品发布细则有不同的规定。商家在发布产品之前需要了解平台的禁限售产品规则及本公司经营的产品类目的发布规则。

杭州万向纺织品进出口公司速卖通店铺完成后,陈景需要上传产品,在上传产品之前,需要先了解清楚速卖通平台产品上传的有关规定。打开 http://sell.aliexpress.com/ 网站,点击"速卖通规则"栏目,便能看到速卖通平台的相关规则。

在发布商品栏目下,可以查看发布商品的相关信息。有"知识产权专区""禁限售专区""商家图片盗用""发布非约定商品整改通知"内容。在发布产品之前,要仔细查看这几项规则,尤其注意避免上传侵犯知识产权的产品。

二、店铺产品发布与审核

产品发布是每个商家店铺开张的基础,是店铺经营必经步骤。对商家来说,产品上传是非常重要的一件事情。产品发布即根据平台规则要求,在店铺后台产品上传栏目、上传产品,按平台要求填写产品相关信息并提交相关资料。经平台审核后,产品发布即完成。产品只有经过上传发布后才能显示在店铺中。

如何进行
产品发布

（一）店铺产品发布前的准备工作

1. 产品发布流程

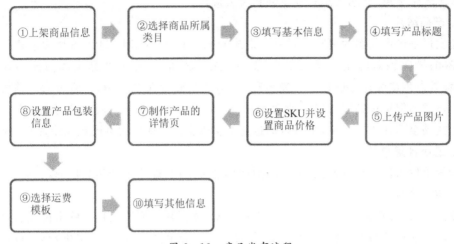

图 6-16　产品发布流程

2. 产品发布前需要准备的资料

（1）产品图片

包括主图、细节图、模特图、情景图、格式为 jpg 格式。

（2）产品标题

准备好产品标题（关键词整理）。

（3）产品价格

准备好产品价格表（一般为 Excel 表格）。

（4）产品详情描述

准备好文案。

（5）产品物流运费模版

准备好物流运费模板。

三、产品信息填写要求

杭州万向纺织品进出口公司速卖通店铺审核通过后，陈景需要进行产品发布。在发布产品时，需要填写以下相关信息。

（一）填写产品基本信息

1. 产品属性

产品属性是买家选择商品的重要依据，特别是有"!"标识的关键属性。我们需要详细、准确地填写系统推荐属性和自定义属性，以提高产品曝光机会。在所有项目中，前面打红色星号的项目为必须填写内容，前面打绿色感叹号的是产品的关键属性。

在品牌栏目下，正确选择品牌或型号名称，可根据实际情况选择品牌或者选择下方的"我要申请"或者"立即创建"。在最下方有一个"添加自定义属性"栏目，自定义属性的填写可以补充系统属性以外的信息，让买家对你的产品了解得更加全面。

2. 产品标题

标题是商品非常重要的属性。标题能够最直观、最重要地展示商品内容。标题共计可输入 128 个字符,标题切忌重复罗列相关关键词。

3. 产品图片

速卖通平台产品图片要求为:图片格式 jpg,文件大小 5M 以内;图片像素建议大于 800×800;横向和纵向比例建议 1∶1 到 1∶1.3 之间;图片中产品主体占比建议大于 70%;背景白色或纯色,风格统一;如果有 logo,建议放置在左上角,不宜过大。速卖通不建议自行添加促销标签或文字。速卖通平台不可盗用他人图片,以免受网规处罚。可以将图片拖动至图片显示区域,也可以通过选取文件上传:从我的电脑或从图片银行选取。

4. 最小计量单位

计量单位为件/个。所售卖的产品的最小度量单位,即单个产品的量词。

5. 销售方式

按件/个或者打包出售两种方式。根据重量、体积和货值决定是单件出售或者打包出售。一般产品单价较高,重量和体积较大的产品适合单件卖;而产品单价较低,重量和体积较小的产品(例如珠宝首饰、3C 配件等)适合多个组成一包出售。根据实际情况选择颜色,同时选择对应尺码即可。在选定需要的尺码后,会自动添加对应尺码颜色的零售价和库存设置表,在设置产品零售价和库存时,可以批量设置,也可以一一输入,所输入的价格和库存数量即展示给买家的实际售卖价格与实际库存数量。库存可以批量设置,价格单项输入来填写。

6. 尺码表

可以直接引用尺码模板或者创建新的尺码表,在"尺码信息"表中,需先勾选启用的信息项,再填入准确数值,方便买家准确定位合适的尺码,提升购买率。这些信息也会在纠纷仲裁中作为重要参考依据,填写时务必要填写准确。

7. 批发价

可选择支持或者不选择。

8. 库存扣减方式

下单减库存或者付款减库存,可根据实际需要选择。

9. 发货期

必填项。发货期为买家付款成功到卖家完成发货的日期,并填写发出发货通知的时间。

10. 产品视频

使用视频介绍产品功能或使用方法。建议视频时长不超过 4 分钟,画面长宽比 16∶9。视频需审核通过后展示,展示位置为详细描述顶部。

11. 产品详细描述

详细描述一般包含产品功能属性、产品细节图片、支付物流、售后服务、公司实力等内容。

(二)包装及物流信息

在填写包装信息时,要合理填写包装信息,以便降低物流成本。准确填写包装后重量和产品包装尺寸,避免因填写错误而造成运费损失和交易性降低。

1. 物流设置

在物流设置里可以选择新手运费模版或者新建模版。点击查看该运费模板详细设置,可根据实际情况选择新手运费模版(包括运费组合和运达时间组合)或自定义运费模版。

跨境物流
运费计算

2. 服务模版

系统提供货不对版服务,即如果买家发现商品与描述不符可以选择退货或者退款。

(三)其他信息

其他信息包括产品组,产品有效期,支付宝,产品发布条款等。

1. 产品组

点击新建产品分组,对产品分组进行编辑,产品分组建好后,选择对应的产品分组即可。

2. 产品有效期

选择 14 天或者 30 天。

3. 支付宝

点击选中。

4. 产品发布条款

所有的信息填写完毕后,在产品发布条款处打钩,然后点击提交,即可完成产品发布。

📍 **小知识**

关键词是产品属性填写里非常重要的一部分内容,能直接影响到产品的曝光率和浏览量。关键词是通过搜索引擎或者目录来获取信息的一种精练的词汇。在产品发布页面中,产品标题,产品属性,产品详情部分都会用到关键词。

设置关键词

一般情况下,我们总体上把关键词分为三类。打个比方,第一类是核心词,类似于树的根系。第二类属性词是从根部衍生出来的词,类似于树枝。第三类关键词数量比树干更多,类似于叶,一般我们实际操作中叫长尾词。以裙子举例来说,核心词:长裙;属性词:麻质长裙;长尾词:纯色麻质长裙。词干一般要比词叶的检索量高,但词干的数量也是有限的。词叶绝大部分是以长尾词为主的衍生词和拓展词,虽然它的检索量比较低,但是它能被优化的可能性、广度和意向度是最高的。

不同平台输入产品信息时,平台对关键词的要求也略有不同。我们在给产品设置关键词的时候,建议选择能突出商品特征和销售优势的词。

三、推广营销

产品发布通过审核后,便会在店铺中展示出来。如果想要获得订单,就需要让更多的买家或客户看到产品信息,进入店铺了解产品详情,因此要采取一些手段进行推广营销。跨境电商平台一般采用网络手段进行推广。

（一）店铺推广

在进行速卖通店铺推广前,商家需要清楚自己的目标客户群体及目标客户有哪些特征与消费特点,根据目标客户群体特点撰写推广文案,然后选择推广手段。在速卖通平台上可进行平台内推广或平台外推广。

1. 平台内推广

在速卖通平台上进行平台内推广可以选择店铺内推广,或者速卖通买家页面推广。店铺内推广即商家在店铺内对自己的产品进行推广。可以在店铺的入口处,首页轮播图片处进行产品推广。在网页上浏览时,人们习惯于重点关注屏幕正中间或者网页的顶端及侧面位置。可据此设计店铺的宣传图片或者产品宣传图片等内容。同时也可以充分利用速卖通平台提供的图片轮播模块,把重要的促销信息及重点推广产品设计方案和图片,在轮播区重点推广。

速买通平台在买家页面中设置了许多广告位。一部分是使用平台提供的直通车 P4P (Pay for Performance)服务,可以将产品信息曝光在买家的页面中。直通车即买家搜索一个关键词后,设置了该关键词推广的商品就会出现在相应的展位上。对于商家而言,买家点击该广告,卖家则根据点击付费。对于商家而言,购买速卖通的直通车服务能快速提升店铺的流量。此外,还有一部分是需要参加速卖通平台的活动才能获得推广机会。商家要留意平台与自己店铺相关的活动,阅读活动规则,根据规则按要求参加平台举办的各类活动。

2. 平台外推广

平台外推广即使用 SNS(Social Networking Services 或 Social Network Site)进行营销,是指在帮助人们建立社会性网络的同时推广商品和服务。社交网站总体上分为两大类,一类是基于熟人的社交网站,如 Facebook 等社交平台;一类是基于内容的社交网站。目前 SNS 营销主要使用的网站有 Facebook,Youtube,Twitter 等。

（二）速卖通营销

速卖通平台营销手段有店铺自主营销、联盟营销、橱窗营销、关联营销等。

1. 联盟营销

联盟营销是按效果付费的一种网络营销方式。

卖家事先设定 3%～50% 的交易佣金比例,然后在联盟营销渠道中收到订单并成交后,按该比例支付佣金(运费除外)。另外,无须提前付费,推广过程中也无须支付任何费用。如果遇有退款和订单折扣的情况,则按比例削减佣金。联盟营销是按成交付费;联盟营销除现有站内渠道展示外,还会在联盟商品专属频道额外曝光。

2. 关联营销

关联营销是跨境电商非常重要的一种商品促销方式。

简言之,关联营销就是买家看到某种商品的详情页后,可能会去浏览店铺首页,最终选择了其他商品并下单。

关联营销的方法有三种:一是类目关联,二是文字关联,三是同类商品关联。通过这种层层关联,达到提高店铺整体曝光量的目的。

3. 橱窗营销

橱窗营销是指卖家利用全球速卖通的橱窗位来推广自己的商品,以增加曝光量,提高下单率。相关数据表明,能够被全球速卖通橱窗推荐的商品,其曝光量通常会增加 8～10 倍。但由于橱窗位属于全球速卖通,所以卖家必须提高服务等级才能获得;服务等级越高,获得的橱窗位就越多。

五、交易

店铺进入正轨后,每天都会收到来自不同国家、不同客户、不同类型的买家留言及询盘,在回复询盘和买家留言的时候,要考虑客户的意图,回复买家在意的相关交易信息。客户对产品满意时便会下单付款,平台会生成订单。

六、卖家发货

店铺产生订单以后,卖家需要根据订单信息准备货物,选择买家选择的物流方式把产品送达买家手中。

线上发货的具体操作流程是:卖家在线选择物流商—在线创建物流订单—把货物交给物流商—在线支付运费。相应地,线下发货的流程是:卖家线下选择物流商—把货物交给物流商—线下支付运费。

卖家完成线下标签打印和打包环节后,接下来就要填写线上发货通知。这项工作很简单,实际上只要点击"全部发货"按钮就行。

七、客户服务

货物发送以后,要关注物流信息,及时发送产品的物流信息给客户,并提醒客户记得收货。如果客户收到货物后,有任何问题要做好相关的服务工作。与客户及时沟通,了解客户是否满意。如果发生了纠纷,与客户协商解决,如果纠纷难以解决,可申请平台介入。要熟悉速卖通平台的售后服务的基本条款,处理程序及申诉程序和方法。

实操训练

以速卖通平台为例进行产品发布。

打开 http://seller.aliexpress.com/,点击"马上登录",如图 6-17 所示。

图 6-17　速卖通平台登录页面

输入用户名和密码,进入后台以后,页面如图 6-18 所示。

图 6-18　速卖通店铺后台首页

打开速卖通后台,在产品管理栏目,点击发布产品,如图 6-19 所示。

图 6-19　速卖通后台产品管理页面

在搜索框输入 t-shirt,在搜索结果中选择适合自己产品的类目,如图 6-20 所示,根据实际上传产品属性选择女装或者男装,如果不是很确定到底选择哪个类目,那么点击查找类目后面的"查看中英类目对照表"。

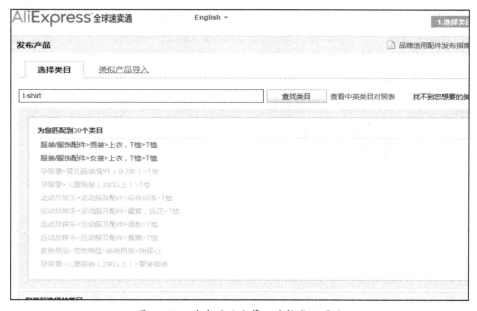

图 6-20　速卖通后台管理选择类目页面

开始填写产品属性,选择产品颜色,如图 6-21 所示。

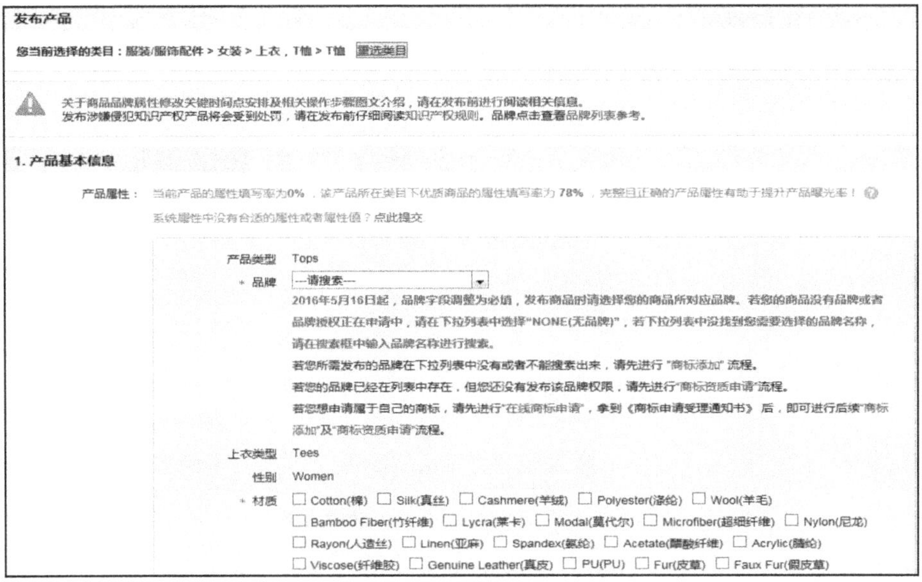

图 6-21　速卖通后台产品基本信息填写页面

填写产品标题,按要求上传产品,如图 6-22 所示。

图 6-22　速卖通后台产品标题及图片页面

填写产品的尺码表,可引用已有尺码表或者新建尺码表,如图 6-23 所示。

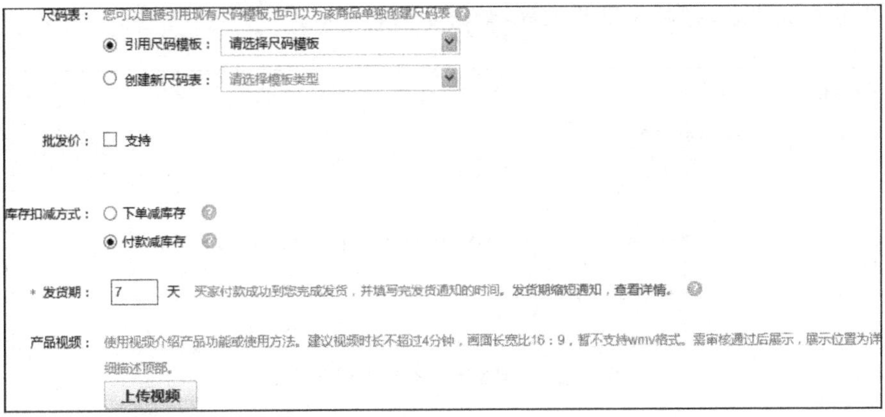

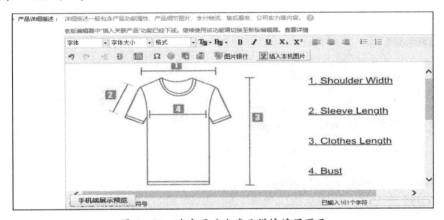

图 6-23　速卖通后台产品页面截图

填完尺码表以后,填写产品详情,把之前准备的要填写在产品详情里的资料按顺序上传,如图 6-24 所示。

图 6-24　速卖通后台产品详情填写页面

完成产品详情设置后,填写产品的重量和包装尺寸,在物流设置中选择新手运费模板或者选择自己已经设置好的运费模板,如图 6-25 所示。

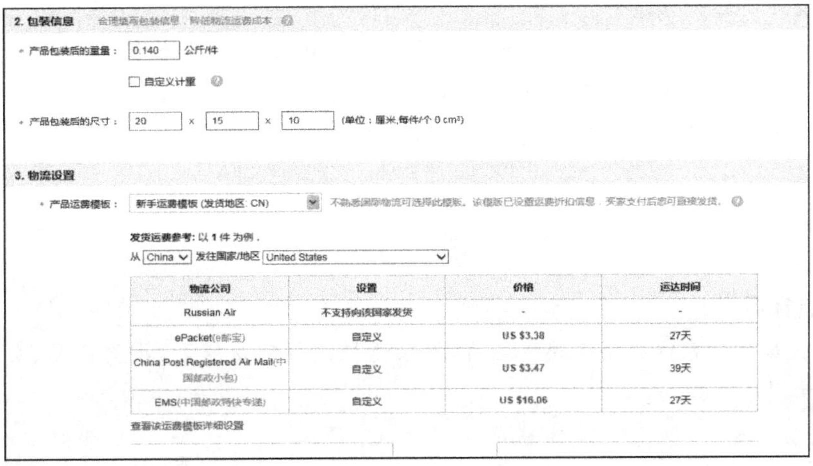

物流公司	设置	价格	运达时间
Russian Air	不支持向该国家发货	-	-
ePacket(e邮宝)	自定义	US $3.38	27天
China Post Registered Air Mail(中国邮政小包)	自定义	US $3.47	39天
EMS(中国邮政特快专递)	自定义	US $16.06	27天

图 6-25　速卖通后台包装信息及物流设置页面

在服务模板中,选择新手服务模板,如图 6-26 所示。

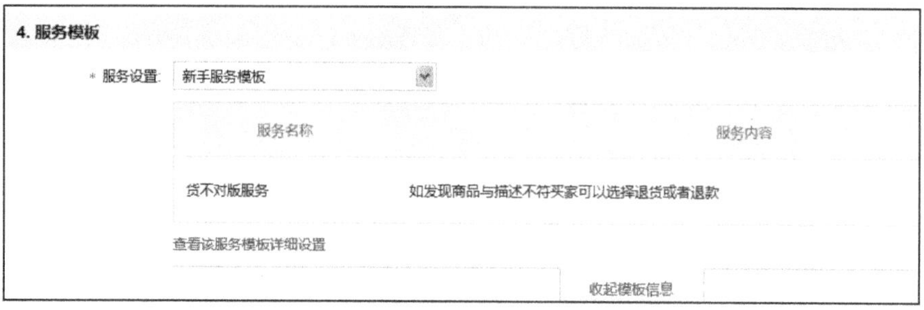

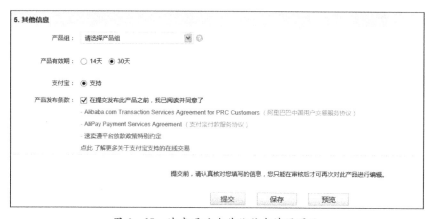

图 6-26　速卖通后台服务模板截图

选择对应的产品分组,然后支付宝勾选支持项目,在产品发布条款那里打钩。所有一切完成后,点击提交,如图 6-27 所示。

图 6-27　速卖通后台其他信息填写页面

🗃 任务布置

杭州万向纺织品进出口公司业务员陈景在全球速卖通店铺需要上传产品,在上传产品之前需要了解相关信息。

1. 了解跨境物流方面的知识。请你查找速卖通店铺可使用的跨境物流运输方式,了解不同运输方式是如何进行运费计算的,以及如何选择合适的物流。

2. 在速卖通后台或敦煌网后台上传一款产品。

课后练习

一、选择题

1. 在买家与卖家达成交易协议之后,卖家违反诚信交易原则,不卖商品、发售虚假的商品等行为属于(　　)。

A. 交易违规　　　　B. 发布违规　　　　C. 侵权　　　　　　D. 搜索作弊

2. 半个世纪以来,美国电子商务市场呈现爆炸式发展,以下( )不属于美国电子商务公司。

A. eBay   B. Newegg   C. Best Buy   D. FlipCart

3. 在跨境电子商务物流过程中,国际快递主要指四大商业快递巨头,即 DHL、TNT、FedEx 和( ),这些国际快递商通过自建的全球网络,利用强大的 IT 系统和遍布世界各地的本地化服务,为网购中国产品的境外用户带来良好的购物体验。

A. 申通   B. 中通   C. UPS   D. 中国邮政

4. 从 2012 年的服务试点启动,到 2013 年的试点城市探索,海关总署基本确定了一般出口、特殊区域出口、直购进口和( )四种跨境电商试点业务模式。

A. 特殊进口   B. 代购   C. 海淘   D. 网购保税

5. 2014 年 1 月,海关总署发布《关于增列海关监管方式代码( )的公告》,增列海关监管方式代码,全称"跨境贸易电子商务"。

A. 0110   B. 9610   C. 1210   D. 1234

二、思考题

1. 速卖通的成功是必然的吗?它的成功可以被复制吗?请谈谈你的看法。

2. 你有亲自从亚马逊、eBay、京东及其他网上平台购物的经验吗?试着从你的实践经验谈谈亚马逊在中国会面临哪些挑战?

3. 试述 Wish 网取得成功的原因。

4. 请思考全球速卖通跨境零售业务有哪些特点?对比 2016 年和 2017 年的速卖通平台招商规则,分析讨论招商规则发生了哪些变化?为什么会发生这些变化?

5. 全球速卖通和阿里巴巴国际站所进行的线上交易的区别有哪些?

答案

参考文献

阿里巴巴商学院.跨境电商基础、策略与实战[M].北京：电子工业出版社,2016.

傅龙海.国际贸易实务[M].3 版.北京：对外经济贸易大学出版社,2016.

黎孝先.国际贸易实务[M].6 版.北京：对外经济贸易大学出版社,2016.

李道金.信用证风险防范与纠纷处理技巧[M].北京：中国海关出版社,2015.

缪东玲.国际贸易单证操作与解析[M].2 版.北京：电子工业出版社,2016.

苏宗祥,徐捷.国际结算[M].6 版.北京：中国金融出版社,2015.

吴百福,徐小薇,聂清.进出口贸易实务教程[M].7 版.上海：上海人民出版社,2014.

杨贵章.国际贸易实务双语教程[M].大连：大连理工大学出版社,2016.

周瑞琪,王小鸥,徐月芳.国际贸易实务(英文版)[M].3 版.北京：对外经济贸易大学出版社,2015.

朱秋城.跨境电商 3.0 时代 把握外贸转型时代风口[M].北京：中国海关出版社,2016.